本书系"东共体法律制度对东非经济一体化的影响研究"校级项目（2022CB010）成果

受中央高校基本科研业务费专项资金和北京外国语大学学术专著资助出版项目资金资助

THE IMPACT OF EAC LEGAL SYSTEM ON
REGIONAL ECONOMIC INTEGRATION

# 东共体法律制度
# 对东非经济一体化的影响

王婷 著

社会科学文献出版社
SOCIAL SCIENCES ACADEMIC PRESS (CHINA)

# 目　录

# 绪　论

非洲统一组织（2002 年演变发展为非洲联盟）自 1963 年成立以来，一直致力于建立统一的非洲经济共同体，实现非洲大陆经济一体化蓝图。非洲国家也普遍认可需要加强经济一体化建设。非洲开发银行发布的《2019 年非洲经济展望报告》指出，过去 60 年来，非洲一直在各个方面作出努力，"经济一体化被认为是解决非洲发展困境的有效方案"。[①] 许多政治经济学家认为，经济一体化所带来的共同经济利益是推动区域安全合作，甚至是实现区域政治一体化的必要条件。联合国非洲经济委员会也强调了非洲实施经济一体化的紧迫性，认为"这种转向（经济一体化的全球趋势）在非洲最为迫切。对于全球市场而言，非洲拥有较大的市场规模，但是一些经济体量小的非洲国家，殖民主义的历史影响、薄弱的基础设施配备、不健全的国家治理体系等问题使其可获得的全球市场份额十分有限"。[②] 因此，非洲需要实现经济一体化已经是非洲国家普遍达成的共识之一。

非洲各区域经济组织（RECs）是实现非洲经济一体化，建立一个最终的非洲经济共同体的重要基石。非盟承认的 8 个非洲区域经济组织[③]作为

---

① 非洲开发银行发布的《2019 年非洲经济展望报告》，第 56 页，https：//unctad. org/webflyer/economic – development – africa – report – 2019。

② 联合国非洲经济委员会发布的《2019 年非洲区域一体化发展报告》，第 104 页，https：//archive. uneca. org/publications/africa – regional – integration – index – report – 2019。

③ 东共体、西共体、南共体、东南非共同市场、东非政府间发展组织、阿拉伯马格里布联盟、中共体、萨赫勒 – 撒哈拉国家共同体。

实现非洲经济共同体的支柱，在非洲经济一体化发展进程中扮演着重要角色。东共体是由乌干达、肯尼亚、坦桑尼亚、卢旺达、南苏丹、布隆迪、刚果（金）组成的政府间国际性组织，是非洲经济一体化发展水平最高的区域经济组织，目前建立了关税同盟、共同市场、货币联盟，正朝着最终的政治联盟迈进。虽然各个非洲区域经济组织处在不同的发展阶段，有其不同的发展目标，但是它们都致力于实现非洲地区乃至整个非洲大陆内商品、服务、人员和资本的自由流动。这一目标可以通过不同的阶段、按照经济一体化发展的线性模式逐步实现。近年来，非洲各区域经济组织不断推进内部经济合作，加快实现经济一体化的目标。需要指出的是，包括东共体在内的其他区域经济组织在实现经济一体化的道路上面临着诸多困难，其中法律因素的挑战需要引起关注。非洲经济一体化进程中要建立牢固的法律框架，这一法律框架要善于调整共同体所面临的各类关系问题。但这一问题一直未引起人们的足够重视。联合国非洲经济委员会直到2006年才在其发布的一份报告中第一次指出，非洲经济一体化现有的法律框架是"含糊不清"的。因此，探讨法律在经济一体化过程中的作用及其影响对非洲经济一体化的发展尤为重要且迫切。

国内外许多学者长期致力于非洲经济一体化的发展研究，他们大多从政治、经济角度分析经济一体化问题，很少关注到困扰非洲经济一体化进程的关系问题、对一体化进程的影响以及如何解决此类困境等问题。来自加蓬的非洲法研究学者奥蓬教授在其著作《非洲经济一体化的法律问题》（*Legal Aspects of Economic Integration in Africa*）中提到分析非洲经济一体化中存在的法律问题需要考虑不同主体间的互动关系。但遗憾的是，奥蓬教授主要针对非洲经济共同体以及多个非洲区域经济组织在经济一体化进程中存在的法律问题进行探讨研究，对某一个具体的区域经济组织从其经济一体化发展程度到其面临的法律问题的聚焦研究存在研究样本缺口。

故此，本书选择非洲经济一体化发展水平最高的东共体作为分析样本，根据新制度经济学、国际机制理论、关系理论灵活搭建起法律制度与经济一体化的关系理论框架并提出预设：运行良好的一体化机制需要精心组织的、调整其内部和外部关系的法律制度框架。以该预设为指引，采用规范分析法、案例分析法、文本研究法等研究方法，以关系视角探究东共体的内外部关系及调整其内外部关系的具体法律制度对东非经济一体化的影响。东共体内外部关系互动主体主要包括东共体、成员国和个人（自然人和法人）。东共体调整内部关系的法律制度主要涉及东共体的管辖权、法律适用、判决的承认与执行，而东共体调整外部关系的法律制度主要涉及东共体与其他共同体之间的机制重叠所产生的管辖权冲突、法律适用冲突等问题。最后通过对比分析其他成功的区域经济组织，例如欧盟、非洲商法协调组织等的法律制度安排，对东共体经济一体化未来的发展在法律层面的制度变迁提出完善建议。

最后，笔者想分享的是，法律制度对经济的影响包括但不局限于本书所提及的法律问题。东共体是具有代表性的非洲区域经济组织，其法律制度在调节不同主体间的内外部关系的安排上仍有许多值得关注的方面，无法面面俱到实为本书的遗憾。至此，笔者也希望本书能给读者带来有关法律制度和经济发展之间的互动影响的思考，期待点燃读者对非洲经济一体化问题研究的兴趣之火。

# 第一章

# 法律制度与经济一体化之间的关系

经济一体化的发展并不是纯粹的经济行为或政治行为，因此在考虑限制经济一体化发展的因素时也不能单纯列举经济方面、政治方面的阻碍。法律作为经济一体化发展的一种手段，在推动经济发展进程中扮演着十分重要的角色。正如佩卡托所评论的："经济一体化持久健康的发展离不开充分稳固的法律制度框架。"① 因此，应重视法律在经济一体化中的作用。但是，只关注单一的法律制度对经济一体化的影响是不够的。在经济一体化发展背景下，关系问题普遍存在，不管是在自由贸易区阶段还是在共同市场阶段，在经济一体化动态发展过程中各行为体间都会由于互动而形成复杂的关系网络。因此，经济一体化的主要挑战就是如何构建和管理经济一体化参与方的复杂关系，特别是从法律制度层面对这些复杂关系网络予以关注。

本章结合新制度经济学、关系理论、国际机制理论灵活构建法律制度与经济一体化之间的关系理论框架，从宏观视角到微观视角，分析法律制度与经济一体化之间的关系，为本书即将探讨的东共体法律制度对东非经济一体化的影响奠定理论基础。

① Pierre Pescatore, *The Law of Integration: Emergence of a New Phenonmenon in International Relations Based on the Experience of European Communities*, Leiden: Sigthoff Press, 1978, p. 145.

## 第一节　新制度经济学：制度与经济的关系

新制度经济学放弃了新古典主义经济学的标准假设，即个人拥有关于市场和当前或未来重要事件的完美信息以及交易成本为零的假设，将观察到的制度和信息成本引入新古典主义视域，从而为检验实证活动提供了更多的分析视域。新制度经济主义者通过关注制度来研究大量的经济和政治问题。通过把法律比喻成一种市场体系来实现效率和市场的最大化以及成本的最小化，从而对制度进行剖析，发现有效的法律制度具有提高经济绩效的正向作用。① 因此，从新制度经济学的视角出发，在宏观层面探讨东共体的法律制度是否有效地促进经济一体化发展，对解决效率低下的东共体内部市场交易，降低人们的非理性行为和机会主义倾向，鼓励区域间投资、生产和贸易活动等都具有重要的现实意义。

### 一　新制度经济学的主要观点

在探讨新制度经济学的观点时，首先需要明确核心概念"制度"的定义。目前学术界也尚未统一关于"制度"的定义。旧制度经济学家康芒斯认为，"制度是集体行动的结果，目的是控制个人行动"；② 历史制度主义认为，制度指的是"经过长期存在的已经定型的人类行为样式，即影响个

---

① 法律（宪法、成文法、习惯法等）是最重要、最普遍的一种制度，因此对制度的关注往往也是对法律的关注。对许多新制度经济主义者来说，法律制度问题是他们学术研究的核心。他们认为如果不关注制度，就无法理解经济表现。转引自 John R. Commons, *Tustitutional Economics: Its Place in Palitical Economy*, Routledge, 2018, p. 231。

② 转引自 John R. Commons, *Tustitutional Economics: Its Place in Palitical Economy*, Routledge, 2018, p. 231。

人和集体的行为及决策的正式、非正式的制约因素"。① 新制度经济学家道格拉斯·诺思认为，"制度提供框架，人类得以在里面相互影响。制度确立合作和竞争的关系，这些关系构成一个社会……制度是一整套规则，应遵循要求和合乎伦理道德的行为规范，用以约束个人的行为"。② 虽然基于不同角度的流派对制度的定义存在差异，但可以肯定的是，制度是人类行为的一套规则，人在设定的制度框架内从事相关活动。

彼得·霍尔和罗斯玛丽·泰勒从宏观、中观和微观三个层面丰富了对"制度"的界定。彼得·霍尔认为，从宏观层面来说，制度指的是民主主义和资本主义相关的基本组织机构。③ 这一层面的制度的功能是约束当权者政策的结构性框架，规定资本和劳动的一般关系，例如有关选举的宪法以及规定生产资料私有化的经济制度等。从中观层面来说，制度指的是有关国家和社会基本组织结构的框架，是解释各国政策差异的主要变量，例如反映对外经济关系的"资本的组织化模式"等。从微观层面来说，制度指的是公共组织的标准化惯例、规定和日常程序。其中涉及正式制度和非正式制度。美国法学家麦考密克和奥地利法学家魏因贝格尔在著作《制度法论》中缩小了"制度"的范围，认为"法律就是一种制度的事实，是由成套的创制规则、结果规则和终止规则调整的制度概念"。④

本书赞同诺思对制度的定义，他认为"制度是一个社会的博弈规则，或者更规范的说，它们是一些人为设计的，型塑人们互动关系的约束"。⑤

---

① 〔韩〕河连燮：《制度分析：理论与争议》（第二版），李秀峰、柴宝勇译，中国人民大学出版社，2014，第24页。

② 〔美〕埃里克·弗鲁博顿、〔德〕鲁道夫·芮切特：《新制度经济学——一个交易费用分析范式》，姜建强、罗长远译，上海人民出版社，2006，第5页。转引自 Douglass C. North, "Institutions," *The Journal of Economic Perspectives*, Vol. 5, No. 1, pp. 97–112。

③ Peter A. Hall, Rosemary C. R. Taylor, "Political Science and the Three New Institutionalism," *Political Studies*, Vol. 23, 1996, pp. 936–957.

④ 〔英〕尼尔·麦考密克、〔奥〕奥塔·魏因贝格尔：《制度法论》，周叶谦译，中国政法大学出版社，2004，第36页。

⑤ 〔美〕道格拉斯·C. 诺思：《制度、制度变迁与经济绩效》，杭行译，上海人民出版社，2019，第23页。

根据诺思的分类，制度又分为正式制度和非正式制度。正式制度也被称为正式约束，指的是以某种明确的形式确定下来的一些具体行为规范，并且由行为人所在的组织进行监督且使用强制力保证这一行为规范的实施，例如政治制度、经济制度、法律制度等。① 非正式制度也被称为非正式约束，指的是人们在长期交往中自发形成并被人们无意识接受的行为规范，主要包括价值道德规范、风俗文化习惯、意识形态等。② 中国学者刘青建教授认可诺思的分类，认为正式制度指的是政治以及法律制度、经济制度与合约等；非正式制度指的是来自文化的部分遗产，主要由习俗、惯例、个人行为准则和社会道德规范构成。③ 从上述分类可知，相对于正式制度安排，非正式制度安排更具自发性、非强制性和持续性的特点。本书分析的是正式制度，尤其是明文规定的法律制度对经济的影响。需要明确的是，除了法律制度外的其他正式制度（政治制度和经济制度等）以及非正式制度（习俗、惯例、个人行为准则）对经济一体化的影响同样重要。但是由于关注视角迥异，本书不再进一步分析非正式制度和法律制度以外的其他制度。

新制度经济学关注的是制度与经济行为之间的互动，即制度如何影响经济行为以及经济因素如何影响制度变迁。新制度经济学的观点认为，制度决定经济绩效。完善的制度促进经济的增长，即制度完善的国家具有较高的经济增长率。④ 亚当·斯密认为，经济制度的运行效率由分工（主要指的是劳动分工）决定，交易的存在使得分工得以出现；交易成本越低，制度的生产效率就越高。交易成本依赖一国的制度，这里的制度包括法律

① 〔美〕埃里克·弗鲁博顿、〔德〕鲁道夫·芮切特：《新制度经济学——一个交易费用分析范式》，姜建强、罗长远译，上海人民出版社，2006，第 10 页。
② 〔美〕埃里克·弗鲁博顿、〔德〕鲁道夫·芮切特：《新制度经济学——一个交易费用分析范式》，姜建强、罗长远译，上海人民出版社，2006，第 11 页。
③ 刘青建：《发展中国家国际制度选择的困境及其理性思考》，《世界经济与政治》2002 年第 6 期，第 43 ~ 48 页。
④ 〔美〕埃里克·弗鲁博顿、〔德〕鲁道夫·芮切特：《新制度经济学——一个交易费用分析范式》，姜建强、罗长远译，上海人民出版社，2006，第 12 ~ 15 页。

制度、政治制度、社会制度以及教育文化制度等。① 诺思认为，讨论经济的增长脱离不了对制度的关注，因为"没有一个有效率的市场不是处于由市场参与者参与其中的制度结构之中的"。②

制度在社会中具有更基础的作用，它们是决定长期经济绩效的根本因素。③ 正式制度比非正式制度更能给经济增长施加正相关影响。④ 首先，被大多数人知道并认可的制度更有可能被利用，作为增加交易量的变量，发挥规模经济和劳动分工所产生的经济效应。其次，虽然非正式制度比正式制度在实施方面的可行性更强，但是正式制度所保障的财产和契约权利范围更大，更符合参与经济活动理性人的合理选择。⑤ 从法律角度来说，根据《布莱克法律词典》的解释，正式制度指的是"通过普遍接受的官方组织（法院、立法机构、官僚机构）和国家执行的规则（宪法、法律、规章）来制定、传达和执行的；是与宪法、法典、法律、合同和其他法律要素相关的制度。因此，正式制度可以被理解为法律制度"。⑥ 法律制度是决定经济发展的重要因素。同时，波斯纳强调对法律制度的内部合理性的追求是建立在法律内部经济效率最大化的基础之上。他在《法律的经济分析》一书中强调，任何法律条文及规定的合法性都必须建立在经济合理性的基础之上。波斯纳的这一结论被称为"波斯纳定理"，即"如果市场交易成本过高而抑制交易，那么权利应

---

① 〔美〕罗纳德·H.科斯等：《制度、契约与组织——从新制度经济学角度的透视》，刘刚等译，经济科学出版社，2003，第 87～89 页；Ronald Coase, "The New Institutional Economics, "*The American Economic Review*, Vol. 88, 1998, pp. 72 - 74。

② Douglass C. North, "The New Institutional Economics, "*Journal of Institutional and Theoretical Economics*, Vol. 142, 1986, pp. 230 - 237.

③ Douglass C. North, "Institutions. Transaction Costs and Ecocomic Growth, "*Economic Inquiry*, Vol. 25, 1990, pp. 234 - 253.

④ Felipe Almeida, "Vicarious Learning and Institutional Economics, "*Journal of Economic Issues*, Vol. 45, 2011, pp. 839 - 855.

⑤ Felipe Almeida, "Vicarious Learning and Institutional Economics, "*Journal of Economic Issues*, Vol. 45, 2011, pp. 839 - 855.

⑥ 《布莱克法律词典》（第八版），第 163 页。

赋予那些最珍视它们的人"。① 任何资源的无端浪费，都不能被视为对法律制度的合理安排。②

## 二 法律制度对经济的发展影响

制度是影响经济发展的一个不可忽视的重要变量，其中正式制度又比非正式制度对经济的发展更能起到积极的影响。这里需要明确的是，制度包含了政治制度、经济制度、法律制度等，下述的分析主要针对的是法律制度。法律制度对经济发展的重要性主要体现在三个层面：一是有效的法律制度安排可以优化资源配置，实现对资源的有效利用，降低交易成本；二是法律制度可以弥补个体有限理性和市场失灵的缺陷，有效的法律制度随着经济一体化动态发展不断实现制度变迁，进而转向促进经济的增长；三是区域经济组织法律制度能够影响经济一体化的绩效，有效的区域经济组织法律制度可以促进区域经济组织实现经济一体化目标。

### （一）科斯定理：有效的法律制度安排可以优化资源配置

罗纳德·科斯在《社会成本问题》一文中认为，交易成本问题是新制度经济学的核心。③ 只要交易成本为零，那么产权无论归谁，都可以通过市场自由交易达到资源的最佳配置。外部性的存在并不是政府对经济进行干预的适当基础，交易成本的高低应该成为法律制度选择的标准。换句话说，现代社会条件下，每个人拥有的权利、权力和责任都由法律制度予以规范，因此法律制度的选择（包括司法裁决等）将对社会经济生活产生重

---

① 〔美〕理查德·A. 波斯纳：《法律的经济分析》，蒋兆康译，中国大百科全书出版社，2003，第 20～21 页。
② 〔美〕理查德·A. 波斯纳：《法律的经济分析》，蒋兆康译，中国大百科全书出版社，2003，第 20～21 页。
③ 〔美〕罗纳德·哈里·科斯：《企业、市场与法律》，盛洪、陈郁译校，格致出版社、上海三联书店、上海人民出版社，2009，第 69～72 页。

要的影响，不同的立法（或司法判决、行政行为等）将导致不同的成本收益结果。其中，有效率的法律制度安排将极大地减少私人交易费用，减少私人谈判达成协议的成本，即通过契约性质的法律来规范行为者的行为，消除私人合作的障碍。这种观点被后人称为"科斯定理"，该定理将法律制度安排和资源配置结果有机结合，为运用经济学的理论和方法研究法律问题奠定了基础。科斯定理实际上是"霍布斯规范定理"的进一步延伸。①

交易成本在法律制度安排、解决纠纷程序和人们的实际法律行为中起到重要的作用。实际上在人们寻找能优化其社会行为和组织秩序的方法的过程中，法律不断产生和发展。正因为如此，由于人们的行为受到有限理性的制约，交易成本的产生及其节约是法律真正产生的原因之一，也是一种经济本质的体现。制度，特别是法律和管理安排，也可以用来重新分配收入，或成为寻租活动的一部分。没有效率的制度可能导致生产效率降低，减少投资、生产和贸易活动。与此同时，个人参与集体行动是为了应对相对价格的外生变化，完善制度规范将更有效地促进市场的经济活动。

（二）完善的法律制度弥补个体有限理性和市场失灵的缺陷

在新古典经济学里，"经济人"完全理性的假设条件是：人具有完全的理性主义，在理性思考后作出合理选择，目的是获得自身利益的最大化。在现实生活中，人们不可能是完全的理性人，在生产活动中存在机会主义倾向，在交易过程中可能存在行为欺诈等一系列不正当、不公平的行为，导致市场配置资源趋向低效甚至无效。因此，经济活动需要法律制度来约束人们的非理性行为和机会主义倾向，促进人们的行为理性化和公平化，抑制市场的波动。无论是正式还是非正式的法律制度，都是为了减少信息的不确定性和降低交易成本而设计的。如果

---

① 马铭志：《法律制度对经济发展的作用及其在我国的实现路径》，《河北法学》2013 年第 12 期，第 161～167 页。霍布斯定理强调法律对交易成本的重要性，认为应通过构建法律制度，让私人之间协调的失败而引发的损失降至最小。

法律制度有效，这些法律制度可以通过鼓励投资、生产和贸易来提高经济效率。①

市场不是万能的，市场中垄断、信息不对称和外部性等问题频发。例如，个人为追求自身利益最大化而实施理性行为，获得了个人利益而没有承担相应的成本，可能会导致整个集体的非理性行为，企业造成的环境污染就是典型例子。在出现市场负外部性时，此时的交易成本并不为零。再者，竞争对手的恶性竞争导致对方获得的信息不对称，产生"道德风险"，降低市场配置资源效率。上述两种行为均是市场失灵的表现，结果必然是交易成本的上升。若市场能在有效的契约体系保障框架下发展，法律制度可以有效地消除市场失灵等问题，降低交易成本，提高资源配置效率，促进市场理性发展。

**（三）区域经济组织法律制度影响经济一体化的绩效**

**1. 基础概念界定**

在讨论区域经济组织的法律制度与经济一体化的关系时，需要明确"区域经济一体化"和"区域经济组织"两个核心概念。首先，"区域经济一体化"来自拉丁语"Integratio"，意思为"更新"；随后演变成英文"Intergration"，意思是"融合、集合"。② 早在 20 世纪 40 年代，美国经济

---

① 〔美〕罗纳德·H. 科斯等：《制度、契约与组织——从新制度经济学角度的透视》，刘刚等译，经济科学出版社，2003，第 104 页。

② 关于经济一体化的发展阶段的划分，不同学者有着不同的看法。美国经济学家理查德·利普塞根据生产要素流动程度将区域经济一体化分为六种等级递增的状态：特惠关税区、自由贸易区（商品自由流动）、关税同盟（统一对外关税）、共同市场、货币同盟和完全经济一体化。英国经济学家彼得·罗布森将区域经济一体化分为关税同盟、自由贸易区、共同市场、货币联盟和经济与货币联盟五种形态。中国著名法学家曾令良教授认为，区域经济一体化的发展应分为自由贸易区、关税同盟和经济货币联盟三个阶段。虽然对经济一体化的划分标准不同，但是学者们都认同一个观点：经济一体化的实现可以是非线性的、跳跃式的发展。换言之，经济一体化的实现并非都要先逐步实现每一阶段。目前东共体按照线性发展的阶段，建立了东共体关税同盟、东非共同市场、东非货币联盟，正向最后统一的政治联盟努力。

学家贝拉·巴拉萨就提出"区域经济一体化"这一概念，他认为"我们将经济一体化定义为既是一个过程，又是一种状态。就过程而言，它包括采取各种措施消除各国经济单位之间的歧视；就状态而言，则表现为各国间各种形式差别的消失"。① 在《新帕尔格雷夫经济学大辞典》里，区域经济一体化的定义为"同一地区的两个及以上国家逐步让渡部分甚至全部经济主权，采取共同的经济政策并形成排他性的经济集团的过程"。② "区域"强调地理相邻性，是能够进行多边经济合作的地理范围，区别于主权国家的主权地理位置范围；"经济"强调主体性，国家间合作是为了实现经济利益的最大化目标；"一体化"强调结果性，地理位置相邻的国家集体合作，扫除阻碍国家间进行区域经济交易活动的贸易壁垒，追求的最终结果是实现生产要素、人员、服务、资本的自由流动。

第二个核心概念是"区域经济组织"。区域经济组织的英文为"Regional Economic Community"，《布朗英文词典》将其翻译为"区域性的经济联合共同体"。《新帕尔格雷夫经济学大辞典》将"区域经济组织"定义为"一些地理相近的国家或地区通过加强经济合作，为谋求风险成本和机会成本的最小化和利益的最大化，形成了一体化程度较高的区域经济合作组织或国家集团"。③ 《国际社会科学百科全书》将"区域经济组织"定义为"一定区域范围内，地理位置邻近的若干国家，通过一系列协议和条约建立的区域经济合作组织"。区域经济组织作为国家间合作的一种方式，成为国家"抱团取暖"的一种策略选择。国家联合形成区域性经济组织，制定集体战略行动目标，逐步实现区域经济一体化。换言之，经济一体化的表现形式就是依托区域经济组织实现不同程度的区域经济发展阶段。目前，区域经济组织的称呼尚未统一。有学者称之为"集团式组织"

---

① Balassa, *The Theory of Economic Integration*, London: Allen and Unwin Press, 1962, p. 38.
② 史蒂文·N. 杜尔劳夫、劳伦斯·E. 布卢姆：《新帕尔格雷夫经济学大辞典》（第二版），经济科学出版社，2016，第216页。
③ 史蒂文·N. 杜尔劳夫、劳伦斯·E. 布卢姆：《新帕尔格雷夫经济学大辞典》（第二版），经济科学出版社，2016，第217页。

或"区域经济集团"等。① 综上，区域经济组织的成立条件包括地理位置的相邻优势和集体共同的经济利益诉求，旨在通过创建一个超国家性质的共同体，制定集体共同发展战略，旨在实现集体的发展推动个体的长期获利。本书所分析的对象——东共体是由非洲东部地区地理位置相邻的多个国家创建而成的，目的是实现东非地区的经贸合作，提高区域经济增长水平。东共体符合区域经济组织的相关定义，可以被界定为区域经济组织。目前东共体是非洲大陆经济一体化发展程度最高的区域性政府间组织。

**2. 有效的法律制度框架可以提高经济体的经济绩效**

诺思认为："在经济绩效方面，制度框架起着主要的作用。"② 市场是政治制度、经济制度、契约等各种不同制度混合的结果，有的制度提高了市场交易的效率，而有的制度阻碍了市场的发展。诺思通过梳理经济史回顾了发达国家（美国、英国、日本等）与第三世界国家的制度框架，在分析制度与交易费用和利用市场交易的转型成本来衡量制度的效率时，他认为，"制度框架对于那些相对成功的经济体来说是一个至关重要的因素"。③ 制度对经济的重要性体现在以下三点。第一，制度约束了组织的运作范围，从而使博弈规则与行为人的行为之间的互动关系更容易理解。例如，正式制度的约束为市场生产活动提供了激励结构，刺激了市场正规化的运作。第二，制度决定了行为人的观念和意识形态。正式制度结构影响人们为自身行动所要付出的代价，使人们倾向使用较低的成本表达个人理念。换句话说，正式制度减少了人们对契约规范的违反行为，起到监督契约有效执行的作用。第三，制度约束了政治与经济之间的交换关系，决定了政治和经济系统的运行方式。政治决定了一个经济体系的基本激励结构的产

---

① 中国国际法学家曾令良教授和刘世元教授对区域经济一体化的称呼不同，对于经济一体化发展的阶段范围也存在认知差异。

② 〔美〕道格拉斯·C. 诺思：《制度、制度变迁与经济绩效》，杭行译，上海人民出版社，2019，第82页。

③ 〔美〕道格拉斯·C. 诺思：《制度、制度变迁与经济绩效》，杭行译，上海人民出版社，2019，第129页。

权，个人作为产权的对象又依赖契约模式的制度保障。同时，经济模型的有效性需要考虑到制度的变量影响。

区域经济组织作为一类经济体也需要相应合理且高效化的制度框架，尤其是正式制度里的法律制度。非洲区域经济组织数量众多，有关区域经济组织内部和外部的法律制度框架存在诸多问题。在经济一体化的发展进程中，许多学者强调从政治制度、经济制度探讨区域经济组织面临的问题，忽视了对法律制度的关注。这也是目前非洲区域经济组织实现经济一体化发展阶段的表象和实际发展内容滞后的影响因素之一。① 法律制度里模糊和矛盾的规范设计提高了交易成本，不仅无益于创造市场活动的激励结构，也降低了监督契约执行的效果，不利于构建一个有效促进市场和贸易发展的司法机制。因此，基于新制度经济学的观点，关注区域经济组织的法律制度对经济一体化发展的影响至关重要且不容忽视。

## 第二节　关系理论：共同体内部关系调整

国际政治中的关系理论和经济一体化中的关系理论都围绕关键词——"关系"进行学理阐述，无论是从中国国际关系理论视角还是国际法视角出发，二者都反映了行为体彼此间关系的互动性，主张关注行为体流动的过程。本章需要厘清上述二者存在何种共性和区别，以及如何构建一个调整共同体内部关系的理论框架。

### 一　国际政治中的关系理论

国际政治中的关系理论是中国国际关系理论的集大成者，填补了现有国

---

① 联合国贸易和发展委员会：《2018 年东共体一体化：贸易和性别影响报告》，第 36 页，https：//unctad. org/project/trade – and – gender – east – african – community。

际关系理论研究议程的空白，为国际关系理论研究贡献了来自中国的智慧。关系理论的代表人物是中国著名国际关系学者秦亚青教授。他提出关系理论的核心是关系性，这是文化体和实践体的产物，宇宙万物存在诸多关系且关系呈现出复杂性，行为体（无论是个人还是群体）自存在的那一刻便进入了关系网络大世界。① 该理论将国际关系的世界视为由关系构成的世界，假定国际行为体是关系中的行为体，并从本体论意义上将过程界定为运动的关系。② 这一理论强调将中国传统儒家文化延伸出的中庸辩证法作为理解社会世界中的各种纷繁复杂的关系网络的认识方法论。关系理论框架有助于我们从行为体关系互动的视角看待国际关系世界，重视由于运动的关系而衍生的不同关键要素，充分理解行为体行为背后的逻辑根源。

理解关系理论主要要认清几个问题。一是关系本体认知。人们彼此间存在复杂关系，人类的复杂关系构成了社会世界，世界可以量化至若干对关系构成。因此，观察世界的基本单位是关系。据此，关系理论认为世界政治最具本体意义的是关系而非西方国际关系理论原子论本体所强调的分离的个体。③ 二是关系理论的方法论认知。中庸辩证法是关系理论方法论的基础。西方国际关系理论强调黑格尔"非黑即白"的辩证主义思维，认为矛盾的两极是对抗存在的。但是中庸辩证法以儒家思想为基础，认为关系性的元关系——阴阳关系是和谐的，即认可矛盾两极差异的存在，但矛盾两极的差异可以相互转换且达到和谐化。中庸辩证法注重和谐，并非要否定矛盾和冲突的存在，而是认为矛盾和冲突是和谐化过程中为求和谐而出现的必要实践形态。三是关系性逻辑认知。关系驱动行为，关系界定了不同身份，身份的各异导致了利益诉求的不同，差异化的诉求直接影响了行为模式的选择。据此可知，关系性逻辑是一个往返反复的次序循环。只有了解了不同的关

---

① 秦亚青：《国际政治的关系理论》，《世界经济与政治》2015 年第 2 期，第 4～10 页。
② 秦亚青等：《世界政治的关系理论》，载田野主编《世界政治研究》（2018 年第 2 辑），中国社会科学出版社，2018，第 30～46 页。
③ 秦亚青：《中国国际关系理论的发展与贡献》，《外交评论》2019 年第 6 期，第 1～10 页。

系，才能理解行为体的行为逻辑，即行为体以关系作为其行动前提。在社会世界中，各个行为体间的关系纷繁复杂，如何处理不同的关系涉及行为体的"关系选择"，即关系决定行动理性与否，这是关系理性的理论依据。

## 二　经济一体化中的关系理论

在经济一体化背景下关系普遍存在，特别是法律体系间的法律互动关系，[①] 其中包括共同体法律体系、国家法律体系、区域法律体系、国际法律体系间的互动。[②] 不管经济一体化的发展是在自由贸易区还是在共同市场阶段，经济一体化的发展动态过程都会形成国家、法律、法律体系和制度间的并列，导致经济一体化的参与方（共同体、成员国、个人和国际组织等）产生复杂的关系网络。因此，经济一体化的主要挑战就是如何构建和管理经济一体化参与方的复杂关系，特别是从法律制度层面关注这些复杂关系的处理。

理查德·弗林蓬·奥蓬提出关系理论（relational issues）是处理好经济一体化复杂关系问题，实现经济一体化发展目标的理论逻辑。该理论认为，有效的经济一体化是在良好法律框架内，以适当的方式构建和管理国家、法律体系（共同体法律体系、国家法律体系、区域法律体系、国际法律体系）、法律和制度的垂直、水平和垂直—水平关系的产物。[③] 共同体有效性的条件是必须构建并管理好彼此间以及和其他法律体系间的关系，即一个良好的法律框架应构建并处理好经济一体化参与方或行为方之间的互动关系，其中包括：共同体与个人的关系、共同体与成员国的关系、成员

---

① Richard Frimpong Oppong, *Legal Aspects of Economic Integration in Africa*, London: Cambridge University Press, 2013, p. 26.

② Richard Frimpong Oppong, *Legal Aspects of Economic Integration in Africa*, London: Cambridge University Press, 2013, p. 26.

③ 〔加纳〕理查德·弗林蓬·奥蓬：《非洲经济一体化的法律问题》，朱伟东译，社会科学文献出版社，2018，第 104 页。

国间的关系、共同体与其他区域及全球性组织的关系。前三者是共同体调整对内关系的对象，后者是调整对外关系的对象。只有构建并调整好内部和外部关系的法律框架才能确保共同体在制度设计层面实现其规范效用。理查德·弗林蓬·奥蓬评论道："对关系问题的关注，实则是强调法律作为一种手段在建设经济一体化过程中的重要性。因此必须以关系视角关注并重视共同体法律制度。"①

关系理论强调要处理好共同体在经济一体化进程中的内部和外部关系的调整，那么如何界定经济一体化的法律关系问题就显得尤为重要。奥蓬认为，经济一体化的法律关系主要分为内部和外部两组关系，在各大关系网络下又有着不同的关系表现形式分支。首先，共同体内部关系的主体是共同体、国家、个人（共同体利益攸关方）。内部关系涉及共同体和国家关系的具体表现形式主要有：共同体法与成员国宪法之间的效力等级；共同体法在成员国国内的适用；共同体法和成员国国内法的冲突解释；共同体法规和成员国法规之间的管辖权界定（冲突或合作）；等等。② 内部关系涉及共同体和个人的具体表现形式主要有：个人对共同体机构的程序参与、共同体法对个人出庭资格的认定、维护个人自身利益的共同体法院判决在成员国国内的承认和执行等。③ 其次，共同体外部关系的主体是共同体和其他共同体（同属于一个地理区域的共同体和世界范围的共同体）。外部关系涉及共同体和其他共同体的具体表现形式主要有：不同共同体法的效力等级、不同共同体法的适用、不同共同体法的冲突解释、共同体法院间的管辖权界定等。无论内部和外部关系的表现形式是什么，都离不开

---

① 〔加纳〕理查德·弗林蓬·奥蓬：《非洲经济一体化的法律问题》，朱伟东译，社会科学文献出版社，2018，第104页。

② Richard Frimpong Oppong, "Private International Law and the African Economic Community: A Plea for Greater Attention," *The International and Comparative Law Quarterly*, Vol. 55, 2006, pp. 911 – 928.

③ Richard Frimpong Oppong, "Private International Law and the African Economic Community: A Plea for Greater Attention," *The International and Comparative Law Quarterly*, Vol. 55, 2006, pp. 911 – 928.

共同体、个人、国家、其他共同体这四大关系主体对象。因此，共同体应重视并妥善处理好上述主体间的关系问题，才能逐步扫除共同体在经济一体化发展过程中面临的法律障碍。

## 三　二者的共性与差异

无论是国际政治中的关系理论还是经济一体化中的关系理论，二者存在学理共性。首先，均强调要关注行为体在社会世界中的复杂关系。关系是观察世界的基本单位，不存在独立的、绝对的、无联系关系的行为体，行为体也只能是"关系中的行为体"。[①] 从关系视角出发，二者认为世界是复杂的、充满各种关系对的整体。其次，均强调关注行为体关系过程的演变。国际政治的关系理论认为"关系中的行为体"关注的是行为体的关系，即分析的单位是关系的过程而不是行为体本身。经济一体化的关系理论在此基础上从法律层面关注各个行为体互动关系过程（行为体的关系过程又分为内部关系和外部关系的调整）。因此，关注行为体的流动关系过程，旨在知悉在流动关系过程中身份认定不同导致各个行为体的利益诉求不同，进而研究行为结果不同的背后动因。二者关系理论关注的不仅仅是行为不同的结果，更是流动关系过程中所产生的逻辑本源。

从宏观上说，二者理论的差异性体现在关注的层面迥然。国际政治的关系理论更具有普适性，从中国传统儒家文化背景出发，将中庸辩证法作为方法论强调整体性和和谐性，为分析国际关系层面的诸多问题提供了中国视角的理论基础。而经济一体化的关系理论更具有实操性，从具体法律制度层面关注不同行为体间的关系过程，将法哲学作为方法论强调法的价值性，为分析经济一体化的法律关系问题提供了国际法学的

---

① 秦亚青:《中国国际关系理论的发展与贡献》,《外交评论》2019 年第 6 期, 第 1 ~ 10 页。

分析视角。

依据国际政治的关系理论和经济一体化的法律关系理论的共性，笔者认为在东共体经济一体化的发展动态过程中应重视东共体的法律制度，并关注到经济一体化中的各个行为体间的流动关系过程。因为经济一体化不是一个静态的发展过程，而是不同行为体基于不同身份认定寻求利益诉求各异的关系博弈的动态过程。过程在本体论意义上是重要的，它从不断发展和生长的关系中获得动力。只有处理好过程中的各个行为体的关系性，才能让过程朝着更有利的方向发展。东共体经济一体化进程的行为体包括东共体、成员国、个人、其他共同体。以东共体地理区域范围为界定，分为东共体内部关系和外部关系，其中东共体、成员国、个人这三对关系为东共体内部关系；东共体与其他共同体的关系为东共体外部关系。若不关注行为体关系性的动态过程，则无法应对动态过程中出现的各类发展变化问题。正如唯物辩证法的发展观所指出的，事物是在不断发展变化的。只有处理好上述四者在经济一体化发展过程中的动态关系，才能及时发现东共体法律制度中存在的问题，以发展的眼光提出东共体法律制度变迁的完善建议。通过发挥法律制度在经济一体化中的手段作用，从法律层面塑造一个强有力的共同体司法保护机制，为非洲早日实现经济一体化的宏伟蓝图贡献司法力量。

# 第三节　国际机制理论：共同体外部关系调整

自全球化浪潮席卷以来，为解决全球治理的共性问题，在区域和次区域层面迅速成立了治理内容和治理主体各异的国际机制（international regime）。共同体作为国际机制的一类，在解决区域性问题时不可避免地会与其他国际机制产生互动交联。在彼此的互动中，国际机制间形成了国际示范作用，给国际行为体带来新的主观认知，调整了共同体间的外部互动关系，进一步促进了共同体间的互惠合作。

## 一 国际机制理论的主要观点

在探讨国际机制理论的观点时，需要明确核心概念"国际机制"的定义。"国际机制"的概念林林总总，目前在学术界尚未达成共识。罗伯特·基欧汉将国际机制定义为"有关国际关系特定问题领域的、政府同意建立的、有明确规则的制度"。[①] 斯蒂芬·克拉斯纳将国际机制定义为"在国际关系特定领域由行为体的期望汇集而成的一整套明示或暗示的原则、规范、规则和决策程序。所谓原则，指的是对事实的因果关系和诚实的信仰；所谓规则，指的是对行动的专门规定和禁止；所谓决策程序，指的是流行的决定和执行集体选择政策的习惯"。[②] 目前国际关系学界普遍认可斯蒂芬·克拉斯纳有关国际机制的概念，但是随着 20 世纪 80 年代国际合作实践的不断深化，由于概念界定过于宽泛且较难区分，许多学者对克拉斯纳的定义进行了批判。克拉斯纳更偏向于以行为学的标准界定国际机制，目的是保证概念所指的对象具有影响国家行为的效用，但是由于很难区分原则、规范、规则和决策程序的概念，以至于在后来的研究中，基欧汉纳入国际机制，将其作为国际制度（international institution）的一种表现形式。[③] 这里需要注意的是，虽然目前学术界对国际机制和国际制度的理论分歧尚未统一观点，但是对分析国际机制与国际制度的区别和联系的观点却基本一致，即国际制度是一个较为宽泛，甚至可以包含国际机制的

---

① Robert Keohane, *International Institutions and State Power: Essays in International Relations Theory*, Boulder: Westview Press, 1989, p. 4.

② Stephen Krasner, "Structural Causes and Regime Consequences: Regimes as Intervening Variables,"in Steohen D. Krasner, *International Regimes*, Ithaca: Cornell University Press, 1983, p. 18.

③ 侯立：《争论中的国际机制理论——新现实主义的分析路径》，《黄冈师范学院学报》2017年第 1 期，第 101 ~ 104 页。

概念。①

克拉斯纳以"期望汇聚"的行为来定义国际机制存在一定的局限性，使得国际法中的许多"无效文书"（dead papers）被排除在国际机制范畴之外，包括那些不具有实际法律约束力的协定。② 中国学者刘宏松也指出："斯蒂芬·克拉斯纳这一界定方法虽然在一定程度上规避了对没有行为影响的国际安排对理论建构的干扰，但却使理论建构过程渗入了循环推理的因素，从而在很大程度上损害了研究工作的科学性。"③ 国际法学界则提倡以"国际法中明确的规则和程序"这一形式学标准来界定国际机制这一概念。④ 国际法学家更偏向于适用"机制"来描述国际条约或国际公约形成的制度性规范，包括尚未具有实际法律约束力的协定。

本书指的国际机制更偏向于形式学标准的界定，赞同将国际机制界定为"国际关系特定问题领域中得到共同认可的管制性国际协议或安排"。其中，管制性国际协议和安排不仅包括了促进国家间合作的一系列制度安排，即具有国际法律效力的国际条约和公约等（正式的国际机制），还包含了那些尚未存在法律实际约束效力或效力逐步消失的协定和安排等（非正式的国际机制）。⑤ 因为国际机制的概念应解决的是"国际机制的存在性"问题，而不是"国际机制的有效性"问题。那些对国家行为不具有约束力的国际机制本身是存在的，虽然其本身对国家行为

---

① 王杰主编《国际机制论》，新华出版社，2002，第 11 页。中国学者王杰认为，从词义分析的角度而言，查看《韦伯斯特大词典》，"regime"一词的定义强调的是"（一）一种现象或行为的固定模式；（二）一种统治或管理的方法；（三）一种征服或管理机关的形式"；而"institution"一词的定义强调的是"（一）一种造成制度化的行为或过程；（二）已经制度化的事物；（三）具有指导性意义的事务"。Regime 比 institution 更能体现出某个固定模式背后的研究对象各组成部分之间的联系和互动，反映出事物组成结构和互动关系的规律。因此，从更为微观的角度，统称为国际机制论较为合适。

② Robert Keohane, "The Analysisof International Regimes: Towards a European American Research Programe," in Volker Rittberger, Peter Mayereds, *Regime Theory and International Relations*, Oxford: Clarendon Press, 1993, p. 27.

③ 刘宏松：《正式与非正式国际机制的概念辨析》，《欧洲研究》2009 年第 3 期，第 92~106 页。

④ 刘宏松：《正式与非正式国际机制的概念辨析》，《欧洲研究》2009 年第 3 期，第 92~106 页。

⑤ 刘宏松：《正式与非正式国际机制的概念辨析》，《欧洲研究》2009 年第 3 期，第 92~106 页。

的影响力甚弱；或者是国家在签署协定时表示遵守协定安排，而后由于国家内外部环境变化丧失了对协定的遵守，进而使得协定变成"无效文书"的情况。这只能说明国际机制对国家行为的影响力在不同的时间段和不同的情况下会随之发生改变，但并不能否认"国际机制存在性"的理论命题。

由于考虑到上述情况在非洲寻求经济一体化发展道路上较为常见，即非洲国家在国际或区域层面签署了许多协定，但是"一元论"和"二元论"背景不同导致协定在国内层面的效力不同。所以本书将国际机制的界定外延扩大到包含那些尚未生效的协定或安排以及本身具有效力但逐步失效的协定或安排。因此，结合国际关系和国际法两个学科维度，扩充克拉斯纳有关国际机制的定义，笔者认为国际机制不仅指的是"在国际关系特定领域由行为体的期望汇集而成的一整套明示或暗示的原则、规范、规则和决策程序"，更是"行为体共同认可的管制性国际条约、协定或国际法律文书安排"。

回顾国际机制的研究史，1975 年厄恩斯特·哈斯和约翰·鲁杰正式将国际机制的概念引入国际关系的理论中，随后被国际关系学者广泛讨论。[①]1977 年罗伯特·基欧汉和约瑟夫·奈、奥兰·扬先后发表国际机制专题论文，加入国际机制理论的研究队伍。奥兰·扬曾这么评论道，"我们生活在一个充满国际机制的世界里"。[②] 1982 年基欧汉在著作《国际机制：两种方法》中承认建构主义在国际机制理论研究中的观点。1988 年基欧汉演讲后，国际机制理论研究进入深化期。

国际机制理论有三大范式分析框架，包括新现实主义的国际机制理论，新自由主义的国际机制理论和建构主义的国际机制理论。三者尚未对

---

① Ernst Hass, "On System and International Regimes," *World Politics*, Vol. 27, 1975, p. 256; Ernst Hass, "Is There a Hole in the Whole? Knowledge, Technology, Interdependence, and the Construction of International Regimes," *International Organization*, Vol. 29, 1975, p. 37.

② Oran R. Young, "International Regimes: Problems and Concept Formation," *World Politics*, Vol. 32, 1980, p. 331.

国际机制的有效性和作用达成共识。三者学理的差异在于对制度主义的认识程度不同，即对国际机制的作用大小看法不一。机制的作用体现在两个层面：效率和弹力。如果机制规定的规则和目标得以被成员国遵守并实现，那么机制被认定拥有高效率。机制的弹力指的是国际机制在面对外部挑战时的"存留权利"以及早期机制选择对后期集体决策和行为的制约程度。持新现实主义观点的学者认为，国际机制只是干预性变量，对国家行为模式尚未起到决定性作用，不是构成国家行为的决定性力量。持新自由主义制度观点的学者认为，国际机制是重要性变量，对国家利益的形成产生了十分重要的影响作用。国家在国际互动过程中制造国际机制，国际机制不再是霸权国的专属，而是迎合国际需求的一种制度。换句话说，国家的行为选择实际上就是制度的选择。① 持建构主义观点的学者更是肯定了国际机制的重要性，认为国家基于共同的文化和规范作用产生了集体认同，愿意接受国际机制的约束以期达到共同的合作发展目标。甚至有学者主张应把国际机制作为影响国家行为模式选择的独立变量。②

无论三个流派如何争论，都不能否认国际机制在国际社会中的重要性和有效性。如果没有国际机制，那么国际社会将处于一种无政府状态，国家行为体缺乏行为规范准则而寻求个体边际效用最大化，结果是国际社会整体的边际效用最小化。国际机制的出现，不仅可以制约国家行为体在国际社会上的行为规范，还可以减少国家国际合作的边际成本（marginal cost），提高国家的违约成本，进一步促进国家共同合作互惠。同时，国际机制起到了国际示范作用，给国际行为体带来新的主观认知和互动关系，帮助国家规避为追求短期的个体行为利益而损害集体长期合作的利益的问

---

① Robert Keohane, Lisa L. Martin, "The Promise of Institutionalist Theory," *International Security*, Vol. 20, 1995, pp. 39 – 51.

② Jeffery Chackel, "Norms, Institutions, and National Identity in Contemporary Europe," *International Studies Quarterly*, Vol. 43, 1999, pp. 83 – 114.

题，即通过强化国家间由国际机制带来的互惠效应而使国家在国际社会上所采取的行为更加规范化和制度化。[1]

## 二 国际机制复杂性的表现

随着冷战结束和美苏两极格局的瓦解，国际社会迎来了区域化和全球化浪潮，国家间加深相互依存合作共识，一大批国际组织如雨后春笋般快速发展。根据国际协会联盟 2017～2018 年年报数据，政府间国际组织数量由 1909 年的 37 个增长到 2016 年的 7658 个。[2] 不同国际组织就不同问题领域形成了各自的原则、准则、规则、程序规范和执行机制，它们形成了复杂的国际机制网络。[3] 由于国际机制众多，机制间互动关系日益复杂化且横向、纵向扩散化。[4] 从横向扩散层面来看，国际机制在国际上的频繁互动导致国际机制数量的激增；从纵向扩散层面来看，在相同问题领域的重复设置导致国际机制的重叠。国际机制的复杂性是国际机制纵向互动的结果。[5] 奥兰·扬最早提出国际机制重叠是国际机制互动关系的产物，并将国际机制的互动关系分为功能性联系和政治性联系。[6] 卡尔·罗斯提亚拉和大卫·维克托率先提出了"机制复杂性"的概念，他们认为"机制复杂

---

① Peter M. Haas, "Do Regimes Matter？Epistemic Communities and Mediterranean Pollution Control，" *International Organization*, Vol. 43, 1990, pp. 377－403.

② "Year Book of International Organizations 2017－2018，"https：//eclassunipigr/modules/document/filephp/DES237/Yearbook％20of％20international％20organizations. pdf.

③ Oran R. Young, "International Regimes: Problems of Concept Formation，" *World Politics*, Vol. 32, 1980, p. 331.

④ 目前国际社会上存在众多类型的国际机制。国际机制的分类根据不同的主题而不同。根据问题的不同，国际机制可分为国际经济机制、国际环境机制、国际安全机制等；根据形势特征分类，国际机制可分为正式机制（国际协定）和非正式机制（国际惯例、习俗）；根据作用范围不同，国际机制可分为双边机制、地区性机制、全球性国际机制。

⑤ 张祎：《国际制度间关系研究：理论历程、核心命题与理论价值》，《北华大学学报》（社会科学版）2015 年第 5 期，第 97～104 页。

⑥ Oran R. Young, "International Regimes: Problems of Concept Formation，" *World Politics*, Vol. 32, 1980, p. 331.

性指的是规约某一特定事件领域的诸多部分重叠的并行组织，就这些组织的层级性而言，没有一致的看法"。① 有学者把国际机制复杂性现象称为"机制拥堵"。② 刘美武认为"国际机制复杂性是指在相同问题领域中，两个或两个以上的国际机制的结构和功能上的重合现象"。③ 国际机制复杂性已成为国内外学者就国际机制研究的热点议题。④

"重叠"是国际机制复杂性的一个重要特征。根据国际机制的三个构成要素，国际机制重叠分为问题领域重叠、行为体重叠和功能重叠。⑤ 问题领域重叠指的是就相同问题领域存在多个国际机制安排，例如贸易问题领域、安全问题领域、环境问题领域等。行为体重叠指的是多个行为体加入不同的国际机制，导致多成员国身份现象的出现。功能重叠指的是多个国际机制在原则、规则以及决策程序上出现设置重叠。⑥ 无论对国际机制复杂性如何分类，无论重叠的程度如何，有一个共性标准是对于相同领域的国际机制间关系都可以用重叠来形容。"重叠"一词精确定义了国际机制间互动的复杂关系网络特征。

国际关系学界对国际机制复杂性的"重叠"的具体表现形式的分类尚未形成统一标准。奥兰·扬将国际机制复杂性分为四个类型：嵌入式（embedded institutions）、嵌套式（nest institutions）、集束式（cluster institutions）和重叠式（overlapping institutions）。⑦ 维诺德·阿格瓦尔将国际机制复杂性分为三个类型：平行式（parallel institutions）、重叠式（overlapping institutions）

① Kal Raustiala, David G. Victor, "The Regime Complex for Plant Genetic Resources," *International Organization*, Vol. 58, 2004, pp. 277 – 309.

② 刘美武：《重叠国际机制与非洲减贫》，《世界经济与政治论坛》2011 年第 4 期，第 80 ~ 90 页。

③ 毕世鸿：《机制拥堵还是大国协调——区域外大国与湄公河地区开发合作》，《国际安全研究》2013 年第 2 期，第 58 ~ 73 页。

④ 国外关于国际机制复杂性有不同说法，Oran R. Young 称为"linkage"，John Ruggie 称为"complexity"，Thomas Gehring 称为"complexes"，Robert O. Keohane 称为"complex"。

⑤ 刘美武：《重叠国际机制与非洲减贫》，《世界经济与政治论坛》2011 年第 4 期，第 80 ~ 90 页。

⑥ 刘美武：《重叠国际机制与非洲减贫》，《世界经济与政治论坛》2011 年第 4 期，第 80 ~ 83 页。

⑦ Oran R. Young, "Institutional Linkage in International Society," *Global Governance*, Vol. 2, 1996, pp. 1 – 23.

和嵌套式（nesting institutions）。① 中国学者成志杰认为，从表现形式看，重叠机制是国际机制复杂性的一种表现，是复合机制三种类型中的一种。复合机制的另外两种类型分别是平行机制和嵌套机制。② 在复合机制类型的划分中，成员身份起着决定作用。如果两个或多个机制的成员身份互不重合，则它们构成平行机制。如果两个或多个机制的成员身份完全或部分重合，则它们构成重叠机制。如果其中一个机制的成员全部是另一个或多个机制的成员，则它们构成嵌套机制。从这个意义上也可以说，嵌套机制是重叠机制的一种特殊表现形式，而且是一种狭义的重叠机制。③ 只不过二者重叠的范围和程度不同而已，可见多重成员身份或成员身份重叠是形成重叠机制的重要原因。

## 三 国际机制复杂性的负面效应

从国际关系角度来说，国际机制重叠导致国家间机会主义的倾斜。国家可以从重叠的国际机制中挑选最符合本国偏好的制度设计，这种行为被称为"制度挑选"，行为的本质是机会主义表现。④ 国家"制度挑选"产生了"反机制"规范效应，国家挑选法院的行为趋向于必然。"挑选法院"的行为是权力大国的游戏，是以牺牲小国或发展中国家的利益为代价的。其次，国际机制重叠导致国家采取"制度转移"策略，降低机制的积极能动效用。"制度转移"是一种重塑国际规则结构的行为，即行为体将国际法或者国际规则的制定从一个国际制度中转移到另

---

① Vinod K. Aggarwal, *Institutional Designs for a Complex World, Bargaining, Linkages and Nesting*, Ithaca: Cornell University Press, 1998, p. 134.

② 成志杰：《复合机制模式：金砖机制建设的理论与实践方向》，《国际关系研究》2018 年第 1 期，第 111 ~ 112 页。

③ 朱伟东、王婷：《非洲区域经济组织成员身份重叠现象与消解路径》，《西亚非洲》2020 年第 1 期，第 96 ~ 117 页。

④ Karen J. Alter, Sophie Meunier, "The Politics of International Regime Complexity,"*Perspectives on Politics*, Vol. 7, 2009, pp. 13 – 24.

外一个国际制度框架下进行。① 这就必然导致参与机制主体身份和任务的混乱，特别是对国际机制规定的权利和义务的履行混乱，产生了诸多负面影响，包括带来机制的规则、程序和政策措施的相互冲突，或是产生多个机制运行资源的无效浪费等。②

从法律角度来说，国际机制重叠降低了法律规范行为的效用。③ 法律制度存在的意义在于规范社会行为，提高制度的效用。但是重叠的国际机制却带来国际法律等级次序的混乱，增加了交易成本，降低了法律制度的规范效用。④ 例如，国际机制的复杂性增加了人力资源成本，各个国家都需要精通它们所参与的不同区域贸易协定（RIAs）的专业法律人才。⑤ 发展中国家因人力资源成本较高，缺乏精通复杂的国际机制法律规则的人才，因此利益的天平往往倾向权力大国。尽管非政府组织可以提供法律专业人才帮助发展中国家了解更多国际机制的法律规则，但实际操作中并未达到应有的效果。⑥ 除了上述所提及的问题外，国际机制的重叠在法律领域还导致了诸多法律问题，例如不同法律体系间的管辖权冲突、法律适用冲突等。

虽然国际机制重叠也会刺激国家间合作，带来相应的积极影响，⑦ 但是国际机制重叠所带来的负面效应是必然的，未来这种国际机制复杂性现

---

① 张祎：《国际制度间关系研究：理论历程、核心命题与理论价值》，《北华大学学报》（社会科学版）2015 年第 5 期，第 97～104 页。

② Babatunde Fagbayibo, "Exploring Legal Imperatives of Regional Integration in Africa," *The Comparative and International Law Journal of Southern Africa*, Vol. 45, 2012, pp. 64 – 76.

③ Emilie Hafner Button, *Coercing Human Rights*, New York: Cornell University Press, 2009, p. 145.

④ Karen J. Alter, Sophie Meunier, "Nested and Competing Regimes in the Transatlantic Banana Trade Dispute," *Journal of European Public Policy*, Vol. 71, 2006, pp. 37 – 76.

⑤ Cally Jordan, Giovanni Majnoni, "Financial Regulaotry Harmonization and the Globalization of Finance," World Bank Policy Research Working Paper( October 2004), http://global. bing. com/ search?q = Financial + Regulaotry + Harmonization + and + the + Globalization + of + Finance& search = &form = QBLH.

⑥ Daniel W. Drezner, "The Power and Peril of International Regime Complexity," *Perspectives on Politics*, Vol. 7, 2009, pp. 65 – 70.

⑦ 王明国：《国际制度复杂性与东亚一体化进程》，《当代亚太》2013 年第 1 期，第 4～32 页。

象的发展态势会越发明显。非洲国家也不例外，由于国际机制就相同问题领域的重叠设置，非洲区域贸易协定的"意大利面条碗"① 效应更为复杂化。多重成员身份或成员身份重叠是形成重叠机制的重要原因，因此关注东共体与其他国际机制的互动关系所产生的成员身份重叠现象，不仅能让东共体正视与其他区域经济组织之间的互动关系，更能调整和完善东共体处理外部关系的法律制度，促进东部非洲国家在地区内的合作，实现集体式一体化发展。

# 第四节　小结

本章通过新制度经济学、关系理论和国际机制理论三大理论范式分析法律制度与经济一体化之间的关系，融合法律制度与经济一体化之间的关系理论，从宏观层面强调法律制度与经济的关系，再细化到微观层面强调有效的法律制度需要调整好其内部和外部的关系。作为一类经济体的共同体，若想实现经济一体化的发展目标，势必要关注共同体的法律制度的有效性。评定共同体法律制度的有效性在于考察该共同体的法律制度是否能够善于调整其内部和外部关系。

首先，新制度经济学的观点认为，完善的制度促进经济的增长，即制度完善的国家具有较高的经济增长率。正式制度比非正式制度更能给经济增长施加正相关影响。本书所指的正式制度主要指法律制度，即从法律制度的视角分析其与经济一体化之间的关系。需要注意的是，本书分析的制度强调的是法律制度，但是这并不代表政治制度、经济制度、社会制度等

---

① "意大利面条碗"现象一词源于美国经济学家巴格沃蒂 1995 年出版的《美国贸易政策》一书，指在双边自由贸易协定（FTA）和区域贸易协定（RTA）下，各个协议的不同的优惠待遇和原产地规则就像碗里的意大利面条，一根根地绞在一起，剪不断，理还乱，这种现象就被称为"意大利面条碗"现象或效应。参见百度词条解释，https：//baike. baidu. com/item/% E6% 84% 8F% E5% A4% A7% E5% 88% A9% E9% 9D% A2% E7% A2% 97，最后访问日期：2019 年 7 月 16 日。

其他制度没有对东非经济一体化发展施加相关影响，只是这些制度尚未被纳入本书研究的范畴。

仅仅关注到单一的法律制度对经济一体化的影响远不足够。国际政治的关系理论认为，在经济一体化的大背景下，关系问题普遍存在。各行为体由于频繁的互动不可避免地产生了复杂的关系网络。因此，如何处理经济一体化发展进程中各行为体间的关系问题对知晓行为体背后的行为逻辑至关重要。关系理论的观点认为，共同体应从法律制度层面关注经济一体化各行为体间的法律关系。有效的共同体法律制度应善于处理好经济一体化发展动态过程中共同体和其他行为体间的复杂关系问题，这是实现经济一体化目标的理论逻辑。经济一体化的发展是在运行良好的法律框架内，构建并管理好行为体间的互动关系的结果。这些关系包括：共同体和个人的关系、共同体与成员国的关系、成员国间的关系、共同体与其他共同体间的关系。其中，内部关系主要指的是共同体和成员国、共同体和个人、成员国间的关系。外部关系主要指的是共同体和其他共同体间的关系。本书的第三章至第五章将基于关系理论对东共体调整其内部关系的法律制度进行深入分析。

共同体与其他共同体在国际层面进行外部关系互动时，国际机制理论认为，国际机制起到了国际示范作用，给国际行为体带来新的主观认知和互动关系，进一步促进了共同体间的互惠合作。但是在互动过程中国际机制的纵向扩散加剧了国际机制复杂性，多成员身份又是国际机制复杂性的主要成因，也在共同体法律制度调整其外部关系时施加了消极影响。多成员身份重叠不仅降低了国际机制的效用，还阻碍了经济一体化目标的实现。若共同体法律制度能够妥善处理好多成员身份重叠所导致的复杂法律关系问题，那么共同体在经济一体化发展进程中就能发挥法律制度的最大化效用，促进集体经济的效用最大化。本书第六章将结合国际机制理论对东共体调整其外部关系的法律制度进行深入分析。

# 第二章

# 东共体的法律制度和经济一体化发展

法律制度的完善与经济一体化之间的发展存在密切且不容忽视的重要关系。根据第一章的论述可知，法律制度与经济一体化的关系理论主张一个运行良好的共同体需要关注到不同行为体间互动的法律关系并及时调整共同体内部和外部关系的法律制度，使得共同体不断从发展和成长的关系中获取内生动力。因此，在东共体经济一体化的发展动态过程中应重视东共体的法律制度，对经济一体化行为体间的关系问题予以关注。本章从宏观层面出发，对东共体的法律制度和经济一体化的发展进程进行概述，一方面梳理东共体法律制度内容，分析制度设计对经济一体化的影响；另一方面梳理东共体经济一体化发展的历史脉络和法律制度发展路径，旨在强调东共体经济一体化发展的不同阶段需要得到匹配的法律制度保障。

## 第一节　东共体的法律制度

若要探析东共体的法律制度，就必须厘清几个问题。一是东共体的法律地位，即明确东共体的性质，确定东共体到底是否具备国际法律人格。只有明确国际组织是否享有国际法律人格，才能明确国际组织的合法性。判定国际组织是否享有国际法赋予的国际权利并承担相应的法律义务，是探讨东共体法律制度的前提。二是东共体的机构设置和程序规则。明确东共体法制定的主体和相关程序，这是探讨东共体法律制度的基础。三是东共体的法律渊源。东共体法有哪些主要渊源和次要渊源？这些法律渊源是否合理？对东非经济一体化的发展施加何种影响？这是探讨东共体法律制度的必要条件。

## 一　东共体的法律地位

20 世纪 60 年代，非洲大陆在去殖民化的道路上开始探索建立民族主权国家。至此，一大批非洲主权国家以国际法主体的身份开始在国际舞台上展开利益角逐。由于主权国家的建立及主权国家间频繁的国际互动，国际组织作为重要的国际关系行为体，在国际舞台上应运而生，特别是 20 世纪 80 年代，一大批国际组织如雨后春笋般激增，联合国国际组织数据显示，从 19 世纪到 20 世纪 80 年代，全球的国际组织数量从 213 个增长到 2689 个。[①] 非洲大陆也不例外，这一时期非洲统一组织、东共体、西共体、南共体等多个区域组织也随着非洲民族国家的建立而相继成立。

法律地位是法律人格的基本属性之一。国际组织成功运行的一个重要前提就是国际组织具备法律人格。由于"法的命令是'成为一个人，并尊敬他人为人'"，因此法律赋予关系主体法律权利和义务，需要明确国际组织是否在国际法上享有主体地位。[②] 换句话说，只有明确国际组织是否享有国际法律人格（international legal personality），才能明确国际组织的合法性，才能判定国际组织是否享有国际法赋予的国际权利并承担相应的法律义务。因此，判断东共体的性质，即东共体到底是不是区域性经济组织，以及判定东共体是否具备国际法律人格，是关乎东共体在国际社会上具备合法性以及有效实现组织目标和宗旨的必然前提。

① 饶戈平：《关于国际组织与国际组织法中的几个问题》，中国政法大学出版社，1999，第 193 页。
② 〔德〕黑格尔：《法哲学原理》，范扬、张企泰译，商务印书馆，1961，第 46 页。

（一）东共体的性质

国际组织的定义有广义和狭义之分。从国际关系的角度而言，罗伯特·基欧汉、约瑟夫·奈认为广义的国际组织包括国际间多层次的联系网络、规则和机构，甚至"从某种意义上来说，国际组织可以被视为一种世界政治结构"。① 换句话说，广义的国际组织指的是国际社会的政治方法和制度框架。② 从国际法的角度而言，广义的国际组织指的是政府间国际组织，一般指"两个及以上国家通过签署国际协定或类似国际法律文件而设立的机构"。③ 政府间组织又包括全球性的政府间组织和区域性的政府间组织。狭义的国际组织还包括非政府国际组织。

国际组织分类如表 2-1 所示。

表 2-1　国际组织分类

| | 目的/宗旨 | | | |
| --- | --- | --- | --- | --- |
| | 一般性目的 | | 专门性目的 | |
| 地理分布 | 政府间国际组织 | 非政府间国际组织 | 政府间国际组织 | 非政府间国际组织 |
| 全球性 | 联合国 | 天主教会 | 世界银行 | 国际红十字会 |
| 区域性（非洲） | 非洲联盟 | 非洲非政府环境组织 | 东共体 | 萨赫勒地区国家间常设抗旱组织 |

东共体是由肯尼亚、乌干达、坦桑尼亚于 1967 年在乌干达坎帕拉签署《东部非洲合作条约》而建立的政府间国际组织。1996 年东共体秘书处的成立标志着东共体第一次瓦解后的再一次正式建立并开始运作。④ 1997 年肯尼亚、乌干达和坦桑尼亚正式签署《东共体条约》草案，2000 年《东共体条约》正式生效。东共体作为非盟承认的 8 个区域经济组织之一，采

---

① 〔美〕罗伯特·基欧汉、约瑟夫·奈：《权利与相互依赖》，门洪华译，北京大学出版社，2002，第 66 页。
② 李滨：《世界政治经济中的国际组织》，国家行政学院出版社，2001，第 1 页。
③ 江国青主编《国际法》，高等教育出版社，2010，第 335 页。
④ 李伯军：《当代非洲国际组织》，浙江人民出版社，2013，第 126 页。

用"自下而上"的方式帮助非洲大陆逐步构建一个统一的非洲经济共同体。从《东共体条约》的法律术语使用来看，该条约使用"东共体各成员国应……"或"东共体各成员国同意……"对各成员国施加主体法律义务，也表明了东共体是以政府间主义（intergovernmentalist）为主导的，目的是实现一体化的政府间国际组织。① 东共体作为政府间国际组织，为实现东部非洲社会的良好运转，逐步建立发展起一套国际合作机制，在一定程度上为国际法的发展贡献来自非洲的智慧。②

具体而言，东共体是为了实现东部非洲区域经济发展的共同目标而创建的专门性的区域经济组织。区域经济组织的发展与去殖民化运动的进程紧密相连。新兴的独立主权国家通过建立区域经济组织巩固并维护其政治独立和发展民族经济的权利，这是现代区域组织发展的一个重要特征。③随着 20 世纪 60 年代非洲去殖民化运动的发展，非洲大陆迎来民族独立运动浪潮，非洲国家相继宣布独立。非洲民族主权国家将"泛非主义"思想作为集体共同发展的理论思潮，开始以国际法主体的身份活跃在地区舞台。"泛非主义"强调以集体行动实现经济一体化发展，建立最终的"非洲合众国"。这一时期的非洲区域组织主要分为两类：一般政治性区域组织和经济合作区域组织。最大的一般政治性区域组织是非洲统一组织，除此之外还有非洲和马达加斯加国家联盟（Union of African and Malagasy States）、非洲国家联盟（Union of African States）、蒙罗维亚集团（Monrovia Group）、卡萨布兰卡集团（Casablanca Group）等。④ 经济合作区域组织除

---

① "The partner states shall...the partner states agree"中"shall"一词在英语中代表有强制性，表明成员国应在法律强制规定下遵守某项法律规定。Elvis Mbembe Binda, "The Legal Framework of the EAC,"in Emmanuel Ugirashebuja, John Eudes Ruhangisa, Tom Ottervanger, Armin Cuyvers( eds. ), *East African Community Law: Institutional, Substantive and Comparative EU Aspects*, Leiden Boston: Brill Nijhoff, 2017, p. 104.

② 李伯军：《当代非洲国际组织》，浙江人民出版社，2013，第 127 页。

③ 梁西：《现代国际组织》，武汉大学出版社，1984，第 174 页。

④ 〔美〕凯文·希林顿：《非洲史》，赵俊译，东方出版中心，2012，第 65 ~ 67 页。

了上述提及的 1967 年成立的东共体，还包括 1975 年成立的西共体[①]、1983 年成立的中共体[②]等。非洲区域组织，特别是区域经济组织，把非洲分散的力量集合起来，合理利用和开发区域各国的优势自然资源，克服各国经济发展道路上的困难，巩固民族国家的政治独立，是非洲国家去殖民化运动和经济发展战略的一个基本步骤。[③]

区域性国际组织的另一个重要特征是区域性和密切联系性。区域性指的是成员国疆域相邻、彼此相连，具有明显的地理属性；密切联系性指的是成员国在民族、历史、语言、文化或精神上密切联系而培育了某种共识，或是在现实生活中具有彼此联系的政治、军事、经济或社会问题而形成的某种相互依赖的关系。[④] 乌干达、肯尼亚和坦桑尼亚三国地域相邻，地理上都是环绕维多利亚湖、坦噶尼喀湖和基伍湖等湖泊的周边地区和邻近地区。三国受班图人迁徙影响同属于斯瓦希里文明范畴，在维护本区域的和平与安全、保障共同的经济利益等方面达成集体共识，因而为建立东共体创造了有利的前期条件。

## （二）东共体享有国际法律人格

虽然目前国际组织具备法律人格的观点已被国际社会所广泛接受，但是在国际法学界，对于国际组织法律人格的生成机制仍存在一定争议。[⑤]

---

[①]  西共体由非洲西部 15 个国家签署《西非国家经济共同体条约》建立而成。西共体的成员国包括：贝宁、布基纳法索、多哥、佛得角、冈比亚、几内亚、几内亚比绍、加纳、科特迪瓦、利比里亚、马里、尼日尔、尼日利亚、塞拉利昂、塞内加尔。该组织旨在促进成员国在政治、经济、社会和文化等方面的发展与合作，提高人民生活水平，增进彼此间的关系，为非洲的进步与发展作出来自西非的贡献。

[②]  中共体由非洲中部 11 个国家签署《中非国家经济共同体条约》建立而成。中共体的成员国包括：安哥拉、布隆迪、喀麦隆、中非、乍得、刚果（布）、刚果（金）、加蓬、赤道几内亚、圣多美和普林西比、卢旺达。该组织的宗旨是促进和加强成员国间的协调、合作与均衡发展，提高国家的自主发展能力，改善中非地区人民的生活水平，保持中非地区的经济稳定发展。

[③]  梁西：《现代国际组织》，武汉大学出版社，1984，第 190 页。

[④]  梁西：《现代国际组织》，武汉大学出版社，1984，第 174 页。

[⑤]  常伟民：《论国际组织的国际人格生成》，《时代法学》2016 年第 3 期，第 86～94 页。

主观人权说和客观权利说是认定国际组织法律人格的重要理论渊源。

主观人权说主要依据的是主权国家在设立国际组织的章程等基本文件上就国际组织的主体资格认定达成明示性或默示性的规定。由于主观人权说是基于主权国家的主权意识达成合意，因此也被称为授权说。明示性授权说指的是国际组织的章程等基本文件中就国际组织的主体资格认定存在明示性法律条文规定，则可以认定该国际组织具备国际法主体资格。①

但绝大多数国际组织的章程并未就其国际法的主体地位予以明文规定，若严格按照明示授权说的狭义定义法，则许多国际组织将陷入无国际法律人格的逻辑悖论。自然法学家针对上述问题，发展出默示授权说来确定国际组织的法律人格。持有默示授权说的自然法学派的国际法学者认为，当国际组织章程等基本文件并未就国际组织的主体资格认定存在明示法律条文规定，或存在的基本文件并未完全覆盖国际组织的全部职权范围时，若通过对此类基本文件的明示性规定进行推理和分析，可获知国际组织具备国际法律人格的默示性规定，那么仍可以认定该国际组织具备国际法律人格。综上所述，主观人权说的基本理论主张的是，国际组织的国际法律人格的获得是基于成员国的主观意愿及承认其人格的国家的意见，即成员国是否同意赋予国际组织国际法律人格。部分国际法学者对主观人权说持有反对意见，认为主观人权说对国际组织是否具有国际法律人格的界定标准太过于主观化，不符合国际法秉持的法律客观性标准，国际法学家开始寻求客观理论来弥补上述学说的学理缺陷。

客观权利说否定了以成员国主观意愿为判断依据的主观人权说，强调国际组织的国际法律人格的获得应依据国际法成立的国际组织本身的客观存在。② 著名国际法学家布朗利进一步指出评判国际组织具有国际法律人格的三个基本要素："第一，一种由各国组成的、具有合法目的、配备了

---

① 常伟民：《论国际组织的国际人格生成》，《时代法学》2016年第3期，第86~94页。

② 常伟民：《论国际组织的国际人格生成》，《时代法学》2016年第3期，第86~94页。

各种机构的常设组织；第二，国际组织与成员国的法律权利和宗旨存在区别；第三，存在于国际层面而非仅限于一个或以上国家内制度的可行使的法律权利。"① 客观权利说避免了主观人权说判定标准的主观随意性，在客观层面拓展了对国际组织法律人格的判定。虽然上述两种观点都存在瑕疵，但是不可否认的是，国际组织作为国际法的主体已被国际社会所普遍接受。国际法主体在国际社会上享有国际法赋予的权利，承担国际法施加的义务的前提是国际法主体的合法化，即国际法主体享有国际法律人格。

从《东共体条约》的明文规定中可以推理和分析出东共体具有国际法律人格。不像《欧洲共同体条约》第 281 条和《欧洲原子能共同体条约》第 184 条对共同体的国际法律人格作出明确规定，《东共体条约》并未明文规定东共体具备国际法律人格。这就对东共体是否可以被认定享有国际法主体的资格提出了质疑。但是笔者赞同埃尔维斯根据国际法默示权利说对《东共体条约》的明文规定进行推理和分析，认定东共体具有国际法律人格这一观点。② 欧盟法院和国际法院对默示权利说的适用也表明默示权利是运用"有效性原则"的结果。③ 根据《东共体条约》第 5 条第 1 款，东共体成立的目的是"制定一系列政策和方案以加强成员国在政治、经济、社会、文化方面的联系和合作，加强成员国在科技研究、安全、法律和司法事务等领域互利，协调产业发展战略，共同发展基础设施，实现三国经济和社会的可持续发展。通过逐步建立关税同盟、共同市场、货币联盟，最终实现统一的政治联盟"④。从上述规定可以看出，东共体成员国一致同意赋予东共体有限的行为能力以制定旨在加强成员国在政治、经济、

---

① 〔英〕伊恩·布朗利：《国际公法原理》，曾令良等译，法律出版社，2003，第 775 页。

② Elvis Mbembe Binda, "The Legal Framework of the EAC," in Emmanuel Ugirashebuja, John Eudes Ruhangisa, Tom Ottervanger, Armin Cuyvers ( eds. ), *East African Community Law: Institutional, Substantive and Comparative EU Aspects*, Leiden Boston: Brill Nijhoff, 2017, p. 104.

③ 〔美〕何塞·E. 阿尔瓦雷斯：《作为造法者的国际组织》，蔡从燕等译，法律出版社，2011，第 132 页。

④ 李伯军：《当代非洲国际组织》，浙江人民出版社，2013，第 127 页。

社会、文化等方面合作的政策。除此之外，《东共体条约》文本里还有很多地方提及成员国赋予东共体作为区域经济组织的主要权利职责（见表2－2）。[1] 国际组织的国际法律人格是国际组织为了履行自身职责，为了国际社会的需要而被成员国授予的或者说是派生的，而这一权利不像主权国家那样自生而成。[2] 在上述有关《东共体条约》的分析中可知，东共体的国际法律人格是被成员国所授予的，旨在实现东非政治联盟的最终目标。

表2－2　《东共体条约》中成员国授予东共体的主要权利职责

| 条文 | 主要权利职责 |
| --- | --- |
| 第74～第78条 | 贸易自由化和发展 |
| 第79～第80条 | 投资和工业发展 |
| 第81条 | 质量保证和计量测试 |
| 第82～第88条 | 货币和财政事务 |
| 第89～第101条 | 基础设施和服务业 |
| 第102～第103条 | 人力资源和科学技术发展 |
| 第104条 | 人员、劳务、服务的自由流动 |
| 第105～第110条 | 农业和食品安全 |
| 第111～第114条 | 环境和自然资源管理 |
| 第115～第116条 | 旅游和野生动物管理 |
| 第117～第120条 | 卫生、社会活动和文化活动 |
| 第121～第122条 | 女性在社会经济发展中的参与 |
| 第123～第125条 | 政治事务 |
| 第126条 | 法律事务 |
| 第127～第129条 | 私营部门和民间社会 |
| 第130条 | 与其他国际组织和发展伙伴的关系 |
| 第131条 | 其他领域事务 |
| 第132～第135条 | 财政条款 |
| 第136～第153条 | 一般情况、过渡、最终条款 |

---

① Elvis Mbembe Binda, "The Legal Framework of the EAC, "in Emmanuel Ugirashebuja, John Eudes Ruhangisa, Tom Ottervanger, Armin Cuyvers ( eds. ), *East African Community Law: Institutional, Substantive and Comparative EU Aspects*, Leiden Boston: Brill Nijhoff, 2017, p. 105.

② 李滨：《世界政治经济中的国际组织》，国家行政学院出版社，2001，第17页。

（三）东共体的国际法律人格对东非经济一体化的影响

首先，具有国际法律人格的国际组织依法享有缔约权，可以享有同其他非成员国和国际组织进行相关事项的对外缔约权。需要注意的是，国际组织虽然享有对外缔约权，但这并不代表国际组织可以直接同其他国际法主体签订条约。国际组织具体的对外缔约权需要回溯到国际组织的章程中去寻求具体的明示性或默示性法律支持。根据上述分析，从《东共体条约》的默示性规定中可以推理出东共体具有缔结有关促进东非经济、政治、经济、社会、文化等方面合作的条约的能力。在与非成员国进行国际交往方面，东共体作为独立的法律人格实体已同中国、德国、美国等国家签订了许多促进贸易发展的条约和协定。例如，2019 年 2 月，东共体与德国签署了《促进健康、教育和经济一体化发展的协定》，德方承诺提供东共体 3150 万美元的资金支持。2019 年 3 月，东共体与美国国际开发署达成合意，双方签署了《区域发展目标资金协议》，美方承诺将在未来 5 年内为东共体提供 1.94 亿美元，扶持东共体经济一体化的发展战略。2018 年 11 月，东共体与中国签署了《中非资金扶持协定》，中方承诺提供 20 万美元，支持东共体经济一体化建设。在与国际组织等机构开展国际活动方面，2019 年 11 月，东共体与东非开发银行在南非举办的非洲投资论坛上达成共识，签订了《战略合作伙伴协定》。2016 年 11 月，东共体与国际能源组织在东京举办的国际能源会议上就国际能源问题签署了《国际能源宪章》，旨在促进能源资源的合理分配，进一步激发能源市场的活力。东共体利用国际法律人格，作为国际法主体在国际舞台上为东非经济一体化的发展发挥着建设性作用。

其次，东共体有能力召开促进关乎集体发展的大型会议。从国际法的角度来看，召开国际性会议是主权国家行使对外国际交往的一项基本权利。国际组织在作为独立的国际法主体进行国际社交的同时，也在作为国际会议的主办方承办国际性论坛，就不同领域的、涉及共同体发展的问题汇集多方智慧。东共体内不同的组织机构就经济一体化的不同议题召开了数次国际会议，包括区域内的成员国会议和区域周边国家的国际会议。2018 年 10 月，东共体举办第二届成员国发展协调会议，以期协调成员国就东共体经济一体化发展议程的不同诉求。东共体成员国、欧盟和美国国际发展署的负责人等均参加了此次会议。会议的主题是"快速推进东非经济一体化发展"。东共体秘书长表示："此次会议促进了成员国双方增进理解互信，也提高了区域协调的统筹能力建设，是东共体追求最终政治联盟的一次重要过程。"①

但是需要指出的是，权利是可以默示的，或者嗣后实践被引用作为权威性先例，这种做法旨在限制国际组织及其机构利用职权过度干预成员国国内事宜，② 即成员国往往为了防止国际组织行使职权而可能干涉本国内政的做法，采取对有关国内的事宜保留管辖（domaine reserve）的司法行为。③ 根据《东共体条约》第 5 条第 1 款，成员国赋予东共体在促进东非经济、政治、经济、社会、文化等方面一定的权利。但是东共体成员国似乎对涉及本国的事宜，无论是否与东共体经济一体化议程相关，均可主张排除东共体对成员国的管辖权。笔者认为，东共体成员国对上述问题采用"扩大性"保留管辖的权利，利用绝对主权原则寻求国家利益最大化，而不惜牺牲集体利益，这将极大地损害东共体经济一体化目标的实现。这一点可以在东共体法院就安阳勇案件作出的裁决遭受首脑会议的强烈反对中得以体现。在这个案件中，④ 东共体法院宣布肯尼亚议会提名其成员加入东非立法大会的程序无效，认为该程序是"虚构的选举"，违反了《东共

---

① EACPress, "EAC Development Partners Forum Held in Arusha"( October 2018), https://www. eac. int/press - releases/155 - resource - mobilization/1258 - % 202nd - eac - development - partners - forum - held - in - arusha.

② 〔美〕何塞·E. 阿尔瓦雷斯：《作为造法者的国际组织》，蔡从燕等译，法律出版社，2011，第 134 页。

③ 〔美〕何塞·E. 阿尔瓦雷斯：《作为造法者的国际组织》，蔡从燕等译，法律出版社，2011，第 134 页。

④ 具体案例分析可看第三章内容，这里不作过多赘述。

体条约》的规定。于是，肯尼亚政府发起了一场动议，最后的结果是对《东共体条约》进行修改。修改的内容包括将东共体法院分为两个分院，缩小东共体法院的管辖权范围。

东共体法院随后发表声明，认为成员国修改《东共体条约》的行为破坏了法院在解释和适用《东共体条约》时的唯一性。东共体法院要求有关机构重新审议修改的呼吁并没有得到重视。成员国对主权的绝对伸张，通过条约保留缩小东共体法院对成员国的管辖权，进一步削弱了东共体作为独立法律人格的国际法主体所拥有的权利。这不禁让人质疑，东共体成员国在《东共体条约》里赋予东共体法至上性的同时，又在实践中亲自否认了东共体法的至上性，这是否意味着成员国在赋予东共体国际法律人格的同时，也可能在未来实践中推翻东共体独立的国际法律人格呢？东共体诸多经济一体化议程若未来与成员国国家利益出现矛盾，成员国是否会继续利用"扩大性"保留管辖来继续损害集体的利益而求自保呢？

## 二 东共体的机构设置和程序规则

下面将梳理东共体的七大主要机构和立法的程序规则，旨在了解东共体日常运行的部门和相关规定。

### （一）机构设置

#### 1. 首脑会议

东共体首脑会议是东共体最高权力机构，由东共体成员国国家政府首脑组成。首脑会议为东共体的目标和宗旨的实现提供战略性统筹。东共体首脑会议每年至少举行一次。若经成员国要求并一致通过可举行首脑会议特别议会。东共体首脑会议主席由成员国轮流担任，任期一年。目前东共体首脑会议主席为卢旺达总统卡加梅。

### 2. 部长理事会

部长理事会是东共体的决策和管理机构，由东共体成员国内阁部长组成。部长理事会每年举行两次会议，其中一次会议在首脑会议举行之前召开。部长理事会应成员国或理事会主席要求可举行特别会议。部长理事会负责东共体的有效协调和运行，制定东共体发展政策，执行首脑会议作出的决定。部长理事会发布的条例、指令和决定对各成员国和除首脑会议、东共体法院和东非立法大会以外的东共体其他机构具有法律约束力。部长理事会每年轮流选举一名主席，任期一年。

### 3. 协调委员会

协调委员会是由各成员国负责区域合作的常任秘书长或首席秘书长组成。协调委员会的工作职责是在部长理事会的管理下，负责协调区域合作，统筹部门委员会的工作；就有关部门委员会的设立、组成和职能向部长理事会提出建议，向部长理事会提交工作报告并执行部长理事会的决定。协调委员会每年在部长委员会举行之前召开两次会议。若有工作需要，可根据协调委员会主席的要求召开协调委员会特别会议。

### 4. 部门委员会

部门委员会负责制定具体实施计划并监督计划执行。部长理事会根据协调委员会的建议设立部门委员会。各部门委员会不定期召开部门委员会会议。部门委员会负责向协调委员会提出项目实施计划，确定不同部门的优先发展项目并监督计划的实施。

### 5. 东共体法院

东共体法院是东共体的主要司法机构，分为初审法院和上诉法院。根据《东共体条约》第9条，成立的东共体法院负责解释和适用《东共体条约》，并对首脑会议、部长理事会、东共体秘书处等有关职能部门和成员国提供法律咨询。东共体法院维护东共体法的至上性和优先性，确保《东共体条约》切实有效地履行。在首脑会议确定东共体法院的永久所在地之前，东共体法院的临时所在地为坦桑尼亚的阿鲁沙。东共体法院在各成员国设立了次登记处，分处设在各成员国国内法院。目前东共体法院由 10 名法官组成，由首脑会议从东共体成员国司法法院的现任法官或公认的具有能力的法学家中选任，由部长理事会任命书记官。每个成员国可提名 2 名法官，由首脑会议批准任命。院长和副院长必须来自不同的成员国，院长由成员国法官轮流担任。

### 6. 东非立法大会

根据《东共体条约》第 9 条设立东非立法大会。东非立法大会是东共体立法机构，主要职能是立法和监督东共体法的履行。东非立法大会的成员包括 54 名当选成员（每个成员国有 9 名）和 7 名返聘成员。这 7 名成员包括负责东共体事务的各成员国的部长或内阁秘书、秘书长和东共体顾问等。东非立法大会根据《东非立法大会程序规则》设立常设委员会。

### 7. 秘书处

秘书处是东共体的常设执行机构，主要职责是确保部长理事会通过的条例和指令得以有效执行。秘书处的人员组成包括 1 名秘书长、4 名副秘书长、数名东共体法律咨询处工作人员等。东共体法律咨询处主要负责有关东共体法律事宜的解答。秘书长是秘书处的首长，担任首脑会议的秘书。秘书长由首脑会议任命，任期五年，不可连任。副秘书长由首脑会议根据部长理事会的建议推举人员轮流任命。副秘书长任期三年，可连任一次。

### 8. 其他次组织机构

东共体除了上述的七大组织机构外，还包含了 9 个次组织机构。一是民用航空安全和安保监督机构（CASSOA），主要负责民航部门的工作，为航空运输服务提供相关建议，采纳东共体有关协调民航规则及规例的政策。二是东非竞争管理局（EACA），主要负责促进和保护东共体区域内贸易的公平。三是东非开发银行（EADB），主要负责有关卫生、教育、酒店和旅游、基础设施开发、能源和公共事业以及农业部门等提供结构性金融产品和服务。四是东非卫生研究委员会（EAHRC），主要负责协调和规划卫生研究区域议程和卫生研究成果。五是东非斯瓦希里语委员会（EAKC），主要负责东部非洲国家斯瓦希里语的学习、教学、研究，为成员国提供有关斯瓦希里语的咨询。六是东非科学技术委员会（EASTECO），主要负责管理成员国在科学技术的发展和实施方面的合作。七是东非大学理事会（IUCEA），主要负责协调和组织东非高等教育和培训，致力于解决东部非洲国家和地区教育水平落后等问题。八是维多利亚湖流域委员会（LVBC）。主要负责协调对该湖及其盆地地区的各种环境保护事宜。九是维多利亚湖渔业组织（LVFO），主要负责保护该湖域的渔业，让渔业可持续发展。

（二）立法程序

立法程序主要指的是东非立法大会处理议案和法案的过程。这里需要明确的两个概念是"议案"和"法案"。在首脑会议没有一致同意通过的议案都不是法案，不具有共同体法律效力性质。在《东非立法大会程序规则》中，"Bill"指的是议案（还未成为法律），"Act"指的是法案（已成为共同体法律）。

东非立法大会任命并组建委员会，负责推进立法程序。委员会的成员将从立法大会的成员中选出，任期为两年半。根据《东非立法大会程序规则》第81条，委员会的职责主要是："（一）就提交大会的所有法案进行审查、讨论并提出建议；（二）在各自的职权范围内提出议案；（三）评估和审查东共体的活动；（四）在各自的职责范围内进行有关的研究；（五）审查影响其主管领域的政策事项；（六）在上述领域发起或评估行动方案，并就此提出建议；（七）审查共同体的常规预算和资本预算；（八）就其职能向大会递交报告。"

《东非立法大会程序规则》第60~73条详细规定了东共体议案到法案的具体立法步骤。首先，需要明确议案的类型（《东非立法大会程序规则》

第 61～65 条）。紧急议案和成员国提交的议案应在公告栏进行公开宣告，并由书记官打印附件提交至各立法委员手中。其中，侵犯人权的议案和涉及共同体财政事宜的草案不得提请动议。其次，每份草案都将经过三次审阅程序（《东非立法大会程序规则》第 66～71 条）。经过东非立法大会三次审阅程序后一致通过的议案提交至首脑会议且被首脑会议通过，则议案上升为法案，具有共同体法的效力；若被首脑会议否决，则议案退回至第二次审阅程序重新进行相关审阅工作。

（三）东共体的机构设置和程序规则对东非经济一体化的影响

### 1. 东共体机制设置缺乏包容性：参与主体单一

基欧汉提出在讨论国际组织的合法性问题时需要考虑国际组织的输入和输出因素的影响。评判国际组织的合法性的标准主要有三个：包容性、果断性、可靠性。[1] 包容性指的是国际组织的决策制定必须在考虑所有参与方利益的基础上，选出各方利益代表集合在一起共同商讨决策的制定路径。首脑会议作为共同体的根基，它关系到东共体整个发展基调是否步入正轨。首脑会议的组成是单一的，不利于平衡各个经济一体化利益攸关方的集体诉求。首脑会议由各成员国的单方政府首脑组成，并未有民间社会、私营部门和贸易联盟等东共体其他利益攸关方的参与。东共体的决策制定机制存在构成主体单一的缺陷，有可能导致东共体作出的决策偏向于解决各成员国的政治化诉求，而忽略经济一体化其他主体的利益诉求。[2] 理事会作为东共体首脑会议的执行机构和负责制定区域经济一体化议程的机构，其成员组织也存在单一性问题，成员均由各成员国内阁部长担任，不包括其他东共体利益攸关方。有学者是这么评论东

---

① Robert O. Keohane, "The Contingent Legitimacy of Multilateralism," GARNET Working Paper (September 2006), https://warwick.ac.uk/fac/soc/pais/research/researchcentres/csgr/garnet/workingpapers/0906.pdf.

② L. O. Wauna Oluoch, "Legitimacy of the East African Community," *Journal of African Law*, Vol. 53, 2009, pp. 194 – 221.

共体的机构设置的："由于首脑会议、部长理事会、部门委员会、协调委员会均是各成员国政府的执行机构，并且一个主要原因是它们都是由各成员国政府首脑、内阁部长、资深国家政府官员等组成的，服务于国家利益，因此很难将东共体的共同体性质和成员国政府性质区分开。那么这就很难说东共体是服务于共同体集体利益而不是国家谋私利的工具了。"①

### 2. 东共体机制设置缺乏可靠性：政策制定过程不透明

可靠性指的是决策制定过程的透明化和公开化，无论是国际组织内部的各机构还是国际组织外的各利益参与方均可以就决策制定过程提出意见和建议。一方面，可靠性体现的是公众获取信息的便捷性。公众作为区域经济组织的利益攸关方，可以从多方面渠道获取信息。区域组织的决策制定过程等经济一体化活动必须是公开的、透明的、可获取的。另一方面，可靠性体现的是区域设置的灵活性。国际组织根据实际情况适时修改相关的组织章程以便更好地实现经济一体化的发展目标。首先，理事会作为执行首脑会议的机构，对首脑会议负责。理事会根据东共体经济一体化议程制定相关的政策方案，但是制定过程缺乏透明度和公开度。东共体官方也并未公开报道理事会制定政策的过程，东共体内个人利益攸关方难以通过公开渠道获取东共体政策信息。虽然现在东共体开始完善官方网站的电子资料库，但是进展仍很缓慢。② 其次，《东共体条约》缺乏与时俱进的灵活性，没有适时更改阻碍经济一体化发展的条约设计。讽刺的是，当国家主权和共同体法至上性发生冲突时，东共体对《东共体条约》的修改速度却是相当之快（从肯尼亚召集临时会议再到发动对《东共体条约》的修改，

---

① L. O. Wauna Oluoch, "Legitimacy of the East African Community," *Journal of African Law*, Vol. 53, 2009, pp. 194 – 221.

② 笔者 2017 年 1 月访问东共体官方网站时，网站上还未就东共体的相关政策和法规出台系统电子资料库；2019 年 8 月再次进入东共体官方网站时，网站就东共体的政策进行了梳理归纳，虽然尚不齐全，但是这变相说明了东共体开始重视提升有关信息获取渠道的公开化水平，进一步加深公众对东共体的认知和理解。

前后用时不到一个星期）。由此可见，东共体若想建成像欧盟一样的超国家共同体，实现成员国对主权的绝对让渡，还有很长的路要走。

### 3. 东共体机制设置缺乏果断性：一票否决制不公平

果断性指的是即使最终制定的决策与成员国国家利益相冲突，国际组织仍有权最后拍板决策。[①] 绝对不会出现某个权力国家单方面投反对票，反对国际组织内大多数参与方一致同意通过的决策。东共体首脑会议议事程序存在一票否决制，间接导致国家利益与共同体利益的失衡。首脑会议的一票否决制意味着只要有某个成员国不满意东共体制定的经济一体化议程或东非立法大会提出的有关促进经济一体化发展的议案，均可采用一票否决制单方面推翻上述议题。[②] 2006 年发生的安阳勇案件就是肯尼亚利用首脑会议的一票否决制损害了共同体法至上性的典型案例。由于东共体并未设置任何监督机制以制约首脑会议，首脑会议不需要对任何机构负责，这种死循环导致首脑会议的决策制定机制根本不可能走向公开化、公平化和大众化。[③]

## 三　东共体法的法律渊源

在共同体法律体系中，存在一个类似国内法的法律规范分级体系。在一个金字塔结构的法律规范王国里，处在金字塔顶端的是"基础性的"共同体法律规范，也是共同体的主要法律渊源，包括共同体创立条约、条约议定书、共同体的一般法律原则等。[④] 这些基础性的共同体法律规范为共

---

① Robert O. Keohane, "The Contingent Legitimacy of Multilateralism," GARNET Working Paper, (September 2006), https://warwick.ac.uk/fac/soc/pais/research/researchcentres/csgr/garnet/workingpapers/0906.pdf.

② L. O. Wauna Oluoch, "Legitimacy of the East African Community," *Journal of African Law*, Vol. 53, 2009, pp. 194 – 221.

③ L. O. Wauna Oluoch, "Legitimacy of the East African Community," *Journal of African Law*, Vol. 53, 2009, pp. 194 – 221.

④ 〔法〕德尼·西蒙：《欧盟法律体系》，王玉芳等译，北京大学出版社，2007，第 265 页。

同体机构颁布的"派生性的"共同体法律规范奠定了法律基础，条例（包括理事会颁布的基础条例和委员会颁布的实施细则条例）、指令、决定、建议和意见等都构成共同体法的次要法律渊源（见图2-1）。从法律的调整对象角度来看，共同体法调整的对象包括成员国及个人。大多数情况下，共同体法根据创立条约的规定对成员国具有直接适用效力，也就是说，无须通过转换立法，共同体法直接对成员国产生权利与义务上的法律约束力，例如欧盟法。

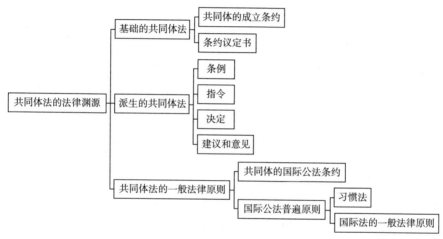

**图 2-1　共同体法律渊源等级**

（一）东共体法的主要法律渊源

共同体主要法律规范包括共同体创建的基础条约以及附属初始条约、修订条约、条约的议定书等，修订条约、议定书等也具有与基础条约一样的法律意义。

1. **基础条约**

共同体法律规范中"基础性的"共同体法为最高级别。基础性的法律规范也被称为主要法律渊源，包括共同体的创立条约以及条约的各个附件和相关议定书等。《东共体条约》是东共体的基本法，带有东共体"宪法"的特征。《东共体条约》的附加议定书也是条约不可分割的重要组成部分。1998 年 4 月，东共体常设三方委员会第 9 次会议草拟了《东共体条约》草案，1999 年 11 月肯尼亚、乌干达和坦桑尼亚签署《东共体条约》，2000 年 7 月《东共体条约》正式生效。

### 2. 议定书

根据《东共体条约》第 151 条的规定，"每个议定书经过成员国签署并批准后，由理事会建议作为条约的一部分具有法律效力"。截至目前，已经签署并批准生效的议定书共有 20 多个。其中包括：1999 年生效的《建立东非民用航空器安全和监管机构议定书》[①]，2001 年生效的《东共体理事会决策议定书》[②]、《东共体打击毒品走私议定书》[③]、《首脑会议规则和程序议定书》[④]、《接纳新成员议定书》[⑤]、《接纳观察员议定书》[⑥] 和《标准化、质量保证、计量和检验议定书》[⑦]，2003 年生效的《维多利亚湖地区可持续发展议定书》[⑧]，2006 年生效的《环境资源和自然资源管理议定书》[⑨]，2007 年生效的《东共体斯瓦希里语委员会议定书》[⑩]，2008 年生效的《建立东非科技委员会议定书》[⑪]、《建立东非健康研究委员会议定书》[⑫]，2013 年生效的《和平和安全协定议定书》[⑬] 等。在这些协定中，有三个议定书最为重要。一是 2005 年生效的《建立东共体关税同盟议定书》，标志

---

[①] 详情可见 Protocol on the Establishment of the East African Civil Aviation Safety and Security Oversight Agency。

[②] 详情可见 Protocol on Decision—Making by the Council of the East African Community。

[③] 详情可见 Protocol on Combatting Drug Trafficking in the East African Community。

[④] 详情可见 Protocol on Rules and Procedure of the Summit。

[⑤] 详情可见 Protocol on Accepting New Member。

[⑥] 详情可见 Protocol on Accepting New Observer。

[⑦] 详情可见 Protocol on Standardization, Quality Assurance, Metrology and Testing。

[⑧] 详情可见 Protocol for the Sustainable Development of Lake Victoria Basin。

[⑨] 详情可见 Protocol on Environment and Natural Resources Management。

[⑩] 详情可见 Protocol on the Establishment of the East African Kiswahili Commission。

[⑪] 详情可见 Protocol on the Establishment of the East African Science and Technology Commission。

[⑫] 详情可见 Protocol on the Establishment of the East African Health Research Commission。

[⑬] 详情可见 Protocol on Peace and Security。

着东共体实现了经济一体化发展的第一个阶段，统一了东共体成员国的对外关税。[①] 二是 2010 年生效的《东共体共同市场议定书》，标志着东共体实现了经济一体化发展的第二个阶段，实现了创建鼓励人员、服务、资本自由流动的共同市场。[②] 三是 2015 年生效的《东共体货币联盟议定书》，标志着东共体规范了共同的货币政策，是东共体实现经济一体化发展的第三个阶段。[③]

### （二）东共体法的次要法律渊源

共同体法次要法律规范包括根据共同体条约或者根据其他的法律授权

---

[①] Protocol on the Establishment of the East African Community Custom Union（《建立东共体关税同盟议定书》）第 2 条有关 "建立东共体关税同盟" 的规定如下："（一）为了实现《东共体条约》第 5 条的规定，成员国在此一致同意建立关税同盟，实现东非经济一体化发展的第一个阶段目标。（二）根据第 1 款建立的关税同盟，可以称之为 '东共体关税同盟'（简称 '关税同盟'）。（三）关税同盟的管理应符合共同体法的相关规定。（四）在关税同盟内：（1）除本议定书规定外，应取消对进口货物征收的关税和其他具有同等效力的费用；（2）应消除成员国间的非关税贸易壁垒；（3）对于从外国进口到成员国的所有货物，应成立并维持共同的对外关税。（五）为了和《东共体条约》保持一致，本议定书规定下列事宜：（1）适用不对称性原则；（2）取消内部关税和其他同等效果的收费；（3）消除非关税壁垒；（4）建立共同的对外关税；（5）原产地规则；（6）反倾销方法；（7）补贴和反补贴税；（8）涉及安全和贸易的其他壁垒；（9）竞争；（10）退税和减免关税；（11）关税合作；（12）货物再出口；（13）简化和协调贸易程序；（14）豁免制度；（15）统一的商品描述和编码系统；（16）自由港。"

[②] Protocol on the Establishment of the East African Community Common Market（《东共体共同市场议定书》）第 2 条有关 "建立东非共同市场" 的规定如下："（一）为了实现《东共体条约》第 5 条的规定，成员国在此一致同意建立共同市场，实现东非经济一体化发展的第二个阶段目标。（二）根据第 1 款建立的共同市场，可以称之为 '东非共同市场'（简称 '共同市场'）。（三）共同市场的管理应符合共同体法的相关规定。（四）为了和《东共体条约》第 76 条和第 104 条保持一致，本议定书规定如下事宜：（1）货物的自由流动；（2）人员的自由流动；（3）劳工的自由流动；（4）建立设施的权利；（5）居住的权利；（6）服务的自由流动；（7）资本的自由流动。（五）尽管有第 1 款的规定，但共同市场的建立还应是循序渐进式的。"

[③] Protocol on the Establishment of the East African Community Monetary Union（《东共体货币联盟议定书》）第 2 条有关 "建立东共体货币联盟" 的规定如下："（一）为了实现《东共体条约》第 5 条的规定，成员国在此一致同意建立货币联盟，实现东非经济一体化发展的第三个阶段。（二）根据第 1 款建立的联盟，可以称之为 '东非货币联盟'（简称 '货币联盟'）。（三）实现最终货币联盟的进程应是循序渐进式的。（四）货币联盟的管理应符合共同体法的相关规定。"

而由共同体机构颁布的法律文件，[①] 也可以理解为条约规定的共同体机构通过的单方法令。[②]

### 1. 条例

根据欧盟法的法律规范，条例是欧盟法的表现形式之一，具有普遍的法的效力。条例直接适用于欧盟各个成员国，对个人也具有直接适用性。从权限分配的角度来看，这个规范工具将成员国已转移到共同体的权限具体化，共同体规则彻底代替了国内规则。[③] 条例的首要特征是具有普遍的法律效力。东共体也不例外。《东共体条约》第16条规定："在不违反本条约规定的情况下，理事会根据本条约所颁布的条例、指令和决定对除首脑会议、东共体法院和东非立法大会以外的其他共同体机构、成员国，以及受条约管束的个人都具有法律约束力。"由此可知，东共体承认理事会颁布的"条例"、"指令"和"决定"是东共体的次要法律规范，法律效力的实施对象是成员国，个人和除首脑会议、东共体法院、东非立法大会以外的其他共同体机构。但是东共体并没有给条例直接适用效力，需通过成员国的国内立法程序赋予条例在本国的效力。《东共体条约》第8条第2款规定："成员国应在本条约签署之日起12个月内确保颁布使本条约生效的国内立法并确保其得到有效实施，特别是：（1）赋予东共体履行其职能所需的法律能力和法律人格；（2）根据本条约的规定，授予东共体及其机构的条例、指令和决定在区域内具有法律效力。"

### 2. 指令

第二个立法形式是指令。由欧盟法有关立法形式的归纳和分类可知，条例和指令的最大区别在于是否对成员国具有直接适用效力。根据《东共体条约》第8条第2款，指令在东共体各成员国国内不具备直接的法律适用效力。此外，虽然《东共体条约》第14条第3款第3项规定，"理事会

---

① 〔德〕马迪亚斯·赫蒂根：《欧洲法》，张恩民译，法律出版社，2003，第144页。
② 〔法〕德尼·西蒙：《欧盟法律体系》，王玉芳等译，北京大学出版社，2007，第271页。
③ 〔法〕德尼·西蒙：《欧盟法律体系》，王玉芳等译，北京大学出版社，2007，第277页。

根据本条约的规定颁布条例、指令、决定并提出建议和意见"，以及《东共体条约》第 8 条、第 16 条也提到了条例、指令和决定，但是均没有补充对条例、指令和决定的具体定义的界定。东共体在界定共同体次要法律渊源的内容和法律效力方面存在极大的模糊性，这就给东共体法的效力认定带来了负面影响。

### 3. 决定

决定涉及的是对个案具有约束力的法律文件。决定的对象可能是成员国，也可能是共同体内的个人（自然人或法人）。因此，需要明确决定的定义以及具体的法律关系对象。东共体有关决定的内容和法律效力也存在界定模糊不清的问题。《东共体条约》和《东共体理事会决策议定书》提及了理事会可根据经济一体化议程作出相应决定，但法律文本仍对"决定"具体定义的界定存在缺口。

### 4. 意见和建议

《东共体条约》第 36 条规定，首脑会议、理事会和成员国可就有关《东共体条约》的解释和适用问题请求东共体法院发表建议和意见，东共体法院出具的建议和意见不具有法律约束力。虽然法律效力不具有强制性，但考虑到若成员国国内法院在处理案件时参考东共体法院出具的相关建议和意见，可以有效地促进东共体和国家间的互动，在一定程度上增加国内法院对东共体法的了解和认可。因此，在经济一体化发展意义层面，不排除将东共体法院发表的建议和意见视为次要法律渊源的来源。[1]

### （三）东共体法的一般法律原则

"一般法律原则"这一术语最早来自国际法院的法令。遗憾的是，国际法院的法令并未对一般法律原则提供统一定义。美国国际法学者填补了

---

[1] 〔加纳〕理查德·弗林蓬·奥蓬：《非洲经济一体化的法律问题》，朱伟东译，社会科学文献出版社，2018，第 94 页。

这一法律空白，将国际法院提及的一般法律原则归为以下五类：一是成员国普遍承认的国内法原则；二是国际社会具体本质的法律一般原则；三是法律理念固有原则和所有法律体系基础原则；四是适用于社会各等级关系和合作关系的有效原则；五是作为理性的自然人所建立的公正原则。①

共同体法的一般法律原则主要有三种功能，"一是帮助解释法律；二是作为审查的理由；三是作为法律的规则"，违反其中的任何一项都会导致侵权责任（tortuous liability）。② 正如所有法律体系一样，共同体法的一般法律原则是一种不成文的法律渊源，它是法官从构成相关法律安排的宪法及政治哲学价值和规范的共同基础出发，进行的一种判例"发明"。③ 在共同体法律秩序中，一般法律原则又有其自身特点，体现了共同体宪政体系的特殊性。共同体法院在创造共同体的一般法律原则的过程中借鉴的第一类具体渊源自然是国际法律秩序的一般原则，例如国际习惯法中的善意履行原则。第二类借鉴的是成员国国内法共同一般原则，包括成员国宪法和相关法律，甚至是成员国法院的判例或理论。第三类借鉴的是基于共同体宪法、以经济和政治诉求为基础的共同体法的一般原则。这也是东共体创建共同体法一般法律原则所采用的方法，共同体法的一般法律原则包含了宪法性原则和经济性原则，即共同体法内部的整体法则包含了纯宪法性原则和为了实现一体化的经济目标而设定的类似于"结构性原则"的经济性原则，共同构成共同体秩序宪法性基础的共同目标和共同价值。④

### 1. 基本原则

《东共体条约》第 6 条有关东共体的基本原则（Fundamental Principles）

---

① L. F. Damrosch, *International Law: Cases and Materials*(4ᵗʰ ed.), Minnesota: Americam Casebook Series, 2011, p. 118.

② T. Tridimas, *The General Principle of EU Law*, Oxford: Oxford Univerisity Press, 2006, p. 29.

③ 〔法〕德尼·西蒙：《欧盟法律体系》，王玉芳等译，北京大学出版社，2007，第 313 页。

④ 〔法〕德尼·西蒙：《欧盟法律体系》，王玉芳等译，北京大学出版社，2007，第 316 页。

的规定如下："成员国实现共同体目标所应遵循的基本原则应包括：
（一）互信、政治合意和主权平等原则；（二）和平共处，睦邻友好原则；
（三）和平解决争端原则；（四）良好治理原则，包括：坚持民主、法治、
责任制、透明度、社会公正、机会均等、性别平等，并根据《非洲人权和民
族权宪章》尊重和保护人权原则；（五）公平分配收益原则；（六）互利合
作原则。"

**2. 可操作性原则**

《东共体条约》第 7 条有关东共体的可操作原则（Operational
Principles）的规定如下："（一）成员国实现共同体目标所应遵循的可操作
原则应包括：（1）以人为本和以市场为导向的合作原则；（2）成员国提供
的环境发展原则，如有利的政策和基础设施建设等；（3）出口导向型经济
原则，促进货物、人员、劳动、资本、服务、信息和技术的自由流动；
（4）多方参与的辅助性原则，支持利益攸关方参与进一体化进程；（5）可
变几何原则，允许共同体内不同经济发展水平的成员国以不同的速度实现
经济一体化；（6）公平分配原则，公平分配共同体已产生或将产生的合作
利益，为解决合作可能引起的经济不平衡而采取相关措施；（7）互补原
则；（8）不对称原则。（二）成员国承诺遵守良好治理的原则，包括坚持
民主、法治、社会公正的原则，维护普遍接受的人权标准原则。"可操作
性原则让经济水平不一的成员国采取灵活的方式参与经济一体化进程，这
种因国而异的方式符合东共体内部不同国家的经济发展现状。

（四）东共体法的法律渊源对东非经济一体化的影响

**1. 重复累赘和规定不对称的一般法律原则削弱了东共体法的权威性**

东共体立法者在制定东共体一般法律原则时将基本原则和可操作性原
则同时纳入条约的做法值得赞扬。特别是两个原则就东共体利益的分配都
作出了明确的规定，从《东共体条约》序言第 4 段可以看出，《东共体条
约》建立的目的之一是"为了合理分配成员国从东共体中获得的经济收

益",避免重演 1977 年东共体第一次瓦解的悲剧。① 但需要指出的是,东共体的一般法律原则的设定存在重复累赘和规定不对称两种情况。② 重复累赘体现在对同一个原则的多次声明。例如《东共体条约》第 7 条第 2 款"成员国承诺遵守良好治理的原则,包括坚持民主、法治、社会公正的原则,维护普遍接受的人权标准原则",和第 6 条第 4 款"良好治理,包括:坚持民主原则、法治、责任制、透明度、社会公正、机会均等、性别平等,并根据《非洲人权和民族权宪章》尊重和保护人权原则"规定的内容重复。条约就相同"良好治理"术语所包含的内容存在分歧,第 6 条明显比第 7 条多了"性别平等"和"机会均等"两个延展内容。这种在同一条约内对同一术语的二分法极易造成对良好治理分类的法律理解歧义。③ 规定不对称体现在对不同原则的说明程度不同,有的原则进行了详细的拓展性举例说明,而有的原则只是蜻蜓点水般提及,对于相关的内容只能从条约的序言中去寻找。例如《东共体条约》第 7 条第 5 款规定,"可变几何原则指的是允许共同体内不同经济发展水平的各个成员以不同速度实现经济一体化",但同一条的第 7 款"互补原则"和第 8 款"不对称原则"则没有延展说明,只能从《东共体条约》序言中去寻找支撑性解释。根据《东共体条约》第 1 条,互补的定义为"支持经济活动的经济变量",即互补原则主要体现为经济层面的互补性,主要是贸易的互补。这种蜻蜓点水式的规定为日后有关该原则的法律解释埋下了矛盾的种子。

---

① Elvis Mbembe Binda, "The Legal Framework of the EAC, "in Emmanuel Ugirashebuja, John Eudes Ruhangisa, Tom Ottervanger, Armin Cuyvers( eds. ), *East African Community Law: Institutional, Substantive and Comparative EU Aspects*, Leiden Boston: Brill Nijhoff, 2017, p. 111.

② Khoti Chilomba Kamanga, Ally Possi, "General Principles Governing EAC Integration, "*Journal of African Law*, Vol. 12, 2017, p. 204.

③ Khoti Chilomba Kamanga, Ally Possi, "General Principles Governing EAC Integration, "*Journal of African Law*, Vol. 12, 2017, p. 204.

## 2. 成员国利用东共体的法律渊源的规定漏洞规避履行东共体经济一体化义务

首先，可变几何原则的适用受到强烈的政治影响，有可能会加剧东共体的分崩离析。[①] 主要原因是可变几何原则适用的前提是首脑会议和理事会在决策中达成一致。虽然《东共体理事会决策议定书》第 2 条第 2 款规定理事会作出决策时需达到简单多数同意，但是《东共体条约》和《东共体理事会决策议定书》都并未进一步阐述哪一种决策需要简单多数同意。东共体法院在 2008 年发表的咨询意见中就呼吁应清晰界定"可变几何原则"的适用方式，因为成员国倾向认为东共体决策达成一致并不代表全体一致通过，因此成员国间也不需要拥有反对权利。[②] 有学者认为，东共体此举将东共体的发展推向了"失灵"运作，产生的后果是加剧成员国间的不公平现象。[③] 以 2013 年的事件为例，肯尼亚、乌干达和卢旺达以"共同意愿"为由，打着适用可变几何原则的幌子，将坦桑尼亚和布隆迪排除在外举办了一系列关于东共体经济一体化发展议程的会议，会议上还就关税同盟、共同市场、地区投资等重要议题进行讨论。[④] 东共体成员国以各国政治导向为行动逻辑，利用可变几何原则有选择性地参与或回避集体的经济一体化议程的实施，这极大地阻碍了东共体经济一体化发展目标的实现。

东共体各成员国并未遵守辅助性原则的适用规定，排除个人参与经济一体化的做法不符合东共体强调"以人为本"的理念。辅助性原则是调节

---

① Joshua M. Kivuva, "East Africa's Dangerous Dance with the Past: Important Lessons the New East African Community Has not Learned from the Defunct," *European Sciencetific Journal*, Vol. 10, 2014, p. 359.

② 详情可见案例 Application No. 1，2008，EACJ，First Instance Division。

③ Jame Thuo Gathi, *African Regional Trade Agreements as Flexible Legal Regimes*, London: University Press, 2010, p. 35.

④ African Development Bank Group, "Is Variable Geometry Leading to the Fragmentation of Regional Integration in East Africa?"(May 2016), http://www.afdb.org/en/blogs/integrating－africa/post/is－variable－geometry－leading－to－the－fragmentation－of－regional－integration－in－east－africa－12524.

共同体和成员国间关系的原则。辅助性原则是在实现区域一体化的语境下对民主原则的进一步确认。① 《东共体条约》序言中规定，"'辅助性原则'是指在经济一体化进程中强调广泛的参与者多层次参与的原则"。辅助性原则对监督东共体目标的实现发挥了重要的作用。但《东共体条约》没有对辅助性原则的定义进行详细阐述，只是规定辅助性原则建立的标准是"以人为本"。东共体在实际操作中却没有真正秉持辅助性原则，特别是2007年在没有征求东共体内个人意见的前提下，东共体成员国出于政治原因修改《东共体条约》，用实际行动推翻自身创建的东共体法的一般法律原则。② 这也不禁让人质疑，东共体的目标设定是否只是表面意义上的文字说明，很难做到像欧盟那样严格遵守共同体法的规定？

再者，除了可变几何原则和良好治理原则已经被东共体法院在判例中援引外，其他原则尚未被援引以发挥其设置的目的。欧盟在发展共同体的一般法律原则方面的做法更值得东共体借鉴，欧盟把共同体法的一般法律原则发展成欧盟法院的判例法，演变成欧盟法院的法理。东共体只是在《东共体条约》中对一般法律原则进行明示条文规定，但在实际操作中却忽视甚至规避对一般法律原则的适用，没有将一般法律原则从实际效用上发展成共同体法的法律渊源的一部分。③ 需要注意的是，良好治理原则经常被东共体内的个人以"侵犯人权"为申诉理由上诉至东共体法院。④ 虽然东共体法院对人权案例没有明确的管辖权，但是东共体法院经常以良好

---

① Olivia Barton, "An Analysis of the Principle of Subsidiarity in European Union Law," *North East Law Review*, Vol. 12, 2014, pp. 83 – 96.

② Henry Onoria, "Botched – Up Elections, Treaty Amendments and Judicial Independence in the East African Community," *Journal of African Law*, Vol. 54, 2010, pp. 74 – 94. 详情可见案例 East African Law Society and 4 Others v. The Attorney General of Kenya and 3 Others, Reference No. 3 of 2007。

③ Khoti Chilomba Kamanga, Ally Poss, "General Principles Governing EAC Integration," *Journal of African Law*, Vol. 12, 2017, p. 203.

④ Elvis Mbembe Binda, "The Legal Framework of the EAC," in Emmanuel Ugirashebuja, John Eudes Ruhangisa, Tom Ottervanger, Armin Cuyvers( eds. ), *East African Community Law: Institutional, Substantive and Comparative EU Aspects*, Leiden Boston: Brill Nijhoff, 2017, p. 114.

治理原则为由将管辖权延伸至人权领域以审理相关人权案件。因此，东共体法院受理案件的类型中包含了大量人权案件，也就见怪不怪了。

# 第二节　东共体经济一体化发展路径

东共体作为非盟承认的 8 个经济一体化支柱之一，是当前非洲经济一体化发展程度最高的区域经济组织。无论是法律规范设计上，还是对热点问题的及时关注上，东共体的表现都极为出色。本节通过介绍东共体经济一体化的成就与挑战，强调东共体仍面临许多难以逾越的障碍，法律制度便是其中一个重要影响因素。

## 一　东共体的基本情况

东共体是由布隆迪、肯尼亚、卢旺达、南苏丹、坦桑尼亚、乌干达、刚果（金）7 个东部非洲国家组成的区域性政府间经济组织。东共体占地面积 250 万平方千米，总部设在坦桑尼亚的阿鲁沙。根据东共体 2019 年统计数据，截至 2019 年，东共体共有 1.77 亿人口，其中城市人口为 0.38亿，占总人数的 21%。① 东共体 2019 年的国内生产总值达到 1930 亿美元，2019 年区域内贸易额已达 49 亿美元。截至 2018 年，成员国在东共体内的区域贸易额从高到低排序依次为：肯尼亚，总贸易额为约 22 亿美元，区域内贸易额占比为 7.6%，区域外贸易额占比为 92.4%；坦桑尼亚，总贸易额为约 12 亿美元，区域内贸易额占比 6.1%，区域外贸易额占比 93.9%；乌干达，总贸易额为约 8 亿美元，区域内贸易额占比 16.3%，区域外贸易额占比 83.7%；卢旺达，总贸易额为约 2 亿美元，区域内贸易额占比

---

① 详情可见东共体官网，https：//www.eac.int。

19.7%，区域外贸易额占比 80.3%；布隆迪，总贸易额为约 8000 万美元，区域内贸易额占比 17.3%，区域外贸易额占比 82.7%（东共体各成员国 2011~2017 年进出口贸易额见附录 1）。①

东共体旨在"建立一个繁荣、安全、稳定、竞争力强、政治团结的东部非洲联盟"，目标是"扩大和深化经济、政治、社会和文化的一体化，通过提高竞争力、产品附加值、增加贸易和投资以改善东非人民的生活水平"。虽然东共体是非洲地区发展最快的区域经济组织，且其区域经济一体化取得了积极进展和丰硕成果，但是东共体内部贸易额较低，仅占全部贸易额的 9.8%。

1999 年 11 月 30 日，肯尼亚、坦桑尼亚和乌干达签署《东共体条约》，决定恢复东共体。该条约于 2000 年 7 月 7 日经国内程序批准后生效适用。卢旺达和布隆迪于 2007 年 6 月 18 日加入《东共体条约》，7 月 1 日正式成为东共体成员国。南苏丹于 2016 年 4 月 15 日加入《东共体条约》，8 月 15 日成为正式成员国。刚果（金）于 2019 年提交申请预加入东共体，2022 年正式加入东共体。东共体区域经济发展速度之快，已经吸引了许多非洲东部国家的目光。

目前东非国家的经济一体化发展已经完成了先前规划的目标（见表 2-3）。2005 年东共体建立了关税同盟，这意味着东共体成员国统一对外关税（CET），即除了东共体成员国外的其他国家进口货物至东共体内将承担统一关税。同时，在东共体内部自由流动的货物必须遵守东共体的原产地规则和《建立东共体关税联盟议定书》②的相关规定。关税同盟的建立一方面鼓励了东共体内部商品的自由流动，促进了区域内贸易的增加；另一方面统一的对外关税，加强了同盟国在对外贸易中的竞争力。2010 年东共体

---

① 南苏丹数据暂无法获取，此处分析将不包含南苏丹。刚果（金）于 2022 年 3 月加入东共体，目前暂无区域内部贸易数据。

② 该协定英文为"The Protocol for the Establishment of the East African Community Customs Union"。

建立了共同市场，这是东共体经济一体化进程的第二个里程碑。共同市场实现了五个自由和两个权利。其中五个自由指的是货物、人员、劳工、资本和服务的自由流动；两个权利指的是居住权和机构建筑权。共同市场的成立还确定了非歧视原则和国民待遇原则，进一步扩大了东共体内部贸易市场，经济一体化程度进一步加深。2013 年实现的东非货币联盟是东共体一体化进程中的又一个重要阶段。各成员国根据《东共体条约》的规定于 2013 年 11 月30 日签署《东非货币联盟议定书》[①]。该议定书规定在未来 10 年内建立一个统一的货币联盟，东共体成员国将逐步统一货币，使用东共体单一货币。在实现单一货币的准备阶段，东共体成员国计划协调货币和财政政策，包括协调财务付款及结算系统、财务会计及报告实务、统计资料的政策和标准、建立东非中央银行等。若东共体实现了统一货币，在一定程度上则可以有效防范"货币危机"，促进经济一体化朝着更深层次发展。

表 2-3　东共体区域经济一体化的里程碑

| 年份 | 事件 |
| --- | --- |
| 1999 | 签署《建立东非国家共同体条约》 |
| 2005 | 建立关税同盟 |
| 2010 | 建立共同市场 |
| 2013 | 建立货币联盟 |

## 二　关税同盟

2005 年根据《建立东共体关税同盟议定书》建立东共体关税同盟，这是东共体实现经济一体化的第一个阶段性成果。《建立东共体关税同盟议定书》第 3 条规定："关税同盟的目标是提高共同体内的生产效率；加强国内、跨境和境外对共同体的投资；促进共同体经济发展和工业化多样

---

① 该协定英文为"The East African Monetary Union Protocol"。

化。"东共体关税同盟旨在取消内部关税和统一对外关税,例如目前统一的关税包括:原材料对外关税为 0%,中间产品对外关税为 10%,制成品对外关税为 25% 等。至此,东共体已设立单一关税区,加快了货物由入口口岸至目的地的清关和转运。肯尼亚、乌干达、卢旺达、坦桑尼亚之间的贸易货物均按照统一对外关税进行结算。将来自不同成员国的海关官员灵活分配到各个成员国国内,一方面简化了货物的清关工作,另一方面货物可以直接从成员国发货点运往其他成员国的货主处而无须再经海关检查审核。这一举措使得货物运输更加便捷和高效。货物到达港口后的海关信息也会在成员国间实时共享,不仅减少了清关时间成本,也提高了贸易效率。以前从蒙巴萨到坎帕拉的卡车周转时间为 18 天,现在仅需 4 天;从蒙巴萨到基加利的卡车周转时间也从 21 天缩短至 6 天。

东共体统一关税旨在逐步取消非关税壁垒,促进区域内贸易增长。这些非关税壁垒包括烦琐的过关手续、多路障而延迟出入境口岸清关时间、不承认东共体产地来源证、不认可由东共体标准局发放的品质标志、产品质量的再测试等。[1] 2017 年 4 月,首脑会议批准了《消除非关税壁垒法》,完善了东共体消除非关税壁垒的法律框架,在一定程度上解决了东共体面临的非关税壁垒问题,进一步提高了区域内贸易额。

东共体成员国就统一对外关税达成一致,这是东共体法律一体化的重要一步。《建立东共体关税同盟议定书》第 83 条第 3 款规定了税收统一化,"成员国就协调其税收政策达成合意,消除税收扭曲,在共同体内实现更有效的资源分配"。[2] 东共体制定了"东共体内部所得税协调政策"和"统一增值税和消费税政策"以协调成员国国内税收制度,为制定统一成员国国内税收的共同体税收法律制度奠定了基础。东共体部长理事会也于 2014 年 9 月制定并通过了《关于统一税收程序的理事会指令》,进一步完

---

① Silas Tuitoek Boiwo, "Effects of East African Community Customs Union on Trade and Economic Growth in Kenya," *Research Journali's Journal of Economics*, Vol. 3, 2015, pp. 1 – 16.

② 《关税同盟议定书》第 83 条第 3 款。

善了东共体关税的法律制度。

## 三 共同市场

东共体成员国于 2009 年 11 月签署《东共体共同市场议定书》，该议定书于 2010 年 7 月生效。东共体共同市场的建立是东共体实现经济一体化的第二个阶段性成果。东共体共同市场规定了货物、人员、服务和资本的自由流动和有关建筑和居住的权利。其中，人员的自由流动包括：肯尼亚、乌干达和卢旺达免除工作许可费用；免费发放学生证；统一签发工作许可证的程序；统一的入境和出境表格；24 小时开放的一站式边境所（OSBPs）；联合推广旅游业等，特别是对于一站式边境所的规定，进一步促进了自由市场的开放。有关管理东共体一站式边境所的各机构之间缺乏有效沟通和协调是东共体经济一体化发展的主要障碍。① 若一站式边境所得到有效的协调安排，则可以减少清关所花费的时间，简化清关程序，提高跨境贸易交易的有效性。2016 年东共体颁布《东共体一站式边境所法令》，规定在边境地区开展工作的成员国可以扩大其执行国内相关法律的权利，对完善东共体共同市场产生了积极影响。

## 四 货币联盟

2013 年东共体根据《东共体货币联盟议定书》建立货币联盟，是东共体实现经济一体化的第三个阶段性成果。东共体成员国于 2013 年 11 月 30 日签署议定书，就有关成员国货币的可兑换性、银行规则和条例的协调、财政预算的协调、预算资料的定期交流、预算报表等问题达成合意。目

---

① Luke Anami, "What ails EAC Customs Union and Common Market?" (Spring 2012), https://www. standardmedia. co. ke/article/2000050135/what - ails - eac - customs - union - and - common - market.

前，肯尼亚、坦桑尼亚和乌干达三个国家已进行财政透明度评估（FTEs），其他成员国尚未开展此活动。① 肯尼亚和乌干达已在《公共财政管理法令》（PFM）中确立了区域财政监督。肯尼亚《公共财政管理法令》主要是关于债务和赤字的财政规则，而乌干达的《公共财政管理法令》是关于其财政权责宪章是否与东共体货币联盟采用一致标准的财政规则。此外，东共体成员国2017年计划设立东非监管和执法委员会以及东非金融服务委员会，旨在进一步创建一个统一高效的货币联盟。② 目前仍未正式建立上述2个委员会。不过有学者认为，东共体虽然实现了如期建立货币联盟的规划，但实际上与之相匹配的经济一体化基础设施还很薄弱，特别是在协调共同体货币政策的诸多方面。③ 东共体预想统一货币的计划一拖再拖，西共体在发行共同货币方面已赶超东共体。肯尼亚内阁部长兼东共体和区域发展部部长阿丹·穆罕默德在2019年第20届东非商业大会上表示："东共体正在为共同货币的发行作充足准备，预计明年发行共同货币以促进经济一体化的发展。"④ 2020年受疫情影响，直至2022年东共体仍未如期发行共同货币。

## 五 东共体经济一体化发展面临的主要障碍

### （一）政治方面

成员国对主权让渡的排斥态度一直是东共体实现经济一体化的主要

---

① FTEs 全称为 "Fiscal Transparency Evaluations"。

② United Nations Economic Commission of Africa, "Towards a Common Currency in the East African Community( EAC )"( October 2017), https://www.uneca.org/publications/towards – common – currency – east – african – communityeac.

③ United Nations Economic Commission of Africa, "Towards a Common Currency in the East African Community( EAC )"( October 2017), https://www.uneca.org/publications/towards – common – currency – east – african – communityeac.

④ Samuel Abuya, "After West Africa, the East African Community Focuses on Having a Common Currency"( August 2019), https://africaglobalnews.com/the – east – african – community – focuses – on – having – a – common – currency/.

阻碍之一。虽然东共体是非盟承认的 8 个非洲区域经济组织中一体化程度最高的区域经济组织，但是成员国基于经济、政治、社会发展等多重考虑在处理东共体和国家的主权让渡问题时仍较为保守。东共体是一个区域性政府间组织，意味着主要是政府间的区域合作，各国主张自身利益是国家间合作的必然导向。① 但东共体作为超国家主权机构，"超国家"因素作为调节成员国和共同体间关系的属性让步于成员国国内主权的绝对至上性，这就会产生例如区域内资源分配的不恰当、共同体法律适用的无效性等问题。缺乏独立性的东共体可能会沦为国家间利益争夺的政治工具，集体经济一体化目标的实现可能会面临"形同虚设"的困境。②

基于绝对主权伸张的国家利益考虑且缺乏强制性的惩罚机制，东共体难以在成员国国内推动契合集体利益的经济一体化议题。国家利益至上性是主权国家在国际和区域舞台上进行国际活动的主要驱动力。若经济一体化目标与国家利益发生矛盾，成员国有极大可能为了维护国家利益而损害集体利益。③ 坦桑尼亚和肯尼亚曾因乌干达的食糖过剩问题争执不休，坦桑尼亚无视《东共体共同市场议定书》的相关规定，一度将乌干达的食糖"拒之门外"。④ 上述现象正是由于国家主张自身利益至上性高于共同体法至上性，利用国家主权限制东共体法的效力的最好例证。此外，安阳勇事件也反映了在处理成员国主权和共同体法至上性矛盾时，成员国倾向维护

---

① D. W. Nabudere, "Towards Political Federation in the East African Community Achievements and Challenges"(October 2015), http://eacgermany.org/wp – content/uploads/2015/03/Achievements – and – Challenges – Towards – EAC – Politcal – Federation. pdf.

② Stefan Reith, Moritz Boltz, "The East African Community Regional Integration between Aspiration and Reality,"*The KAS International Reports*(Winter 2011), https://www. kas. de/c/document_ library/ get_file?uuid = 5cafe0b2 – 05e8 – f22d – f634 – 6d5ce8e37d65&groupId = 252038.

③ Makame, "The East African Integration: Achievements and Challenges," *GREAT Insight*, Vol. 1, 2012, p. 125.

④ East Africa, "Deeper Political Ties Will Cool off EAC Trade Rows,"https://allafrica. com/stories/ 202001180118. html.

国家主权至上性而损害共同体法至上性的"常规操作"。国家对共同体"侵犯"主权的行为反应迅速，应对方式是发动其他成员国达成修改《东共体条约》的合意，旨在约束东共体法的效力和东共体法院的司法管辖权能力。① 一位来自肯尼亚的东共体官员曾这么评论道："东共体目前面临的最大挑战是成员国的行动往往是国家利益主导的，而非出于集体一体化利益发展的考量。"② 同时，由于东共体成员国坚持主权至上的导向思维来协商集体问题，因此东共体在秘书处转述和执行决定时所采用的程序十分烦琐，目的是维护成员国"一亩三分地"的主权诉求。③ 东共体缺乏强制执行机制执行集体决议，因此成员国倾向使用政治方式解决共同体集体问题，不可避免地加剧了主权和共同体权力间的矛盾和冲突。④

## （二）经济方面

东共体缺乏对违反东共体法规定的强制执行机制，导致区域经济利益可能面临着分配不均的风险。东共体成员国经济发展水平不一，例如卢旺达和布隆迪属于经济体量小的国家，它们普遍担心经济体量大的国家（例如肯尼亚）会进一步抢占区域市场，牺牲小国经济利益。不过需要承认的是，对经济体量小的国家来说，加入区域共同体是更优选择。因为区域内更大的贸易市场，可以弥补经济体量小的国家本身不足的经济增长力，刺激区域内贸易交易。

但是上述优势的获得是以东共体已形成一套规范的法律制度框架并可

---

① 安阳勇案件可见本书第三章第二节的具体分析。Nyong'o v. Kenya Attorney General, Ruling, Reference No. 1 of 2006( EACJ, Mar. 30, 2007).

② Nyong'o v. Kenya Attorney General, Ruling, Reference No. 1 of 2006( EACJ, Mar. 30, 2007).

③ Veit Bachmann, James D. Sidaway, "African Regional Integration and European Involvement: External Agents in the East African Community," *South African Geographical Journal*, Vol. 91, 2010, pp. 1 - 6.

④ S. K. B. Asante, *Regionalism and Africa's Development: Expectations, Reality and Challenges*, London: Macmillan, London: Cambridge Univeristy, 1997, p. 181.

以实现对经济一体化贸易收益进行合理分配为前提条件的。[①] 东共体秘书长曾表示："东共体政策需确保在寻求经济一体化的进程中不会使得原本就存在经济差异的成员间的差距再次拉大。如果一体化成果分配不均，加之缺乏相关规定和标准去规范分配问题，那么东共体未来很可能会重复1977 年解体的悲剧。"有学者提出："经济一体化倡议的失败有可能是缺乏强有力的执行机制贯彻政策执行的结果。"[②] 如果《建立东共体关税同盟议定书》可以得到切实有效的履行，东共体内部的区域贸易则会朝着较为平衡的态势发展，避免了由于肯尼亚在区域内出口大于进口的贸易不平衡发展所带来的区域内其他国家贸易利益收入不均衡的问题。[③] 因此，东共体为规范成员国行为而设置惩罚规则，实际上是依托东共体法律框架和东共体法至上性效力以强制规范成员国经济一体化的行为活动。这对维护经济一体化的整体目标而言是十分重要且紧迫的。

虽然东共体制定了《建立东共体关税同盟议定书》和《东共体共同市场议定书》，促进了人员、资本、服务、货物的自由流动，但在实际操作中多个成员国并未按照东共体法的相关规定切实有效地履行条约义务。成员国并不担心违反《东共体条约》后需要承担的法律后果，即低违约成本

---

① 东共体实现关税同盟和共同市场带来的结果是区域内成员间的贸易增加。贸易一体化反过来又是评估成员国间经济联系的重要指标。虽然东共体就消除贸易壁垒和非贸易壁垒达成了协议，但从近几年东共体内部贸易额的增加量可以看出，东共体内部贸易仍处于较低水平，东共体各成员国间的经济联系十分脆弱。东共体成员国经济联系脆弱的一个重要原因是各成员国间的经济发展水平差距大且在区域一体化议程下进行的经济合作所带来的经济收益也较小。详情可见联合国非洲经济委员会 2018 年发布的《非洲地区一体化发展评估报告》。

② Timothy Kihara Kinyua, "Institutional Challenges Facing the East Africa Community Common Market in Kenya" ( October 2015 ), University of Nairobi, http://erepository. uonbi. ac. ke/bitstream/handle/11295/94430/Kinyua_ Institutional% 20challenges% 20facing% 20the% 20east % 20Africa% 20community% 20common% 20market% 20in% 20KenyaL. pdf? sequence = 1.

③ Timothy Kihara Kinyua, "Institutional Challenges Facing the East Africa Community Common Market in Kenya" ( October 2015 ), University of Nairobi, http://erepository. uonbi. ac. ke/bitstream/handle/11295/94430/Kinyua_ Institutional% 20challenges% 20facing% 20the% 20east % 20Africa% 20community% 20common% 20market% 20in% 20KenyaL. pdf? sequence = 1.

导致成员国履行意愿低小。东共体成员国仍对区域内其他成员国进口至本国的商品额外征收关税。[①] 实际数据显示，每年东共体由于非关税壁垒造成大约 900 亿美元的贸易损失，间接提高了区域内的贸易交易成本。[②] 成员国主张国家利益至上性损害了共同体的集体利益，特别是损害了共同体法的至上性。这种恶性循环极大降低了东共体法的效力，使得东共体难以创建一个有利于贸易流通的自由市场。

（三）安全方面

东共体成员国间的边境监管力度不佳，导致贸易走私、难民偷渡等问题不断滋生。埃塞俄比亚、肯尼亚和苏丹边境交接地区矛盾激增，小型武器扩散加剧了该地区的不稳定性。安全领域的冲突给区域经济发展带来负面影响，东共体旅游业收入的下降趋势就是最好例证。旅游业是经济增长的重要部门，但易受到国内政策调整和安全风险等因素的影响。例如 2008 年肯尼亚国内的部族骚乱导致 2007 年至 2009 年东共体成员国的游客数量下降了 3.7%。中国研究非洲安全的学者张春教授认为，东部非洲面临两个主要的安全问题，影响着东部非洲的整体发展进程。一是肯尼亚与乌干达、肯尼亚与坦桑尼亚边境地区的游牧部落冲突问题。该地区的冲突一方面主要是肯尼亚的图尔卡纳族（Turkana）和乌干达的卡拉莫琼族（Karamonjong）对牛群的劫掠以及争夺附近稀缺的牧场和水源导致的安全冲突。另一方面，肯尼亚和坦桑尼亚边境的冲突是坦桑尼亚的库里亚人（Kuria）的偷牛行为导致的安全冲突。二是肯尼亚、乌干达、坦桑尼亚由于国内不稳定的政治因素所溢出的消极效应，主要有难民问题、宗

---

[①] 详情可见肯尼亚东共体和区域一体化部的报告。Ministry of East African Community, January – March, 2010, Jumuiya Newsletter, Issue 17, Nairobi: MEAC Secretariat.

[②] 非关税壁垒有多种形式，其中也包括烦琐的法律、规则和条例的规定。具体体现在复杂的安全标准、配额、进口许可证要求等方面。

教问题而引发的安全冲突等。① 因此，若想刺激区域内经济增长，则需要创建一个稳健的、安全的区域环境吸引域外投资流入。近年来，东共体作为区域经济组织，将过多的重心放在集体安全治理上，虽然在一定程度上缓解了区域安全冲突，但是也将重心从经济领域分散至安全领域，特别是东共体司法机构对安全问题所引发的人权案件的过度关注也招致学界和共同体利益攸关方的热议。②

## 第三节　东共体经济一体化发展与东共体法律制度变迁

新制度经济学的观点认为，经济组织的最大化行为可以通过有组织的经济活动、知识存量与制度框架之间的持续互动实现制度的变迁。③ 本节梳理东共体的历史发展脉络，分析东共体经济一体化的发展进程及不同时间节点所制定的法律制度的发展变迁，旨在阐明由于经济一体化的发展阶段不同，行为体的知识存量也在不断更新变化，相应带来法律制度的不断更新变迁。由于行为活动和法律制度之间存在关系联系，随着行为体的意识变化，法律制度也在不断地发展和改进。

### 一　1897 年至 1977 年：东共体第一次成立

1897 年至 1901 年修建的肯尼亚开往乌干达的铁路开启了早期的东部

---

① 张春：《东非地区一体化中的"发展—安全"关联性问题》，载《非洲研究》2011 年第 1 卷（总第 2 卷），中国社会科学出版社，2011，第 44~55 页。

② Ally Possi, "The East African Court of Justice: Towards Effective Protection of Human Rights in the East African Community," *Max Planck Year Book of United Nations Law*, Vol. 17, 2013, pp. 173 – 195.

③ 〔美〕道格拉斯·C. 诺思：《制度、制度变迁与经济绩效》，杭行译，上海人民出版社，2019，第 93 页。本书第三章至第六章将对经济一体化的各行为体间的互动关系进行详细论述。

非洲社会经济合作的序幕。① 为了进一步加强对东部非洲殖民地的控制，英国在 1897 年启动了为期三年的跨越肯尼亚、乌干达和坦噶尼喀三个殖民地的铁路建设项目，1901 年完成铁路建设。这条铁路打通了东部非洲的贸易运输渠道，提高了运输的速度和效率。1900 年英国对在蒙巴萨装载并运往乌干达的货物实行关税征收。为了征收关税便利化，英国相继成立了关税集合中心。1905 年由英国牵头，东非三个殖民地成立邮政联盟以加强对邮票的控制权。1919 年东非货币委员会和关税同盟相继成立。东非货币委员会负责管理英属东非殖民地的货币政策，维持当地先令和英国先令币值的一致性，使得当地货币不会受到太大的波动影响。同年，第二次世界大战战败国德国的殖民地坦噶尼喀成为英国殖民地，英国便萌生了将坦噶尼喀纳入东部非洲联盟的想法。1936 年桑给巴尔加入东非货币委员会。1966 年由肯尼亚、乌干达和坦桑尼亚三方银行建立的中央银行取代东非货币委员会。

1961 年，东非高级委员会和东非共同服务组织共同颁布了《1961—1966 年东部非洲共同服务组织协定》。1967 年肯尼亚、乌干达和坦桑尼亚制定并签署《东部非洲合作条约》，该条约的签署宣告东共体的第一次正式成立。乌干达、肯尼亚、坦桑尼亚同时作为东非共同服务组织和东共体的成员，通过中央立法机构控制和管理区域事务，就三国的商业活动制定相关的立法。遗憾的是，东共体成立十年后便走上了解体的道路，1977 东共体宣布解体。东共体解体的原因归结于尚未处理好三方面的矛盾。一是个体国家和集体区域发展诉求的矛盾。成员国对于经济一体化的发展意愿让步于本国自身的发展诉求。成员国不愿意为了集体的共同利益让渡国家部分主权，导致很多区域发展议题难以推进。② 二是参

---

① 〔美〕罗伯特·马克森：《东非简史》，王涛、暴明莹译，世界知识出版社，2012，第 189~190 页。

② Paulo Sebalu, "The East African Comminuty," *Journal of African Law*, Vol. 16, 1972, pp. 345-363.

与主体组成成分单一的矛盾。东共体的主要参与主体是三国政府，私营部门和民间社会的参与度不够，私营部门和民间社会与政府的交流也甚少。[①]私营部门又是市场经济的主要参与者，导致东共体制定的政策偏离了其他利益攸关方的诉求。三是利益分配不均衡的矛盾。肯尼亚、乌干达和坦桑尼亚自身的经济发展水平不一，肯尼亚是东共体内经济发展程度最高的国家，因此也大幅占据了区域内贸易市场份额，对于经济体量较小的乌干达和坦桑尼亚而言，不平等的区域贸易利益分配使其经济大大受挫。此外，东共体仍尚未制定相关政策平衡三国不一的区域贸易水平，乌干达和坦桑尼亚对区域贸易利益分配不均的不满逐步成为东共体解体的导火索。[②]

## 二 1978 年至 1998 年：东共体第一次解体至第二次成立的过渡期

虽然东共体于 1977 年解体，但这并不代表东共体成员国停止了对区域合作的探索。1984 年 3 月 14 日，东共体三国签署《东共体协调协定》，划分东共体资产和债务。《东共体协调协定》第 14 条第 2 款规定，"三国继续探索未来的合作，制定相关的合作议程"。1993 年 11 月 30 日，肯尼亚、乌干达和坦桑尼亚三国政府首脑举行会议，就重启东共体达成一致，随后签署了《建立东非三方合作委员会协定》建立东非三方合作委员会，制定有关东共体经济、社会、文化、安全和政治等议程。三国政府首脑公开发表宣言，声称未来将逐步探索更紧密的区域合作。1994 年根据《建立永久

---

① Grant Eyster, "Economic Development and Regional Integration in the East African Community," Graduate Thesis of Indiana University(Spring 2014), http://nsse.indiana.edu/NSSE_2014_Results/pdf/NSSE_2014_Annual_Results.pdf.

② Patricia Mukiri Mwithiga, *The Challenges of Regional Integration in the East Africa Community*, 2015, London: Cambridge Unveirsty Press, p. 88.

三方合作委员会秘书处协议》成立东非三方合作委员会秘书处，负责相关区域合作事宜的推进。1997 年东共体成员国就《避免双重征税三方协议》达成合意并颁布《1997—2000 年东非合作发展战略》，规划三国在财政、货币、移民、基础设施建设以及服务领域的区域合作。东非各国进一步实现了区域间密切合作。1998 年东非三方合作委员会公开表示，计划将《建立东非三方合作委员会协定》升级为《东共体条约》，实现重启东共体的夙愿。

## 三 1999 年至今：东共体第二次成立和发展

1999 年 11 月 30 日，肯尼亚、乌干达和坦桑尼亚就第二次建立东共体达成合意，制定并通过了《东共体条约》。该条约的签署正式宣告东共体的第二次建立。根据《东共体条约》的规定，三国为了实现快速且平衡的区域发展，应制定宏观经济政策和部门发展政策，对上述政策实施有效管理，鼓励私营部门和民间社会在社会经济发展活动中发挥积极作用。2001 年 11 月 30 日，根据《东共体条约》的规定建立东共体法院和东非立法大会。东共体法院专门负责解释和适用《东共体条约》，东非立法大会则是制定东共体法的主要部门。2004 年 3 月 2 日，东共体签署《建立东共体关税同盟议定书》。2004 年 5 月，东共体在内罗毕举行特别首脑会议，各成员国在会议上就东非应加速经济一体化发展，最终实现统一的政治联盟共识达成一致。2005 年 1 月正式启动建立东共体关税同盟，计划在 5 年后（2010 年）完成东共体关税同盟的过渡。① 其后至 2019 年，东共体共计修订《建立东共体关税同盟议定书》4 次，逐步填补有关关税同盟的法律制度框架（见表 2 - 4）。

---

① 《建立东共体关税同盟议定书》第 3 条规定，东共体关税同盟的目标是："（一）促进区域内贸易生产的效率；（二）加强区域内的国别投资、跨境投资和外国投资；（三）促进区域内经济发展和工业化多样化。"

表 2 - 4    东共体修订《建立东共体关税同盟议定书》相关条例的进程时间

| 时间 | 修订内容 |
|------|---------|
| 2009 年 | 修订《建立东共体关税同盟议定书》第 112 条第 2 款 |
| 2011 年 | 修订《建立东共体关税同盟议定书》第 112 条第 2 款 |
| 2012 年 | 修订《建立东共体关税同盟议定书》第 2 条；加入第 249 条第 1 款 |
| 2019 年 | 修订《建立东共体关税同盟议定书》第 14 条、第 34 条、第 51 条、第 57 条、第 87 条、第 107 条、第 243 条的规定；加入第 248 条第 1 款和第 2 款的规定 |

2007 年布隆迪和卢旺达相继加入东共体，东共体成员国扩大至五国。2007 年 8 月东共体首脑会议决定加速实现货币联盟，将成立货币联盟的时间提前了 3 年（原计划 2015 年，现提前至 2012 年）。2008 年东共体决定颁布《维多利亚湖运输法令》，统一水道运输的方式，进一步完善和规范区域内贸易运输路径。2009 年 11 月 20 日，东共体成员国签署《东共体共同市场议定书》。2010 年 7 月 1 日，《东共体共同市场议定书》在五个成员国国内生效。[①] 2010 年 12 月，东共体首脑会议决定采用东共体圣歌再次表达对实现一体化蓝图的决心。2013 年东共体颁布《东共体机动车载量控制法令》，规范贸易运输工具，提高共同市场的运输效率。2014 年东共体开始实施单一旅游签证，坦桑尼亚、肯尼亚、乌干达三国启动跨境支付系统，坦桑尼亚加入原先由肯尼亚、乌干达和卢旺达三国组成的东共体单一关税区。2015 年东共体成员国对东共体、南共体、东南非共同市场共同创建三方自贸区表示支持，签署《三方自贸区协定》。2016 年东共体再次宣称，东共体的最终目标是建立统一的政治联盟，而不是一个简单的联邦（federation）。2016 年 9 月，南苏丹成为东共体成员国。同年，东共体颁布《东共体一站式边境站法令》，补充有关关税同盟的相关法律制度。2018 年 44 个国家签署了《非洲大陆自由贸易区协定》，

---

① 《东共体共同市场议定书》规定，东共体共同市场的可操作原则包括国民非歧视原则、公平对待原则、透明度原则、共享信息原则。

东共体6个成员国均签署了该协定。2019年刚果（金）申请加入东共体，同年5月，《非洲大陆自由贸易区协定》正式生效，同年12月东共体颁布了《东共体货币制度法令》，促进东共体财政领域的改革发展。2020年东共体预制定相关政策统一东非货币。2022年3月，刚果（金）正式加入东共体。

综上，东共体有关促进贸易的法律框架（见表2-5）和东共体经济一体化和法律制度的发展进程时间（见表2-6）反映了东共体法律制度与经济一体化发展的密切关系，即在经济一体化发展的不同阶段，由于东共体知识存量的不断更新变化，东共体法律制度也在不断发展演变。因此，经济一体化的发展离不开法律制度的保驾护航。

表2-5　东共体有关促进贸易的法律框架

| 条约 | 时间 |
| --- | --- |
| 《东共体条约》 | 1991年签署，2000年生效 |
| 《建立东共体关税同盟议定书》 | 2004年11月签署，2005年1月生效 |
| 《东共体共同市场议定书》 | 2009年11月签署，2010年7月生效 |
| 《东共体货币联盟议定书》 | 2013年11月签署，2014年生效 |
| 立法 | 具体情况 |
| 《东共体关税管理法令》 | 2012年修改，生效 |
| 《东共体竞争法令》 | 2009年修改，生效 |
| 《东共体标准质量保证计量与测试法令》 | 生效 |
| 《东共体民航安全和安全监管机构法令》 | 生效 |
| 《东共体机动车载量控制法令》 | 生效 |
| 《东共体一站式边境所法令》 | 生效 |
| 《东共体消除非关税壁垒法令》 | 生效 |

资料来源：笔者根据东共体官网数据自行整理，详情可见 https：//www.eac.int/documents/category/acts - of - the - community。

表 2-6　东共体经济一体化和法律制度的发展进程时间

| 时间 | 历史事件 |
|---|---|
| 1897~1901 年 | 修建跨越肯尼亚、乌干达和坦噶尼喀三国的铁路 |
| 1900~1917 年 | 成立关税集合中心 |
| 1905 年 | 成立邮政联盟 |
| 1909 年 | 成立东部非洲上诉法庭 |
| 1917 年 | 肯尼亚、乌干达和坦噶尼喀建立关税联盟（CU） |
| 1919 年 | 成立东非货币委员会（EACB） |
| 1926 年 | 成立东非理事会议（EAGC） |
| 1936 年 | 桑给巴尔加入东非货币委员会 |
| 1940 年 | 成立东非收入所得税委员会（EAITB）和共同经济理事会（JEC） |
| 1947~1961 年 | 肯尼亚、坦噶尼喀、乌干达成立东非高级委员会（EAHC）和东非立法委员会（EALS） |
| 1961 年 12 月 4 日 | 成立东非共同服务组织（EACSO）和中央立法委员会（CLA）取代东非高级委员会；颁布《1961—1966 年东部非洲共同服务组织协定》 |
| 1963 年 6 月 5 日 | 肯尼亚、乌干达和坦噶尼喀三国领导人就在未来一年内建立一个联盟（federation）达成一致 |
| 1964 年 1 月 12 日 | 坦噶尼喀和桑给巴尔合并，组建坦桑尼亚 |
| 1964 年 12 月 | 签订《坎帕拉协议》，旨在改变乌干达、坦桑尼亚和肯尼亚间不平衡的区域贸易 |
| 1967 年 6 月 6 日 | 肯尼亚、乌干达和坦桑尼亚签署《东部非洲合作条约》，建立东共体 |
| 1967 年 | 再一次修改《坎帕拉协议》 |
| 1977 年 | 东共体瓦解 |
| 1977~1984 年 | 区域内合作道路仍在继续探索 |
| 1984 年 | 肯尼亚、乌干达、坦桑尼亚签署《东共体协调协定》 |
| 1993 年 11 月 30 日 | 制定《建立东非三方合作委员会协定》，建立东非三方合作委员会（TCEA） |

续表

| 时间 | 历史事件 |
|---|---|
| 1994 年 11 月 26 日 | 在坦桑尼亚阿鲁沙成立东非三方合作委员会秘书处 |
| 1997 年 4 月 28～29 日 | 颁布《1997—2000 年东非合作发展战略》；计划将《建立东非三方合作委员会协定》升级为《东共体条约》 |
| 1999 年 11 月 30 日 | 肯尼亚、乌干达和坦桑尼亚三国首脑签署《东共体条约》 |
| 2001 年 1 月 15 日 | 修改东共体的规则和程序以容纳新成员 |
| 2001 年 11 月 30 日 | 建立东共体法院和东非立法大会 |
| 2004 年 3 月 2 日 | 东共体签署《建立东共体关税同盟议定书》 |
| 2005 年 1 月 | 正式启动东共体关税同盟 |
| 2007 年 7 月 1 日 | 布隆迪和卢旺达加入东共体，东共体成员国扩大到五国 |
| 2009 年 11 月 20 日 | 东共体各成员国签署《东共体共同市场议定书》 |
| 2010 年 1 月 | 东共体关税同盟承诺在 2010 年完成 5 年的过渡期 |
| 2010 年 7 月 1 日 | 《东共体共同市场议定书》在 5 个成员国国内生效 |
| 2010 年 12 月 | 东共体首脑峰会采用东共体圣歌 |
| 2012 年 | 东共体建立共同市场，实现货物、人员、服务和资本的自由流动 |
| 2012 年 12 月 | 东共体首脑会议宣布东共体总部建在阿鲁沙 |
| 2013 年 | 东共体建立货币联盟 |
| 2015 年 | 东共体、南共体、东南非共同市场签署《三方自贸区协定》 |
| 2016 年 | 南苏丹申请加入东共体 |
| 2018 年 | 44 个国家签署了《非洲大陆自由贸易区协定》，东共体 6 个成员国均签署了该协定 |
| 2019 年 | 刚果（金）申请加入东共体 |
| 2019 年 5 月 30 日 | 《非洲大陆自由贸易区协定》协定正式生效 |
| 2019 年 7 月 | 非洲大陆自由贸易区正式进入运作阶段 |
| 2020 年 | 预打算发行东非共同货币 |
| 2022 年 | 刚果（金）正式加入东共体 |

资料来源：笔者根据东共体官网、世贸组织、联合国非洲经济委员会等官方数据库自行汇总整理，详情可见上述机构官方网站。

# 第四节　小结

本章梳理了东共体法律制度和经济一体化发展进程。就东共体法律制度设计而言，首先要明确东共体是否具有国际法律人格，这是东共体作为区域性政府间国际组织在国际舞台上进行交流活动的前提。笔者认为东共体具有国际法律人格的两个支撑论据在于：一是从《东共体条约》的法律术语使用来看，该条约使用"东共体成员国应……"或"东共体成员国同意……"对成员国施加法律义务，即通过东共体对成员国施加法律义务，表明东共体是以政府间主义为主导的，目的是实现经济一体化目标的一个政府间国际组织；二是根据国际法默示权利说，通过对《东共体条约》的相关明示性规定进行推理和分析，东共体成员国一致同意赋予东共体有限的行为能力以制定并加强成员国在政治、经济、社会、文化等方面合作的政策，因此可以推定成员国承认东共体具有国际法律人格，赋予东共体权利以实现经济一体化目标。

本章又对东共体法的主要法律渊源和次要法律渊源进行梳理。东共体主要法律渊源包括东共体的创立条约——《东共体条约》以及《建立东非民用航空器安全和监管机构议定书》《东共体理事会决策议定书》《东共体打击毒品走私议定书》《首脑会议规则和程序议定书》《接纳新成员议定书》《接纳观察员议定书》《东共体斯瓦希里语委员会议定书》《标准化、质量保证、计量和检验议定书》《维多利亚湖地区可持续发展议定书》《环境资源和自然资源管理议定书》《建立东非科技委员会议定书》《建立东非健康研究委员会议定书》《和平和安全协定议定书》《建立东共体关税同盟议定书》《东共体共同市场议定书》《东共体货币联盟议定书》等20多个议定书，以及《东共体条约》中规定的一般法律原则。东共体的次要法律渊源包括理事会制定的条例、指令、决定以及东共体法院颁布的意见和建议等。

　　本书最后对东共体经济一体化和法律制度发展作了系统梳理，目前东共体经济一体化发展已取得了丰硕的成果，建立了关税同盟、共同市场、货币联盟，正准备发行统一东非货币进一步巩固已成立的货币联盟，为实现最终的政治联盟而继续努力。需要指出的是，东共体在经济一体化发展中除了面临政治、经济、安全等挑战，法律层面的问题也不容忽视。东共体在经济一体化的动态发展过程中也适时颁布了许多法律制度，护航东共体的发展。虽然法律制度和经济一体化发展息息相关，但是法律和经济一体化发展的关系问题却常常被人们所忽视，东共体也同样面临这一问题。

# 第三章

# 东共体法院管辖权对东非经济一体化的影响

　　良好的区域经济组织需要处理好共同体与成员国的关系，其中共同体法院和成员国法院间的良好互动关系，是共同体实现经济一体化目标不可忽略的重要因素之一。共同体法院作为经济一体化进程的司法监督机构和执行机构，是经济一体化各方参与者的司法利益保护者，是在发生违反共同体条约规定的行为时提供司法救济的决定者，是协调经济一体化各机构间紧张关系的公断者。① 正如谢尼所指出的："经济一体化或贸易自由化法院的设立，主要是为了协助在参与某一特定法律体系的国家和其他利益攸关者之间，以及在国家和其他利益攸关者和这一法律体系的机构之间，保持一种精妙的平衡。"② 因此，东共体法院在处理有关区域经济纠纷或者解释和适用《东共体条约》的过程中发挥着不可忽视的作用。

　　法律制度与经济一体化之间的关系理论要求共同体在经济一体化的过程中要具备善于调整好其内部关系的法律制度。内部关系涉及的主体

---

① 〔加纳〕理查德·弗林蓬·奥蓬：《非洲经济一体化的法律问题》，朱伟东译，社会科学文献出版社，2018，第104页。

② Shany Yuval, *The Competing Jurisdictions of International Courts and Tribunals*, Oxford: Oxford University Press, 2003, p. 129.

是共同体、成员国和个人，三方主体间的互动关系的具体表现形式都离不开对共同体法院管辖权问题的探究。评判共同体法院是否具备解决经济一体化所带来的挑战的能力，关键在于考察共同体法院的管辖权制度设计。共同体法院的管辖权会影响解决经济一体化活动中的各类矛盾关系的能力。本章以东共体法院调整成员国和个人互动关系的法律制度为主要分析对象，结合目前东共体法院已审理过的几个典型案件，考察东共体法院的管辖权制度是否能够有效地处理好各利益攸关方的互动关系，为实现东非经济一体化的发展发挥积极作用。

# 第一节　东共体法院的组织和管辖权

本节首先将对东共体法院的组织概况，包括人员组成、任期、职责等进行梳理，分析东共体人员机构设置是否实现了其作为调节经济一体化进程中各利益攸关方矛盾的司法目的。其次，通过对东共体法院的管辖权概况进行分类，从《东共体条约》中查看并明晰东共体法院对管辖权的限定条件。

## 一　东共体法院的组成

东共体法院的组织结构主要涉及人员组成和法院构成。人员主要包括东共体法官和书记官，法院主要包括初审法院和上诉法院。

（一）法官

东共体法院于 2001 年正式成立，2005 年审理第一起案件。东共体法院的总部设在坦桑尼亚的阿鲁沙。根据《东共体条约》第 24 条，"首脑会议从成员国推举的法官人选中选举合格的法官，其中成员国推举的法官应是正直、公正、独立的，或者是在成员国国内担任重要司法职务的人员，或者是富有学识的公法学家"。法官共有 15 人（或不超过 15 人），其中 10 人分配在初审法院（First Instance Division），5 人分配在上诉法院（Appellate Division）。[1] 第一次任命的法官任期分为五年、六年和七年三个标准，每个任期的法官人数不超过总人数的三分之一。[2] 当法官任期即将届满时，首脑会议将根据《东共体条约》第 2 条重启相同程序选择下一任法官。[3] 首脑会议将在选举出来的 5 名上诉法院法官中选任 2 人作为上诉法院的主审主席（主法官）和副主席（副法官），2 名法官均来自不同的成员国，对《东共体条约》所规定的东共体法院职能功能负责。[4] 法官的工资和任期等其他条件事宜由首脑会议决定，理事会可以提出相关建议。[5]

东共体法院的法官规定了"临时取代制度"，指的是与案件有直接或间接利益关系的法官应回避参与案件的审理，目的是确保司法公正。《东共体条约》第 26 条第 6 款规定："如果东共体法院主法官与其即将审理的案件存在直接或间接的关系，会导致参与案件的审查过程不公平，那么主法官应把此情况汇报给首脑会议主席。首脑会议将任命临时的'主法官'负责审理此案件。"[6] 东共体这一做法出于两方面的考虑：一是塑造共同体法院的公正性，增加经济一体化活动者对东共体法院权威性的认可，鼓励更多在区域经济组织内部参与经贸活动的双方利用区域经济组织的司法机构解决争端；二是提高东共体司法人员的整体素质，以确保裁决公平。

虽然东共体的上述做法是为了塑造东共体的司法权威性，强调东共体的司法公正性和独立性，但是在确保东共体法院能够脱离行政的过分干

---

[1] 《东共体条约》第 24 条第 2 款。
[2] 《东共体条约》第 24 条第 2 款。
[3] 《东共体条约》第 24 条第 3 款。
[4] 《东共体条约》第 24 条第 4 款和第 5 款。
[5] 《东共体条约》第 25 条第 5 款。
[6] 《东共体条约》第 26 条第 6 款。

预，保护共同体司法的独立性方面，东共体法院似乎还有很长一段路要走。① 首先，东共体法官的任命形式反映了东共体内成员国政治力量的渗透，破坏了东共体法院的权威性。东共体法院的法官主要是从成员国推举的国内法官和公法学家中产生。事实证明，目前大多数的东共体法官来自成员国国内法院。虽然在一定程度上挑选有国内法院背景的法官可以更好地创造国内法院和共同体法院间的互动关系，但是仍避免不了国内法官利用共同体法院法官之职为本国国家利益服务的弊端，特别是对共同体法官的裁决不满的国内政府可能会在国内层面寻求对法官的"报复"，例如暂停国内法官的职权或者罢免国内法官的任职行为等。② 虽然也有学者建议扩大东共体法院法官的人选，将范围延伸至成员国律师协会、司法委员会、法学院、民间商会组织等多个拥有法律背景的机构，尽量避免法官选举方式的单一性，但是沃特认为此举实现的难度较大，"因为不仅仅非洲面临着过重的行政因素介入法官选举这一困境，在其他国家，法官选举实际上也是一种行政特权"③。

其次，东共体法院缺乏独立的财政预算且过分依赖首脑会议的拨款，降低了东共体法院的司法独立性。《东共体条约》第 25 条第 5 款规定："法官的工资和任期等其他条件由首脑会议决定，理事会可以提出相关建议。确保司法独立的另一个因素是司法机构的财政独立。"这就产生了两个关键的问题：一是共同体法没有给予共同体法官独立性的司法保护，即不得对共同体法官的任职条件作出不利更改；二是东共体法院的预算和东共体整体预算的捆绑，共同受到首脑会议的管辖。法院在缺乏独立财政预

---

① Philomena Apiko, "The East African Court of Justice: The Hard Road to Independent Institutions and Human Rights Jurisdiction"(Winter 2017), http://www.ecdpm.org/pedro/backgroundpapers.

② 〔加纳〕理查德·弗林蓬·奥蓬：《非洲经济一体化的法律问题》，朱伟东译，社会科学文献出版社，2018，第 106 页。

③ Erik Voeten, "The Politics of International Judicial Appointments: Evidence from the European Court of Human Right,"*International Organization*, Vol. 61, 2007, p. 669.

算的背景下，进行司法运作时可能会考虑首脑会议拨款等因素，产生的后果自然是降低东共体法院的权威性和独立性。这就不难解释为什么东共体法院 2001 年成立，直到 4 年后才审理了第一起案件。与欧盟法院每年审理几十起案件相比，东共体法院审理的案件数量少之又少。研究调查显示，东共体法院受成员国政治因素干扰过多，缺乏独立性是东共体内经济一体化利益攸关方（特别是参与经济活动的个人）不愿意将案件提交至东共体法院审理的原因之一。[①] 因此，司法独立性是东共体能够有效行使其司法职能的关键，而这也是东共体实现经济一体化需要考虑的重要问题之一。

## （二）两个分院

东共体法院最初成立时并没有划分为两个分院，而是一个只有 6 人组成的东共体法院，主要负责解释和适用《东共体条约》。但是直到 2006 年安阳勇案件发生后，肯尼亚提出了有关《东共体条约》的修正案，旨在限制东共体法院对成员国的宽泛管辖权，随之也将东共体法院分为两个分院：初审法院和上诉法院。初审法院是一审法院，采用合议制或独议制。合议制指的是由三名法官组成合议庭，其中一名法官担任主法官。若当事人就法院的组成存在顾虑，则允许当事人将异议提请至东共体法院，由东共体法院投票决定是否变更法院的人员组合。[②] 独议制指的是仅有一名法官审理该案，若当事人不愿意选择独议制，可以以口头的形式向法官提出申请，或者在七天的时间内以书面的方式向书记官处提交变更申请。由于独议制极易产生司法偏颇性，东共体法院一般采用合议制。[③] 当事人若对初审法院的裁决不服，可将案件上诉至上诉法院。上诉法院是东共体终审

---

① United Nations Economic Commission for Africa, "Assessing Regional Integration in Africa – ARIA IX" ( August 2019 ), https://www. uneca. org/publications/assessing – regional – integration – africa – i.

② 《东共体法院程序规则》第 59 条第 1 款。

③ 杨璐畅：《东非共同体法院初探》，硕士学位论文，湘潭大学，2010，第 15 页。

法院，采用由五名法官组成的合议制。① 除非东共体法院认为有理由保密，一般情况下初审法院和上诉法院审理的案件都应是公开的。②

### （三）书记官处

虽然书记官处不是东共体法院的主要司法职能部门，但其是东共体法院有效运行的辅助行政部门，主要负责东共体法院的日常管理和行政服务。书记官处的职能比较烦琐，包括处理东共体法院的财政问题、查找法律文件、与上庭律师沟通、登记日常法律事务等。

## 二　东共体法院管辖权的划分

在《布莱克法律词典》里，"管辖权"指的是"解释、适用和宣布法律的权力、权利或权威（如作出的决定）"。根据《东共体条约》第 27 条至第 36 条的规定，东共体法院的管辖权分为诉讼管辖权和咨询管辖权。

### （一）诉讼管辖权

为了与东共体法院的职能相匹配，《东共体条约》赋予东共体法院广泛的司法管辖权。东共体法院对《东共体条约》的解释和适用拥有管辖权，③ 但是 2006 年《东共体条约》修正案对东共体法院的管辖权进行了限制性规定，旨在排除东共体法院对成员国根据条约予以保留的事项的管辖权，且条约的保留事项不排除成员国涉及共同体利益的行为。例如，《东共体条约》第 27 条第 1 款规定，"东共体法院对本条约的解释管辖权不应包括适用于本条约授予成员国各机构的管辖权"；第 30 条第 3 款规定，"若成员国对其颁发的条例、指令、决定或经济行为作出条约保留，东共

---

① 《东共体法院程序规则》第 101 条。
② 《东共体法院程序规则》第 60 条。
③ 《东共体条约》第 27 条第 1 款。

体法院则排除对成员国主张保留事项的管辖权"。这一规定将会不可避免地导致东共体法院和成员国国内法院的管辖权冲突（本章第二节将进行详细分析）。此外，虽然《东共体条约》第27条第2款提及东共体法院拥有初审权、受理上诉权以及未来理事会规定的其他管辖权，第3款呼吁成员国缔结有关议定书以扩大东共体法院的管辖权，但就第27条第1款和第30条第3款限制东共体法院对成员国的管辖而言，第27条第2款和第3款的法律意义并不凸显。

《东共体条约》赋予东共体法院较为宽泛的诉讼管辖权主要体现出诉讼主体的多元。东共体法院诉讼管辖权的对象包含成员国、秘书长、自然人和法人（本书统称为"个人"）。上述主体可以将涉及《东共体条约》的相关争议提交东共体法院裁决，即上述主体具备在东共体法院出庭和上诉的资格。首先，东共体成员国针对其他未履行《东共体条约》义务或违反条约规定的成员国的行为提请诉讼。[1] 若成员国颁发的条例、指令、决定或经济行为实际上逾越了东共体法的规定，或违反了东共体法，则成员国可将此类行为上诉至东共体法院。[2] 但是据笔者统计的东共体法院审理案件的裁决数量和内容，截至2021年9月，东共体法院尚未出现成员国彼此起诉的案件。[3]

秘书长可将尚未履行《东共体条约》或违反条约的成员国上诉至东共体法院。秘书长是唯一与案件没有直接关系而有权提起诉讼的主体。东共体法赋予东共体秘书长上诉的权利并不是东共体所特有的现象，许多区域组织的秘书长也拥有此类权利，这是对成员国履行共同体条约的监督机制的设置。需要注意的是，秘书长在发现成员国未履行或违反条约规定时，并不采取直接将成员国上诉至东共体法院的方式，而是启动相关的调查和协商程序，若无果再将成员国上诉至东共体法院。首先，秘书处要求相关

---

① 《东共体条约》第28条第1款。

② 《东共体条约》第28条第2款。

③ 详情可见东共体法院官网，https：//www.eac.int/。

违反或未履行条约的成员国在 4 个月的时效期内针对相关法律行为和经济活动出具一份观察报告。① 若成员国未在规定时间向秘书处提交观察报告，或秘书长对所提交的报告不满意，秘书长则向理事会汇报此情况，由理事会决定是将成员国上诉至东共体法院还是由理事会出面协调解决此问题。② 理事会将按照《东共体条约》第 2 条的规定程序解决成员国的上述问题。若理事会解决未果，则告知秘书处由其将成员国上诉至东共体法院。③

自然人和法人也是东共体法院的上诉主体。根据《东共体条约》第 30 条第 1 款，若东共体法院的裁决或成员国颁发的条例、指令、决定或经济行为或东共体的机制违反或侵犯了《东共体条约》，居住在东共体成员国国内的自然人和法人可以予以上诉。④《东共体条约修正案》补充规定："自然人和法人针对成员国颁发的条例、指令、决定或经济行为提起的诉讼，必须满足成员国颁发的条例、指令、决定或经济行为在两个月内的时效内；若成员国对其颁发的条例、指令、决定或经济行为作出条约保留，东共体法院则排除其对成员国上述事项的管辖权。"

就所有上述提及的诉讼条件，自然人和法人使用得最多，秘书长和成员国从未就有关问题向东共体法院提起诉讼。

(二) 咨询管辖权

咨询管辖权指的是东共体内各主体可以针对有关《东共体条约》、相关议定书或东共体法等模糊不确定之处请求东共体法院作出咨询性意见，法院作出的意见不具有法律效力。首脑会议、理事会和成员国可以就有关《东共体条约》引发的法律问题请求东共体法院作出咨询性意见。⑤ 在东共体法院作出咨询意见的程序中，首脑会议、理事会和成员国有权派代表参

---

① 《东共体条约》第 29 条第 1 款。
② 《东共体条约》第 29 条第 2 款。
③ 《东共体条约》第 29 条第 3 款。
④ 《东共体条约》第 30 条第 1 款。
⑤ 《东共体条约》第 36 条第 1 款。

加。首脑会议、理事会和成员国明确说明需要东共体法院作出咨询意见的问题，并附有助于东共体法院审理的有关文件。法院在行使咨询管辖权时，应受《东共体条约》和《东共体法院程序规则》的管辖。① 到目前为止，东共体部长理事会已经向东共体法院请求发表了 2 次咨询意见，这表明了行政机构对东共体法院的司法尊重。②

# 第二节　东共体法院管辖权与成员国法院管辖权的关系

从共同体和国家的互动关系来说，东共体法院作为东共体的司法部门，它的司法管辖权对解决成员国就共同体法的解释和适用方面的问题尤为重要。但是东共体法院作为区域经济组织法院处理共同体和国家的关系存在诸多问题，此类问题不仅来自法律规定的疏忽，也来自成员国对主权让渡的敏感等。如何处理好共同体和国家间的关系，对东共体法院法理发展，发挥促进经济一体化的积极作用存在重要影响。

## 一　管辖权合作：先行裁决程序

先行裁决程序为共同体和成员国之间的良好互动关系搭建桥梁，一方面确保了成员国统一适用共同体法，另一方面进一步巩固了共同体法的至上性。《东共体条约》第 34 条规定的"先行裁决"程序为东共体法院和各成员国国内法院创设了积极互动的条件。虽然东共体法院成立已有 20 余

---

① 《东共体条约》第 36 条第 4 款。

② 应东共体部长理事会的咨询意见请求，详情可见案件 Application No. 1，2008，EACJ；应东共体部长理事就《东共体条约》第 14 条第 4 款和《东共体法院程序规则》第 75 条第 4 款请求法院给予咨询意见，详情可见案件 opinion No. 1 of 2015。

年，国内法院为东共体法院的次登记处（sub – registries），但是直至 2015 年，东共体法院只接收到一起涉及"先行裁决"的案件。因此，本节主要查看《东共体条约》规定的"先行裁决"程序是否发挥了其设计的目的，促进了共同体和国家间的纵向互动关系发展。

（一）乌干达诉汤姆·卡和温达案件

乌干达诉汤姆·卡和温达案件是东共体法院审理的唯一一起有关先行裁决的案件。① 此案件是乌干达最高法院 2012 年审理的第 298 起民事案件，乌干达最高法院就相关案件问题请求东共体法院作出先行裁决。② 2012 年 10 月 2 日，汤姆·卡和温达作为原告提起民事诉讼，声称被告乌干达政府违反《东共体条约》第 6 条、第 7 条、第 8 条和第 123 条。原告寻求执行《东共体条约》的相关规定和东共体 2002 年通过的第 13 项法案，认为乌干达违反且拒绝履行《东共体条约》，应赔偿原告遭受的损害。乌干达法院认为其对原告的主张没有管辖权，于是乌干达最高法院在 2014 年 11 月 17 日发布一项法令，请求东共体法院就下列问题作出先行裁决：一是根据《东共体条约》第 6 条、第 7 条、第 8 条、第 27 条和第 33 条以及第 123 条，在共同解读的情况下，成员国国内法院是否具有裁决权？二是根据条约规定，是否赋予成员国国内法院充分的法律权利来处理违反《东共体条约》的事项，并针对成员国的损害行为作出赔偿？

根据《东共体法院程序规则》第 76 条，东共体法院作出先行裁决的案件需告知所有成员国和东共体秘书处。坦桑尼亚、肯尼亚和乌干达派出代表参加了东共体法院的审理，并向东共体法院递交了观察报告。2015 年 5 月 4 日，在东共体法院的审理听证会上，东共体法院听取了肯

---

① 案件名：*Attorney of General of Uganda v. Tom Kyahurwenda*[2015]（EACJ, 2015）。详情可见网站 https://africanlii.org/ea/judgment/east – african – court – justice/2015/58。

② 案件名：*Attorney of General of Uganda v. Tom Kyahurwenda*[2015]（EACJ, 2015）。详情可见网站 https://africanlii.org/ea/judgment/east – african – court – justice/2015/58。

尼亚、坦桑尼亚、乌干达和东共体秘书长的口头意见。肯尼亚随后递交了相关的补充观察意见。

（二）东共体法院和成员国国内法院的观点

首先，东共体法院就《东共体条约》第34条中提及的"成员国国内法院或法庭"的概念进行界定。东共体法院认为，该条提及的可以向东共体法院请求作出先行裁决的成员国法院或法庭必须满足以下属性：该法院或法庭由法律确认并合法成立；法院或法庭必须拥有永久庭审地点；法院或法庭被赋予强制管辖权；法院或法庭有能力进行法律程序；法院或法庭可以适用法治原则；法院或法庭必须独立运行。因此，临时的仲裁庭、临时法院、国内权力机构、个人、政府立法机构等均不可主张《东共体条约》第34条以启动先行裁决程序。

其次，东共体法院就成员国国内法院和东共体法院针对《东共体条约》的管辖权和自由裁量权进行区分。成员国对它们在《东共体条约》第34条有关"先行裁决"的规定中所承担的法律义务存在不同意见。乌干达和坦桑尼亚认为成员国国内法院对《东共体条约》没有解释的权利，东共体法院享有对条约唯一的、排他的解释权利。乌干达代表的看法是："对《东共体条约》的解释是东共体法院的特权，除非《东共体条约》将这种管辖权授予了成员国国内机构。"[①]肯尼亚却对此拥有不同看法，肯尼亚认为，国内法院和东共体法院享有同一管辖权，可以对《东共体条约》进行庭审和裁决。换句话说，肯尼亚认为其国内法院对《东共体条约》的解释具有管辖权，且对是否诉诸东共体法院启动先行裁决程序具有自由裁量权。

东共体秘书处援引2007年东共体法院审理的第五起案件"詹姆·卡

---

[①] 详情可见2015年7月发布的"参考乌干达共和国高等法院在诉讼中根据《东共体条约》第34条作出的初步裁决"。

塔巴等 21 人诉东共体秘书处和乌干达司法部"①、2011 年审理的第五起案件"塞缪尔·穆卡拉·摩诃池诉乌干达司法部"②、2012 年审理的第一起上诉案件"卢旺达司法部诉佩达·库巴"③ 和 2012 年审理的第二起上诉案件"乌干达司法部诉欧麻斯瓦和其他六人"④ 这四个案例，旨在说明东共体法院对涉及《东共体条约》的共同体事宜享有解释和适用的唯一管辖权。东共体法院在乌干达诉汤姆·卡和温达案件中这么评论道："东共体法院是解释和适用东共体法的唯一具有垄断性（monopoly）的司法机构。"成员国国内法院的自由裁量权是有限的，仅适用是否针对裁决案件需要而请求东共体法院作出先行裁决。但是若该案件涉及《东共体条约》的解释和适用，且成员国国内法院必须依赖东共体法院的裁决才能推进审理程序，这时候成员国国内法院必须向东共体法院请求启动先行裁决程序。

最后，东共体法院就《东共体条约》第 34 条提及的"提交东共体法院进行先行裁决的案件"进行界定。东共体法院认为，不是所有的案件都需要成员国国内法院请求东共体法院作出先行裁决。东共体法院明确表示："拒绝对关于成员国国内法律事宜的案件作出先行裁决。"东共体法院充分尊重成员国的主权自治，只对针对《东共体条约》的法律解释和适用问题作出先行裁决，目的是保证东共体法的统一适用。

（三）先行裁决的重要性

先行裁决程序为共同体和国家间的良好互动搭建了桥梁，不仅确保了

---

① 详情可见案件 *James Katabazi and 21 Others* v. *Secretary General of the East African Community and the Attorney General of Uganda*, EACJ Reference No. 5 of 2007。

② 详情可见案件 *Samuel Mukira Mohochi* v. *Attorney General of Uganda*, EACJ Reference No. 5 of 2011。

③ 详情可见案件 *Attorney General of the Republic of Rwanda* v. *Plaxeda Rugumba*, EACJ Appeal No. 1 of 2012。

④ 详情可见案件 *Attorney General of Uganda* v. *Omar Awadh and 6 Others*, EACJ Appeal No. 2 of 2012。

成员国统一适用共同体法，也进一步巩固了共同体法的至上性。① 欧盟早已使用先行裁决的程序规范欧盟法适用的统一性。《东共体条约》第34条有关"先行裁决"的规定，旨在促进东共体法院和国内法院间的积极互动。《东共体条约》第34条规定，对于成员国就有关共同体法的解释和适用或有关共同体条例、指令、决定和经济行为等问题产生的疑惑，如果国内法院认为需要根据东共体法院的态度对相关问题作出裁定，那么国内法院可将上述问题提交给东共体法院，请求东共体法院作出先行裁决程序。② 虽然截至目前，历经20多年的时间，东共体法院只有一起关于先行裁决程序适用的案件，但是与《南共体条约》《西共体条约》等其他非洲区域经济组织成立条约相比，东共体还是关注到了促进成员国和共同体积极互动的必要性。③ 奥蓬认为："东共体此举代表着非洲经济一体化方式的转变。"④ 先行裁决程序的适用旨在通过发展共同体法实现创建统一适用的区域法律环境。⑤

但是成员国就东共体法院对《东共体条约》是否拥有绝对管辖权或者说是唯一的、排他性的管辖权的看法存在异议，这一现状不利于东共体法院法理的发展，特别是肯尼亚主张国内法院同样对《东共体条约》具有解释的权利，无疑削弱了东共体法院的权威性，同时也破坏了东共体法的至上性。笔者认为，成员国主张将国内法院的管辖权延伸至东共体法，是为了抵消东共体法院宽泛的管辖权，特别是在人权领域对成员国国内事务的

① Emmanuel Ugirashebuja, "Preliminary References under EAC Law" (April 2017), https://searchworks. stanford. edu/view/11933250.

② 《东共体条约》第30条。

③ 截至2014年，据欧盟法院的审理案件类型汇总，可以发现，在622起案件中，有300多起案件涉及先行裁决程序的适用。欧盟法院和成员国国内法院的良好互动，不仅是欧盟法至上性的一种反应，同时也是欧盟一体化程度高的一种体现。这一点值得东共体国家借鉴。

④ 〔加纳〕理查德·弗林蓬·奥蓬：《非洲经济一体化的法律问题》，朱伟东译，社会科学文献出版社，2018，第130页。

⑤ Emmanuel Ugirashebuja, "Preliminary References under EAC Law" (April 2017), https://searchworks. stanford. edu/view/11933250.

干涉。成员国不止一次在公开场合提及人权问题很大一部分属于国家内政，东共体法院宽泛的管辖权实际上是对成员国主权的"隐形干涉"。[①] 在共同体法律体系不断延伸和扩展的同时，个人对共同体法的认知渠道也不断拓宽。这就意味着个人开始在国内法院援引共同体法赋予个人的权利，例如对人权的保护等。从 2006 年到 2019 年 7 月，东共体法院共受理了 189 起案件，其中有关个人权利主张的法律案件占东共体法院案件的 50% 以上。[②] 由于当前人们在国内诉讼中援引国际人权规则的决心和未来对人权的保护与发展的重视可能存在一定的并存关系，这一状况在未来会只增不减，[③] 因此，以肯尼亚法院为首的国内法院一方面十分警惕个人在东共体法院主张个人权利，甚至主张国内法院以对涉东共体法案件有管辖权为由来限制个人权利，另一方面也担心东共体法院权利的过度发展会给国家带来一定的负面影响。

上述问题进而引发我们思考：在《东共体条约》为东共体法院和成员国国内法院创设合作条件的前提下，为什么东共体成员国使用该程序却如此之少呢？贝布尔认为，像欧盟这样一体化程度较高的区域共同体法院也存在成员国排斥使用先行裁决程序的现象。他认为造成上述现象的主要原

---

① Patty Magubira, "East Africa: Tussle Heats up over Regional Court of Justice" ( January 2020), https://allafrica.com/stories/202001260026.html.

② 据笔者在东共体法院官网上进行的统计，2019 年东共体法院受理了 9 起案件（有 5 起原告方是个人）；2018 年东共体法院受理了 16 起案件（有 6 起原告方是个人）；2017 年东共体法院受理了 14 起案件（有 9 起原告方是个人）；2016 年东共体法院受理了 24 起案件（有 13 起原告方是个人）；2015 年东共体法院受理了 35 起案件（有 19 起原告方是个人）；2014 年东共体法院受理了 17 起案件（有 7 起原告方是个人）；2013 年东共体法院受理了 25 起案件（有 6 起原告方是个人）；2012 年东共体法院受理了 13 起案件（有 7 起原告方是个人）；2011 年东共体法院受理了 15 起案件（有 5 起原告方是个人）；2010 年东共体法院受理了 5 起案件（有 1 起原告方是个人）；2009 年东共体法院受理了 2 起案件（有 0 起原告方是个人）；2008 年东共体法院受理了 3 起案件（有 2 起原告方是个人）；2007 年东共体法院受理了 7 起案件（有 5 起原告方是个人）；2006 年东共体法院受理了 3 起案件（有 3 起原告方是个人）。从个人通过东共体法院主张权利的次数来看，东共体法院受理人权案件的次数在不断增加。详情可见 https://africanlii.org/ea/judgment/east – african – court – of – justice。

③ https://africanlii.org/ea/judgment/east – african – court – of – justice。

因有两个：一是国内缺乏先行裁决程序；二是这一程序的新颖性让成员国担忧甚至不确定先行裁决程序在国内司法层级中的地位。[①] 奥蓬认为上述原因也同样适用于非洲国家，且由于非洲大陆缺乏大量的共同体法律，加之成员国国内缺乏相应实施共同体法的有关立法，非洲国家更不情愿甚至抗拒使用先行裁决程序。[②] 行使先行裁决程序实际上是国家向东共体法院提交事项并请求东共体法院作出预先裁决的一种方式，涉及管辖权问题。因此，需要成员国作出明确条文规定，以扩大国内法院的管辖权范围，让国内法院的管辖权涵盖先行裁决程序的实际运用。但是据笔者调查，目前东共体成员国尚未对《东共体条约》规定的先行裁决程序作出法律明文规定。除此之外，由于《东共体条约》直接赋予个人出庭资格，个人可以绕过国内法院直接在东共体法院上诉，这就降低了成员国国内法院行使先行管辖权的意愿。此外，东共体内的个人和国内法院对先行裁决的认知度和熟悉度不够也是东共体先行裁决程序使用较少的原因之一。[③] 上述种种原因破坏了《东共体条约》创立者最初的意图，阻碍了共同体和国家间的积极互动，不仅不利于提高东共体法院的司法权威性，也不利于塑造东共体法的至上性。

## 二　管辖权冲突：主权原则至上性

当东共体法和成员国主权发生冲突时，成员国是否能够尊重共同体法院的法理而让渡部分国家利益以推进东共体法统一适用的建设呢？从下述的案例中或许可以找到答案。

---

① G. Bebr, "Law and the European Communities and Municipal Law," *Modern Law Review*, Vol. 34, 1971, p. 481.

② 〔加纳〕理查德·弗林蓬·奥蓬：《非洲经济一体化的法律问题》，朱伟东译，社会科学文献出版社，2018，第132页。

③ Emmanuel Ugirashebuja, "Preliminary References under EAC Law" (April 2017), https://searchworks. stanford. edu/view/11933250.

（一）安阳勇等 10 余位法律教授诉肯尼亚司法部案件

2006 年 11 月 27 日，安阳勇等 10 余位法律教授作为案件的原告方依据《东共体条约》第 30 条①的规定，声称被告方肯尼亚司法部在选举东非立法大会代表的程序上违反《东共体条约》第 50 条的规定。② 这是东共体法院 2006 年审理的第一起案件。2001 年第一届东非立法大会成立时，肯尼亚国会采用了《2001 年建立东共体条约规则（选举东非立法大会成员）》（以下简称《2001 年规则》）。这一规则规定，政党方确定候选人名单后将其提交给肯尼亚众议院商业委员会，由众议院商业委员会审查并提名人选以确保该选举过程符合《东共体条约》第 50 条的规定。若审核无误，众议院商业委员会将在肯尼亚国会上提名候选人，则候选人"被认为是选任东非立法大会的候选人"。东非立法大会中 9 名肯尼亚代表的任期于 2006 年 11 月 29 日届满时，就意味着肯尼亚国会需要重新选任新的 9 名肯尼亚代表进入东非立法大会。肯尼亚政党向众议院商业委员会提交了候选人名单，全国彩虹联盟（The National Rainbow Coalition，简称 NARC）③递交了两份候选人名单，每份名单上有 5 名候选人。第一份是由政党领导人选出的候选人名单，第二份是政府党编选出的候选人名单。2006 年 10 月 26 日，众议院商业委员会采用第二份由政府党编选出的候选人名单，这就意味着第一份候选人名单无效。同一天，肯尼亚国会宣布同意这 9 名候

---

① 《东共体条约》第 30 条规定："受本条约第 27 条的规定，若法院的决定以及成员国或共同体机构颁布的条例、指令和决定违反了本条约的规定，居住在东共体成员国国内的任何个人可以就上述法律文书上诉至东共体法院。"

② 《东共体条约》第 50 条规定："各成员国国会选举东非立法大会的成员，不仅是从国会的成员中选举这 9 名东非立法大会的成员，人选的选举更应该是灵活的，包含更多的参与方，平衡选举人选的性别比例和其他成员国的特殊利益方，且必须和成员国所主张的选举程序相符合。"

③ 全国彩虹同盟成立于 2002 年 10 月 22 日，由民主党、论坛（肯尼亚）、自由民主党、国家党等 14 个政党为赢得 2002 年大选联合组成。作为一个松散的联盟，全盟尚无统一的党章以及各级组织机构，由齐贝吉、瓦马卢瓦、奥廷加、赛托蒂、穆西约卡、阿沃里等主要成员党领导人组成的"首脑会议"进行集体领导。

选人的提名，随后将候选人名单提交给东非立法大会。安阳勇教授和其他落选的候选人向东共体法院提起诉讼，认为肯尼亚的选举规则不符合《东共体条约》第50条的规定。2006年11月9日，安阳勇等10余位教授向东共体法院提交上诉申请，要求东共体法院颁布一项临时禁令，禁止由肯尼亚议会选出的9名代表于11月29日就职担任东非立法大会代表。

### （二）东共体法院和成员国国内法院的观点

首先，东共体法院就原告是否具备出庭资格作出了裁决。[①] 东共体法院援引《东共体条约》第30条的规定，认为居住在东共体成员国国内的个人有权就成员国行为是否符合《东共体条约》规定的相关事宜上诉至东共体法院。正如本书上述已阐述的，东共体法院拥有广泛的管辖权，其中不乏为东共体内的个人创设的宽泛的出庭资格权利。[②] 因此，东共体法院认为原告具备《东共体条约》规定的出庭资格。

其次，东共体法院就本身是否对本次案件具有管辖权作出判定。[③] 肯尼亚援引《东共体条约》第52条第1款的规定，认为在决定东非立法大会代表候选人的事宜上，应该由肯尼亚国内负责选举和行使先行裁决程序的机构予以决定。换言之，被告主张关于选举代表的合法性问题应由肯尼亚国内法院决定，而不是由东共体法院就此问题作出裁判。东共体法院并不赞同被告肯尼亚的观点。东共体法院是这么评论的："如果只是一个单一的关于选举具体某个代表的问题，那么确实应该由肯尼亚国内法院予以裁决。但是本案中的这一问题是肯尼亚国会选举程序是否符合《东共体条约》第50条的规定，东共体法院是解释和适用

---

① 东共体法院于2007年3月针对上述案件作出了裁决，见 *Nyong'o v. Kenya Attorney General, Ruling*, Reference No. 1 of 2006( EACJ, Mar. 30, 2007)。

② Anne Pieter van der Mei, "Regional Integration: The Contribution of the Court of Justice of the East African Community, "*Duke Journal of Comparative and International Law*, Vol. 18, 2009, pp. 403 – 425.

③ 安阳勇案件判决书中第14~22条。

《东共体条约》的唯一司法机构，因此东共体法院对本案具有管辖权。"

最后，东共体法院就肯尼亚法院根据《2001年规则》进行的选举是否符合《东共体条约》第50条有关"选举规则"和"选举程序"的规定进行了裁决。东共体法院对比1967年《东部非洲合作条约》和1999年《东共体条约》就"选举东非立法大会代表"的不同界定进行了区分。东共体法院认为，前者强调的"选举"是"任命"（appointed），而后者强调的是"选的过程"，即"投票的过程"（voting process）。这就意味着前者认可的是选举的结果性，而后者更为重视选举的过程性。肯尼亚的选举代表过程更偏向前者所主张的"提名式"的任命。东共体法院根据《东共体条约》第50条中有关"选举"的规定进一步阐释选举应是成员国的国会组建一个选举委员会以选举东非立法大会的成员，这是"建立一个由人民代表组成的立法机构的重要一步"。① 但是，东共体法院认为肯尼亚法院根据《2001年规则》进行的选举，无论是从"选举规则"还是"选举程序"而言，都不符合《东共体条约》第50条的相关规定。此外，肯尼亚国会的选举存在虚假现象。② 因为肯尼亚使用"被认定"（deemed）一词赋予被提名的代表以法律合法性，实际上代表不经选举过程而被赋予法律合法性与《东共体条约》第50条的规定相矛盾。③《东共体条约》第50条中规定的"性别均衡"和"多方利益参与者"等也尚未体现在肯尼亚的选举程序中。④

---

① 笔者认为东共体法院此举旨在强调东共体"以人为本"的共同体发展目标，强调多方参与经济一体化的进程，丰富了东共体一体化发展的主体性。详情可见安阳勇案件判决书中第29~30条。
② 安阳勇案件判决书中第37~38条、第42~43条。
③ 特别是肯尼亚国会关于"被提名者应被认定为根据《东共体条约》第50条的规定选举成为东非立法大会代表"的规定违反了《东共体条约》。详情可见安阳勇案件判决书中第22~34条。
④ 安阳勇案件判决书中第37条。

## （三）管辖权冲突对经济一体化的消极影响

肯尼亚不满东共体法院的裁决，认为东共体法院对此案的管辖权已经侵犯了肯尼亚的国家宪法，干涉了肯尼亚的国家主权。随后肯尼亚发动了一起针对东共体法院的报复行动，特别是肯尼亚政府在东共体内发动其政治力量，集结首脑会议主席代表、东非各区域发展部部长等对东共体法院的做法表示谴责。[①] 首脑会议更是以集体的声音于 2006 年 11 月 30 日公开批评东共体法院。2006 年 12 月，成员国提出对《东共体条约》的修正案，主要是限制东共体法院的管辖权。[②] 该修正案于 2007 年 3 月被东共体成员国批准后正式生效。从案件发生到修改《东共体条约》用时不到一个星期，相比以往东共体法院裁决案件的关注度低和成员国对东共体法院裁决案件的反应程度慢的现状，本次修正足以证明东共体成员国对主权让渡的极高敏感性。不可否认的是，东共体作为区域经济组织在区域层面落实经济一体化议题时，为了集体的利益难免会对国家主权有些许"侵犯"。[③] 但这以集体共同发展进步为前提，成员国必须让渡部分主权，或者说牺牲部分国家利益以达到集体利益的最大化。[④] 若国家只是一味地奉行绝对主权原则，那么东共体经济一体化的最终目标——政治联盟的实现只能是空中楼阁。需要注意的是，肯尼亚的选举现象在东共体内并不是一枝独秀，乌干达和坦桑尼亚同样面临着国内选举程序和《东共体条约》规定不符的现

---

[①] Sarah Williams, "Irate Kibaki Clips Wings of EAC Judges" (18 December, 2006), https://allafrica.com/list/aans/post/full/day/20061219.html.

[②] 修正的内容包括：将原东共体法院分为两个法庭，即初审法庭和终身法庭；进一步缩小东共体法院的管辖权，排除东共体法院对专属于成员国管辖事项以及《东共体条约》赋予成员国的管辖权；将个人的上诉时间进一步缩小至 2 个月内；限制东共体法官的权利，规定东共体法官若被指控或处在接受调查阶段，则先暂停东共体法官的职务。

[③] Henry Onoria, "Botched – Up Elections, Treaty Amendments and Judicial Independence in the East African Community," *Journal of African Law*, Vol. 54, 2010, pp. 74 – 94.

[④] Anne Pieter van der Mei, "Regional Integration: The Contribution of the Court of Justice of the East African Community," *Duke Journal of Comparative and International Law*, Vol. 18, 2009, pp. 403 – 425.

象。坦桑尼亚国内法院对该问题的看法和肯尼亚保持一致，认为国内选举程序属于国内法院的管辖权范围，排除东共体法院对此问题的管辖权。① 这也就不难理解为什么肯尼亚法院发动修改《东共体条约》时能够得到其他成员国的积极响应了。

目前东共体在处理共同体和成员国的关系时面临一个棘手的问题：如何界定经济一体化进程中国内权利的范围。或者说，在国家主权让渡的基础上如何界定国家的权利。东共体法院早在姆瓦特拉案中就已注意到东共体法院管辖权的局限性，认为"东共体的权利被局限在它管辖的任何事项之内。对于还处在成员国专属管辖权范围内的任何事项都不在东共体法院管辖权限以内"。② 正是由于《东共体条约》中并没有明确规定东共体法院的专属管辖权等具体管辖权界定问题，所以成员国使用主权原则弱化东共体法院的权利辐射范围以达到本国国家利益最大化目的。③ 在处理成员国主权与东共体法院管辖权冲突这个问题上，有学者呼吁："尽管《东共体条约》坚持主权平等的原则……鉴于它们所要实现的经济一体化的目标性质，未来每个成员国应将把部分主权让渡给共同体及其机构，尽管是在有限的领域发挥让渡主权的效用，但是也能进一步推动东共体的发展。"④

所有经济一体化的发展过程中均面临一个相同的问题：如何规范国家在共同体内的权利界定。国家主权原则对共同体法律体系提出了极大的挑战，

---

① 可见参见案件：乌干达判决 *Jacob Oulanyah v. Attorney General Constitutional Petition*，2006 年东共体法院判决审理第 28 起（no 28/2006）；坦桑尼亚判决 *Christopher Mtikila v. Attorney General of the United Republic of Tanzania & Another*，2007 年东共体法院判决审理第 2 起（no 2/2007）。在此案件中，坦桑尼亚法官更是主张："有关东非立法大会人员的选举是坦桑尼亚最高法院的司法管辖权范围，而不在东共体法院的管辖权范围内。"

② 详情可见案件 *Mwatela & Ors. v. East African Community*（Taxation No. 1 of 2006）[2007] EACJ 7（1 November, 2007），https://africanlii.org/ea/judgment/east - african - court - justice/2007/7。

③ 〔加纳〕理查德·弗林蓬·奥蓬：《非洲经济一体化的法律问题》，朱伟东译，社会科学文献出版社，2018，第 141 页。

④ Anne Pieter van der Mei, "Regional Integration: The Contribution of the Court of Justice of the East African Community,"*Duke Journal of Comparative and International Law*, Vol. 18, 2009, pp. 403 – 425.

特别是在非洲，受历史、文化等诸多因素影响，成员国对主权让渡更加敏感。加之《东共体条约》对东共体法院和成员国法院的管辖权尚未作出明确的界定和区分，这就产生了诸多问题：哪些事项专属于东共体法院管辖？哪些事项排除了东共体法院管辖，还属于成员国法院的专属管辖？哪些事项双方均可管辖？在出现有关共同体利益的争议时，是东共体法院主张确定对该问题具有管辖权，还是成员国法院主张由于该案件属于条约保留事项而排除东共体法院的管辖权？诸如此类的问题界定不清，为东共体未来的经济一体化发展设置了法律障碍。

由于此次案件发动对《东共体条约》第 27 条有关"管辖权"条款的修改，进一步限制了东共体法院的管辖权，排除了东共体法院对专属于成员国管辖事项的权利，也为未来东共体的发展埋下了法律矛盾的种子。此次修改存在以下三个问题。

第一，在同一个《东共体条约》内就东共体法院有关《东共体条约》的解释地位的认定混乱，即修改后的《东共体条约》第 27 条与《东共体条约》第 33 条第 2 款和第 34 条的规定相矛盾，后两者旨在强调东共体法院在解释《东共体条约》时的唯一权威性和东共体法的至上性。① 但是第 27 条规定允许成员国对某一事项作出保留，而这些事项有可能涉及共同体利益。排除东共体法院对成员国专属事项的管辖对东共体未来经济一体化的发展施加了消极影响。试想，成员国违反东共体法的规定时，往往可以主张条约保留排除东共体法院的管辖，这将进一步损害东共体的集体利益。② 同时，《东共体条约》没有赋予东非立法大会提起诉讼的权利，但是个人和成员国可以针对东非立法大会提起诉讼，这就造成了东非立法大会无法使用同样的权利起诉成员国或其他共同体机构。东非立法大会作为支持东共体法院权威

---

① 《东共体条约》第 33 条第 2 款规定，"东共体法院关于本条约的解释和适用的决定应优先于成员国国内法院关于相同事项的决定"；《东共体条约》第 34 条有关"先行裁决程序"的规定实际上肯定了东共体法院对东共体法解释的权威性和优先性。

② Henry Onoria, "Botched – Up Elections, Treaty Amendments and Judicial Independence in the East African Community," *Journal of African Law*, Vol. 54, 2010, pp. 74 – 94.

的代表而无法发挥监督作用，进一步削弱了东共体法的至上性和东共体法院的权威性。①

第二，成员国的做法违反了国际法原则。国际条约的解释是国际司法法院的功能之一，成员国不能"鸠占鹊巢"，越过国际司法机构擅自对国际条约进行解释。有关成员国选举程序是否符合《东共体条约》第50条的规定属于东共体法院的司法范畴，而不应该由国家单边行使国内法院司法权利对《东共体条约》进行界定，特别是考虑到修改后的《东共体条约》允许成员国对相关事项作出条约保留，侧面体现了国家单边行使国内法院司法权以维护国家主权而损害东共体的集体利益。其次，东共体法院盲目援引国际法而忽视运用已有的法律规定，这一做法缺乏对国际法的灵活运用。② 东共体法院在处理本案时以《东共体条约》缺少调节共同体法和国内法的法律适用冲突的规定为由，援引国际法基本原则和欧盟法院的判例为指导解释，但是《东共体条约》赋予了东共体法优先适用的法律地位，例如《东共体条约》第8条第4款规定，"共同体部门、机构和法律对于涉及本条约实施事项应优先于国内的部门、机构和法律"。东共体法院无视东共体条约的规定转而处理法律适用的做法令人感到沮丧。③

第三，由于修改匆忙、参与修改主体单一，修改后的《东共体条约》面临诸多法律不确定性。首先，匆忙的修改不符合《东共体条约》第150条第3款和第4款关于"条约修改时间应满足120天"的规定。从东共体法院受理该案件到最终成员国达成一致修改意见，总共用时不到1个月。东共体成员国只用了2天时间（12月7~8日）便已匆忙修改完《东共体

---

① 〔加纳〕理查德·弗林蓬·奥蓬：《非洲经济一体化的法律问题》，朱伟东译，社会科学文献出版社，2018，第140页。

② Leonard Obura Aloo, "Exteranl Relations and the EAC," in East African Community Law: Institutional, Substantive and Comparative EU Aspects by Emmanuel Ugirashebuja ( October 2017), https://openaccess. leidenuniv. nl/bitstream/handle/1887/58822/Front_matter_and_preface. pdf?sequence =1.

③ 〔加纳〕理查德·弗林蓬·奥蓬：《非洲经济一体化的法律问题》，朱伟东译，社会科学文献出版社，2018，第137页。

条约》，12 月 11 日提交至首脑会议批准，12 月 14 日修改后的《东共体条约》被正式采纳。2007 年 1 月，肯尼亚正式批准修改后的条约生效，乌干达和坦桑尼亚也分别于同年 2 月、3 月批准该条约。这就不禁让人疑惑，《东共体条约》本身的规则设置不停地被颠覆，当条约中的条款内容相矛盾时，应该以哪条规定为准呢？其次，东共体成立的宗旨是实现"以人为本"的经济一体化合作，① 但是从本案修改的主体来看，肯尼亚政府发动其政治影响力号召乌干达政府和坦桑尼亚政府修改条约，并未咨询相关法律专家、共同体利益攸关方（私营部门、个人等）就修改条约提出相应的意见和建议。这就不禁让人疑惑，东共体是否已沦为成员国谋求各自政治利益诉求的工具？参与经济一体化的个人和私营部门又该如何在东共体内寻求有利于自身的司法救济呢？东共体经济一体化建设是否只是纸上谈兵，并未发挥自身超国家因素的属性呢？诸如此类的问题对东共体经济一体化目标施加了消极影响。

## 第三节　个人在东共体法院的出庭资格

个人在经济一体化活动中扮演着不可替代的重要角色，"缺乏个人参与的经济一体化建设，会使共同体陷入止步不前的困境"②。共同体的发展需要依靠个人在参与区域经贸活动过程中逐步拉进与共同体和国家间的三方积极关系，推动区域经济一体化建设朝着更加稳健的方向发展。国际关系学者莫拉斯指出，国家和个人的行为选择会施加双向影响，个人在获得市场信息后的决策和行动也会反向影响国家行为体参与经济一体化进程的

---

① 《东共体条约》第 5 条第 3 款、第 7 条第 1 款、第 127 条。

② Akiwumi, *Judicial Aspects of Economic Integration Treaties in Africa in Hague Academy of International Law: Legal Aspects of Economic Integration Colloquium*, Leiden: A. W. Sijthoff Press, 1972, p. 123.

积极程度。① 运行良好的共同体能妥善处理其与个人和国家间的互动关系。就经济一体化中的个人参与而言，主要涉及的是个人在经济一体化活动中的法律责任，即个人如何在共同体法赋予的权利和施加的义务下开展经贸活动，又如何援引共同体法保障财产、人身合法权利。② 东共体法院作为非洲区域经济组织司法机构的代表，在处理个人案件时的做法值得关注。本章从个人与东共体和成员国的互动关系视域出发，分析东共体法院对个人管辖权的界定以及个人出庭资格的认定是否符合东共体实现经济一体化的预设目标，探讨东共体法调整个人和成员国关系的方式、价值及存在的问题。

## 一 个人参与经济一体化的重要性

### （一）弥补东共体公共执法能力的监督缺陷

个人作为经济一体化的重要参与方，弥补了共同体公共执法能力在监督国家履行共同体条约层面的制度缺陷。自 2006 年起，东共体法院已受理了 189 起案件，其中没有一起案件诉讼双方是东共体成员国。成员国似乎不愿意在东共体法院诉诸法律程序，它们更倾向以外交协商等政治方式解决国家有关经济一体化发展的矛盾。有学者认为："东共体成员国普遍担心司法诉讼会破坏成员国和共同体间的良好政治关系，加之由于东共体法院缺乏强有力的司法权威，审理案件耗时较长……这些均是成员国对东共体法院缺乏信任的原因。"③ 相比之下，个人克服了成员国在传统上不愿彼此提起诉讼的困境，丰富了东共体法院受理案件的类型和主体，同时还能起到监督成员国政府履行共同

---

① Moravcsik, "Taking Preferences Seriously: A Liberal Theory of International Politics," *International Organization*, Vol. 51, 1997, p. 513.

② Hason Jakobeit, "Constitutional Structure and Governance Strategies for Economic Integration in Africa and Europe," *Transnational Law and Contemporary Problems*, Vol. 13, 1993, p. 139.

③ James Gathil, "Mission Creep or a Search for Relevance: The East African Court of Justice's Human Rights Strategy," *Duke Journal of Comparative and International Law*, Vol. 24, 2012, p. 249.

体条约的积极作用。① 国外学者赞扬个人参与经济一体化的重要性，认为"个人和非国家实体参与经济一体化，解决了由于经济一体化集团主要机构和次要机构不可能对国家提出诉讼而产生的政治惰性。事实上，赋予个人和非国家实体出庭资格提供了一种私人执法机制，补充（或替代）了脆弱或受限制的共同体主要机构和次要机构的公共执法能力"。② 因此，个人可以利用东共体法院宽泛的管辖权就成员国不履行共同体条约的行为在东共体法院提起诉讼，这对东共体发展而言意义非凡。

### （二）增强共同体法律体系的合法性

个人通过在成员国国内法院主张共同体条约赋予的权利，通过成员国国内法院和东共体法院的司法双向联动，增强了东共体法的合法性。先行裁决和用尽当地救济是共同体和成员国管辖权合作的法律表现，当事方在成员国国内法院开启诉讼程序，无形中将共同体法院作为成员国法院的"上诉法院"。③ 成员国法院的法官为了更好地裁判个人有关《东共体条约》的权利主张而加深对东共体法相关规定的学习了解，在一定程度上扩大了对东共体法的认知范围，培养了一批谙熟东共体法和国内法规则的法律人才，储备了东共体法国内化适用的人力资源。在 20 世纪 60 年代之前，非洲区域经济组织条约普遍存在一个共性问题，即不重视个人和非国家实体在经济一体化中的权利，不为个人和非国家实体创设利用共同体司法机构的法律条件。④ 但是个人在经济一体化发展进程中的重要性越发明显，

---

① 〔加纳〕理查德·弗林蓬·奥蓬：《非洲经济一体化的法律问题》，朱伟东译，社会科学文献出版社，2018，第 112 页。

② Henry Onoria, "Botched-Up Elections, Treaty Amendments and Judicial Independence in the East African Community," *Journal of African Law*, Vol. 54, 2010, pp. 74 – 94.

③ Tom Ojienda, "Preliminary Reflections on the Jurisdiction of the East African Court of Justice," *East African Journal of Human Rights and Democracy*, Vol. 21, 2018, pp. 129 – 141.

④ Henry Onoria, "Locus Standi of Individuals and Non-State Entities before Regional Economic Integration Judicial Bodies in Africa," *African Journal of International and Comparative Law*, Vol. 18. 2010, pp. 143 – 169.

欧盟和世贸组织都为参与经济活动的个人和非国家实体提供了利用国际司法机构的法律条件。非洲区域经济组织也在借鉴其他区域经济组织的成功实践经验，东共体的做法值得称赞。它在 1999 年创设《东共体条约》时就考虑到赋予个人出庭资格以增强东共体法律体系的完整性和合法性。

### (三) 避免东共体解体历史的重演

鼓励个人以合理、合法的方式参与经济一体化活动，不仅能体现东共体"以人为本"和"以市场为导向"的一体化发展目标，也能有效规避东共体因忽略个人权利保护及利益分配不均等问题而重演第一次解体的历史悲剧。东共体法院在公开场合多次主张个人参与经济一体化的重要性，认为除了首脑会议和东共体其他组织机构外的市场化参与方（特别是个人）以协商规则制定、使用区域争端解决机制等方式积极参与经济一体化活动，对促进发展导向型的区域经济提供了外向推动力。东共体法院在"东非法律组织诉肯尼亚司法部案"的判决书中提出："我们都认同私营部门和民间社会参与经济一体化的协商程序有助于平衡东共体成员国制定东共体法的偏向性……正如我们在之前的判决中表达的观点一样，《东共体条约》第 30 条通过加强个人的权利以保护《东共体条约》的完整性。私营部门和民间社会的参与度缺失将会导致东共体重演解体的悲剧……缺乏来自首脑会议、理事会和秘书处之外的私营部门和民间社会对东共体法的建议和意见，不仅与《东共体条约》强调的一般法律原则不符，更有悖于东共体的法治精神。"① 个人利用东共体法院司法职能参与东部非洲地区的经济一体化活动，对东共体运行的合理性和合法性而言至关重要。

---

① 详情可见案例 *East African Law Society and Others v. AG of Kenya and Others* ( Application No. 9 of 2007) [2007] EACJ 2( 11 July, 2007) , https://africanlii. org/ea/judgment/east – african – court – justice/2007/2。

## 二　东共体法院管辖权延伸至人权领域

东共体法院借鉴了欧盟法院"尊重人权优先地位"的司法实践，通过扩大性解释方法适用一般法律原则，目的是延伸"尊重人权"的基础法律效力，实现对个人主张人权的司法保护。巩固人权基本权利在共同体法内的优先适用地位。虽然东共体法同样存在"人权赤字"现状（即《东共体条约》中并未明文规定东共体法院对人权事项的专属管辖权），但是东共体法院在"詹姆·卡塔巴等 21 人诉东共体秘书处和乌干达政府涉主权案"中创新审理人权案件的判决法理，这种促进个人参与经济一体化发展的司法实践值得非洲其他区域组织法院学习，不过东共体法院管辖权延伸的后果也引起诸多热议，成为日后东共体经济一体化发展最具争议性的问题之一。

（一）詹姆·卡塔巴等 21 人诉东共体秘书处和乌干达政府涉主权案

2004 年 5 月 24 日，乌干达警方以叛国罪为由逮捕包括詹姆·卡塔巴等人在内的 21 名乌干达人。2006 年 11 月 16 日，乌干达最高法院对逮捕的原告予以保释。当天一群安保人员包围了法院大楼，意图阻止詹姆·卡塔巴等人离开法院，随后将他们逮捕监禁。2006 年 11 月 24 日，乌干达军事法庭以"不合法持有枪械"和"恐怖活动"两项罪名对原告进行指控。虽然乌干达最高法院认为安保人员当天的干预行为违反了乌干达宪法，但是乌干达政府还是准允了对詹姆·卡塔巴等人的监禁行为。[①] 据此，詹姆·卡塔巴等人以原告身份向东共体法院提起诉讼，列东共体秘书处为第一被告，乌干达政府为第二被告。原告主张如下：第一，安保人员无视法院的判决结果，擅自围堵法院并将原告逮捕、监禁等行为违反了《东共体

---

① 大法官詹姆斯·奥古拉认为，冲击法庭的行为是"对正义之殿的强奸"，详情可见 James Munange Ogoola, *Songs of Paradise: A Harvest of Poetry and Verse*, Edinburgh: Word Alive Publishers Limited, 2009, pp. 125 – 129。

条约》第6条、第7条第2款、第8条第1款的规定；第二，乌干达武装安保人员包围最高法院的行为本身违反了和平解决争端原则、法治原则等东共体一般法律原则；第三，被告（乌干达政府）拒绝尊重和执行最高法院的决定违反了《东共体条约》第6条、第7条第2款和第8条第1款的规定；第四，在乌干达军事法庭上不断传讯原告违反了《东共体条约》第6条、第7条和第8条的规定；第五，被告（东共体秘书处）的不作为和保持沉默违反了《东共体条约》第29条的规定；第六，案件的相关费用将由被告全部承担。①

（二）东共体法院对所涉案件的管辖权依据

第一，"尊重和保护人权原则"和"法治原则"是《东共体条约》规定的一般法律原则，属于东共体法的法律渊源。正如所有法律体系一样，共同体法的一般法律原则是一种不成文的法律渊源，它是法官从构成相关法律安排的宪法及政治哲学价值和规范之共同基础出发进行的一种判例"发明"。同其他共同体法律秩序相似，东共体法的一般法律原则也体现了共同体宪政体系的特殊性，即包含宪法性原则和经济性原则的二重属性。《东共体法》第6条有关东共体的一般法律原则的规定涵盖了"尊重和保护人权原则"和"法治原则"，这是宪法性原则的体现。② 东共体法院在本案中认为法治的思想应与法治理论和权利本位的内生逻辑相契合，即法律制定对象基于公正合理的社会需求制定法律规则，法律实施对象基于权利义务对等遵守法律规则。乌干达行政机关的做法以及武装安保人员对法庭

---

① 详情可见案件 *Katabazi & Ors. v. Secretary General of East African Community & Anor.* (Reference No. 1 of 2007) [2007] EACJ 3 (11 November, 2007), https://africanlii.org/ea/judgment/east - african - court - justice/2007/3。

② 《东共体条约》第6条有关"东共体基本原则"的规定："成员国为实现共同体各个目标所应遵循的基本原则包括：（一）相互信任和主权平等原则；（二）和平共处与睦邻友好原则；（三）和平解决争端原则；（四）良好治理原则，其中包括坚持民主、法治、问责制、透明度、社会公正、机会均等、性别平等以及依照《非洲人权和民族权宪章》规定对人权的保护；（五）公平分配原则；（六）互惠互利合作原则。"

的干预破坏了法律规则对个人权利和义务的有效保护，违反了《东共体条约》所规定的法治原则。东共体法院是区域内公平交易的司法捍卫者，基于"尊重和保护人权原则"不可排除东共体法院对该案件的管辖权。

第二，秘书处的司法义务履行不当构成对《东共体条约》的违反，属于东共体法院合理管辖的适用范围。东共体法院的管辖权包括诉讼管辖权和咨询管辖权，除了成员国和自然人、法人外，秘书处也可作为管辖权覆盖的司法对象。自然人和法人可以秘书处对《东共体条约》履行不当为由将其上诉至东共体法院。本案中，在东共体秘书处是否符合被告身份这一问题的界定上，东共体法院认为虽然根据《东共体条约》第 29 条第 1 款的规定，在秘书处对违反人权案件不知情的情况下，秘书处不应该参与相关调查，[①] 但是在秘书处作为案件的被告方在起诉案件时已知晓这一事实的情况下，秘书处应向乌干达政府表示其对案件极高的关注度并采取相关的敦促问责行为。由于秘书处的失职（不作为），其行为违反了《东共体条约》规定的履行义务，应当受到相关的惩罚。

第三，东共体法院对涉及共同体权利的事项享有解释和适用的权利。东共体法院认为，涉及一般法律原则适用的事项以及共同体机构职责履行的事项均属于共同体法律执法秩序中的共同体措施。东共体法院在本案中并未直接判定原告合法权利是否受到了不法侵犯，而是将这一问题界定为成员国是否违反了东共体法的一般法律原则。由于对一般法律原则的违反也属于共同体执法程序中的共同体事宜，因此东共体法院依据《东共体条约》第 27 条有关"管辖权范围"的规定和第 30 条有关"限制性条款"的规定主张对本案件享有解释法律争议

---

① 《东共体条约》第 29 条有关"东共体秘书处提交诉讼"的规定："（一）当秘书处认为东共体成员国未能履行本条约或议定书规定的义务，或违反了本条约的规定时，秘书处应告知成员国对此问题提交观察报告。（二）如果有关成员国在四个月内未向秘书长提交其观察报告，或秘书处对成员国提交的观察报告不满意，秘书处应当提请理事会，由理事会决定此事是否应该由秘书处上诉至法院解决。（三）事项已依本条第二项之规定移送理事会，理事会解决无果后，理事会应指派秘书长将该事项移送东共体法院。"

和适用法律规则的管辖权。

### （三）东共体法院管辖权扩张的双重司法效应

东共体法院通过詹姆·卡塔巴案发展出利用一般法律原则以延伸东共体法院对人权案件管辖权的判例法理。本案成为东共体法院未来审理多起人权案件的援引先例，创造了非洲区域经济组织法院延伸人权管辖权的司法干预手段，形成了"人权事宜在东共体内是可诉的"的法律效果。有关人权事项的判例至此已成为东共体法的一部分。①

东共体法院对人权事项的管辖权扩张产生了双重司法效应。从积极层面来看，东共体法院的做法鼓励了在成员国国内居住的个人享受东共体法赋予的权利，积极适用东共体法院寻求有效的司法救济，降低贸易交易的法律成本。一方面化解了成员国与东共体间的"面子困境"（即彼此互不起诉，互不形成有效的监督关系），这也是非洲其他区域经济组织面临的共性"非洲问题"（成员国国内法院不愿意为个人的合法权利主张提供来自国家层面的司法救济）；② 同时促进了个人与东共体间的积极互动关系，通过鼓励个人使用经济一体化赋予的"人员自由流动"权利更好地参与经济一体化活动，也在区域层面树立东共体法的权威影响力和东共体法院负

---

① Mihreteab Tsighe Taye, "The Role of the East African Court of Justice in the Advancement of Human Rights: Reflections on the Creation and Practice of the Court," *Legal Studies Research Paper Series in University of Copenhagen Faculty of Law* (Stempber 2019), https://papers. ssrn. com/sol3/Delivery. cfm/SSRN_ID3333688_code2440818. pdf?abstractid = 3289079&mirid = 1.

② 《东共体条约》第 9 条有关"建立东共体重要机构和次要机构"的规定："（一）现设立以下机构，作为共同体的机关：（1）首脑会议；（2）理事会；（3）协调委员会；（4）部门委员会；（5）东共体法院；（6）东非立法大会；（7）秘书处；（8）首脑会议可能设立的其他机构。（二）共同体的机构应是首脑会议设立的机构和部门。（三）《东共体条约》生效后，根据《东共体条约》设立的东非开发银行修改和重新制定了《1980 年东非开发银行宪章》，并根据《东共体条约议定书》设立了维多利亚湖渔业组织（《最后文件》）。1994 年前创立及前东共体留存的机构被继续视为东共体机构，继续运作。（四）东共体各机构应在本条约或根据本条约赋予的权力范围内履行职能。（五）在任命东共体主要机构和次要机构的工作人员时，应考虑到性别平衡。"

责任的司法形象。[1] 就东共体法律体系的合理性发展而言，东共体法院人权判例法是东共体建立和实现司法自治的一个重要实例，丰富了东共体法院在处理人权案件中衍生的判例法理。此外，多元化的法律参与主体（个人、东共体法院、东非立法大会、东非法律协会等）可以提高东共体的司法自治性，特别是来自基层的个人参与主体（法律从业人员、民间社团、私营主体等）可以从实操角度就经济一体化所产生的诸多法律问题进言献策，更符合东共体"以人为本"和"以市场为导向"的发展目标。

从消极层面来看，第一，东共体法院对人权事项的管辖权极易造成与不同司法机构间的管辖权竞合。成员国法院和非洲人权法院、其他非洲区域经济组织司法机构（例如南共体法院、西共体法院等）对人权案件均享有管辖权。上述三方司法机构的管辖权竞合会产生平行争端解决和重复争端解决两类消极法律效果，加剧了共同体法"碎片化"与统一适用间的法理矛盾。主要体现是区域司法机构在适用共同体法的相同规定（即对属于共同体范围事项具有管辖权）裁决同一案件时，在不同共同体法持有不同价值追求的背景下，可能会导致解释和适用法的差异化，必然结果是判决结果的不一致。判决结果的不一致将会影响生效终审裁决的"既判力"，大大损害共同体法的至上性和权威性，不利于营造公平、公正、合理的区域司法环境。同时，《东共体条约》也尚未就管辖权竞合问题提供选择管辖权等解决方式，加剧了非洲大陆域内各司法机构间法律矛盾的复杂化，进一步破坏了整个非洲经济共同体法律体系的有效性。

第二，不利于促进成员国法院和东共体法院间良好纵向互动关系。从威斯特伐利亚体系确立国家主权原则到当前经济全球化带来的国际法多元化发展，国家主权平等、不干涉内政等国际法原则仍是发展中国家抗衡发

---

[1] Makau Mutua, "Human Rights NGOs in East Africa: Defining the Challenges," in *Human Rights NGOs in East Africa: Political and Normative Tensions*, Pennsylvania: Penn Press, 2008, p. 19.

达国家以"人的安全""人道主义干预"的非正义性借口干预其国内政治的国际法主张。① 由于受殖民历史、种族隔离、宗教文化等多重因素影响，非洲国家对人权的保护自 20 世纪 60 年代以来越发得到重视，在处理人权与政治（国家主权）的关系时也更趋于保守。肯尼亚前总统肯雅塔曾多次在公开场合表示肯尼亚宪法高于包括国际法和共同体法在内的任何法律，质疑东共体法院对成员国国内某一事务（大多同人权脱不开联系）在共同体层面管辖的合法性和必要性。基于东共体法院此后受理的数件有关人权案件的类型多为国内个人因政治斗争而转向东共体法院寻求区域司法救济的事实，有学者认为东共体法院的司法角色已从区域贸易争端解决机制逐渐转变为"处理国内政治利益矛盾的新场所"，② 对东共体未来将面临"东共体法内部人权问题宪政化与成员国外部关系碎片化"③ 的窘境表示担忧，强调这将对构建共同体和国家间的良好纵向互动关系施加消极影响。

## 三 极度宽松的个人出庭资格

经济一体化的实现与个人和非国家实体的积极参与息息相关。人员、货物、资本、服务的自由流动一方面促进了贸易和商业的发展，另一方面也引发了个人和非国家实体对自身法律权利的关注，特别是在东共体以市场为导向和以人为核心的一体化发展精神下，个人对自身法律权利的主张不可避免地涉及个人出庭资格的认定。《东共体条约》赋予个人极度宽松的出庭资格，主要体现在两个方面：一是个人直接的出庭资格，即个人无须证明其实际利益受到相关的损害；二是个人无须用尽当地救济，即个人

---

① 刘莲莲：《论国家海外利益保护机制的国际合法性：意义与路径》，《太平洋学报》2018年第 6 期，第 16～25 页。

② James Gathil, "Mission Creep or a Search for Relevance: The East African Court of Justice's Human Rights Strategy," *Duke Journal of Comparative and International Law*, Vol. 24, 2012, p. 249.

③ 廖济贞：《论尊重人权在欧盟法中的优先地位——兼析欧盟法院卡迪系列案》，《哈尔滨工业大学学报》（社会科学版）2011 年第 4 期，第 99～106 页。

以越过成员国国内法院提供的司法救济途径直接向东共体法院主张个人的权利。东共体独特的极端宽松的个人出庭资格对经济一体化带来何种影响？是否有利于构建个人与东共体间的积极互动关系？下面将逐一进行探讨分析。

（一）伦巴诉东共体秘书处和卢旺达司法部案件

2010 年 8 月 20 日到 2011 年 1 月 28 日期间，恩加博中校被卢旺达政府在没有正当理由的情况下拘留逮捕长达半年之久。在此期间，卢旺达政府并未将拘留逮捕原因正式通知恩加博中校的家属。由于恩加博中校是被"隐形"拘留，尚未进入法庭司法程序（即尚未被政府正式起诉），恩加博中校的家属无法申请保释。2011 年 11 月 8 日，原告伦巴女士（恩加博中校的妹妹）将卢旺达政府诉至东共体法院，主张如下：第一，恩加博中校未经卢旺达法院审判就被逮捕和拘留的行为侵犯了恩加博中校的人权；第二，卢旺达政府在未经调查审判的情况下就逮捕和拘留恩加博中校的做法，实际上违反了《东共体条约》第 6 条第 3 款和第 7 条第 2 款有关"良好治理"和"尊重和保护人权"的法律规定；第三，要求卢旺达政府无罪释放恩加博中校。[①]

（二）东共体法院对所涉案件的管辖权依据

第一，自然人和法人是东共体法院的诉讼主体，有权就涉及东共体法的事宜提请诉讼程序。东共体法院认为原告是东共体内的自然人，符合《东共体条约》第 27 条管辖权行使的对象范围。东共体法院对人权事项的管辖权持有谨慎态度，"在詹姆·卡塔巴案件后东共体理事会应组织各成员国缔结有关人权管辖权的议定书，但是目前尚未付诸实践。因此，东共

---

[①] 王婷：《东共体法院管辖权制度评析》，《国际经济法学刊》2021 年第 4 期，第 108～125 页。

体法院不能就有关侵犯人权的争端作出裁决"①。但是这并不意味着东共体法院放弃对人权保护的管辖权。与詹姆·卡塔巴案件的处理方式相同，东共体法院以卢旺达政府违反了《东共体条约》第 6 条第 3 款和第 7 条第 2 款有关"良好治理"和"人权保护"的法律规定为由，延伸东共体法院对人权的管辖权。同时根据上述条款的规定，东共体法院有权解释成员国是否根据《非洲人权和民族权宪章》对人权进行保护的事项。

第二，诉讼主体援引案件的诉讼时效符合东共体法请求权的时间规定，故不得排除东共体法院的诉讼管辖权。身份权上的请求权是基于人身权而发生的，因此在决定是否适用诉讼时效的问题上必须慎重。② 无论是英美法系还是大陆法系，对人身权受到侵害时的排除妨害请求权并不适用诉讼时效。世界各国界定人身权是否适用诉讼时效的标准是"这一身份权上的请求权是否以财产利益为内容，如果是则适用诉讼时效，否则不予适用"。东共体法院采取相似做法，认为东共体法规定的两个月的诉讼时效并不适用于人身权受到非财产利益的不法侵害而导致侵权行为的无限延期。③ 因为原告人身财产受到不法侵犯的原因之一是卢旺达法院拒绝提供司法救济，因此原告不适宜适用两个月的诉讼时效。此外，东共体法院还依据"尊重和保护人权"的一般法律原则和对自然人与法人提请的诉讼权享有管辖依据而依法审理此案。

第三，用尽当地司法救济程序不是援引东共体司法程序的前置条件。东共体法院对用尽当地救济原则是否作为个人援引东共体法院司法救济的前提依据的答复是否定的。与其他区域经济组织司法机构的做法不同，东

---

① 详情可见案件 *Katabazi & Ors.*, v. *Secretary General of East African Community & Anor.* ( Reference No. 1 of 2007) [2007] EACJ 3 ( 11 November, 2007) , https://africanlii. org/ea/judgment/east - african - court - justice/2007/3。

② 程啸、陈林：《论诉讼时效客体》，《法律科学（西北政法学院学报）》2000 年第 1 期，第 66 ~ 81 页。

③ 《东共体条约》第 30 条第 2 款规定："本条规定的程序应在条例、指令、决定或行动制定和发布之日起两个月内提起；或在没有被诉的情况下，申诉人获悉之日起两个月内提起。"

共体法院认为用尽当地救济原则并不是一个"岔道口条款",而是一个"非必要性条款"。通过援引《东共体条约》第 27 条有关管辖权的规定可知,条约并未明文规定用尽当地救济原则,故东共体法院认为东共体应本着司法公正的态度为个人提供属地管辖权保障。

(三)个人宽松的出庭资格对经济一体化进程的影响

东共体作为非洲大陆经济一体化发展程度最高的非洲区域经济组织之一,个人宽松的出庭资格的认定,为东共体吸引外部投资、鼓励私人开展市场活动等提供了制度优势,这也是东共体法律体系发展完善性的体现。相比南共体法院和东南非共同市场法院有关"个人必须用尽当地救济程序才可适用区域层面的司法救济程序"的规定,东共体法院的做法获得了非洲法研究学者的一致赞扬。从积极层面来看,第一,东共体法院"开放门户"的司法做法进一步扩大了个人和非国家实体的出庭资格自主权,在一定程度上平衡了东共体、成员国、个人间的关系权力状态,即鼓励个人在经济一体化发展进程中参与区域司法活动,无论是前期参与区域司法规则制定还是后期援引司法规则保障个人权利。东共体法院给予个人宽泛的出庭资格也为非洲国家间不愿意彼此提起诉讼的"隐形规则"提供了来自私人机制层面的监督,维护了《东共体条约》的法律原则,践行了《东共体条约》的法律价值。

第二,无须用尽当地救济的司法程序赋予个人灵活的司法能动性。不同于北美自贸区或欧盟将用尽当地救济原则视为可替代性与可选择性的条款(即"二选一"条款),东共体法院主张用尽当地救济原则为非强制性条款(即"非必要性"条款)。换言之,援引东共体法权利保护的个人无须考虑是否已使用加害成员国的法律救济手段或使用手段无效的情况,便可直接将加害成员国诉至东共体法院。用尽当地救济原则作为国际法上属地管辖权的体现,在不同的区域经济组织中存在差异化规定,在非洲大陆亦是如此。对用尽当地救济原则的理解主要是解释"用尽"一词的司法意义。"用尽"一词强调"管辖权的界定",指的是个人在成员国国内法院和区域经济组织法院中排除任一法院的管辖权。若将用尽当地救济作为东共体法院司法管辖的前置条件,成员国国内法院以属地管辖权为由排除区域层面对个人的司法救济手段,有可能产生成员国对投资者争端解决施加政治因素的影响。① 这将打击个人参与经济一体化建设的决心,也不符合区域经济组织预设的实现经济一体化的夙愿。

东共体法院主张"自由开放主义"的个人出庭资格所带来的弊端也不容忽视。首先,东共体法院作为解决贸易争端纠纷的司法机构,审理大量人权案件不仅会造成司法资源的过渡倾斜,影响自身司法管理职能,也会加剧非洲区域经济组织由于多成员身份重叠而复杂化的管辖权竞合现状。② 其次,个人无视国家的属地管辖权直接在东共体法院主张权利,会激发成员国国内法院对东共体法院"强行管辖"的敌对情绪,不利于东共体和国家间的良好互动关系。先行裁决程序和用尽当地救济原则是成员和共同体法律体系横向互动的积极方式,二者的法律适用体现了共同体对成员国(东道国)属地管辖权的司法尊重。③ 当地救济是一种事后补救手段,只有在适用的过程中或用尽后才能判断其有效与否。④ 宽松的个人出庭资格会造成对国家行为或失职结果判断的归责困难,东共体法又尚未明确用尽当地救济原则及其无效的方法,这种"一刀切"的、过于宽松的个人出庭资格认定将会增加国家责任的界定难度。考虑到发展中国家对司法主权的敏感因素,东共体法院对人权案件"开放门户"的方法让国家和共同体间的关系趋于紧张化。

---

① 殷敏:《用尽当地救济原则在区域贸易协定中的适用》,《上海对外经贸大学学报》2016年第1期,第55~66页。

② 朱伟东、王婷:《非洲区域经济组织成员身份重叠现象与消解路径》,《西亚非洲》2020年第1期,第108~125页。

③ 王婷:《东共体法院管辖权制度评析》,《国际经济法学刊》2021年第4期,第108~125页。

④ 邹立刚:《试论国际法上的用尽当地救济规则》,《法学研究》1994年第5期,第60~70页。

# 第四节　东共体法院管辖权对东非经济一体化的影响

东共体法院是区域经济一体化利益攸关方的司法保护者，它的独立司法职能是确保构建一个稳定的、健全的区域营商环境的基础。东共体在处理复杂的内外部关系网络时需要通过一个强有力的法院解决各行为体间在关系互动过程中所产生的争端，监督各经济一体化主体切实有效地履行《东共体条约》。争端的有效司法解决不仅是加速经济一体化发展的一个重要层面，更是提高成员国遵守共同体条约义务的觉悟，为区域贸易的增长注入商业信心。[①]

## 一　提供区域内贸易争端的可选择性司法救济

东共体成立的目标是推动东部非洲国家间通过建立自由贸易区、关税同盟、共同市场、货币联盟、政治联盟，逐步实现最终的经济一体化。成员国和在区域内进行经济活动的个人必然会产生诸多经济贸易纠纷。东共体法院的成立为当事人提供了更为便捷的司法救济途径。肯尼思认为，发展中国家采用结果决定论处理经济一体化进程中产生的争端，"当争端当事方被迫笨拙地摸索如何解决冲突时，很可能会依直觉选择那个最能推进彼此各自利益的过程"。[②] 当成员国将利益作为解决冲突的思维导向时，每一个争端当事方都会"诉诸一种增加有利于其自身利益的

---

[①] 〔加纳〕理查德·弗林蓬·奥蓬：《非洲经济一体化的法律问题》，朱伟东译，社会科学文献出版社，2018，第118页。

[②] P. Kenneth Kiplagat, "Dispute Recognition and Dispute Se lement in Integration Processes: COMESA Experience," *Northwestern Journal of International Law and Busines*, Vol. 15, 1995, pp. 437 – 490.

决策可能性的过程"。① 因此，解决争端的司法方式应满足降低双方的交易成本的需求，东共体法院为争端当事方提供了较低成本的、可选择的司法补救路径。

基于经济利益成本和法律资源成本考虑，许多国际学者和非洲本土学者开始呼吁东共体利益攸关方更多地选择东共体法院作为解决经济贸易争端的司法机构。一方面，通过鼓励成员国和个人选择东共体法院作为一种司法救济路径，逐步建立东共体法院的权威性。② 东共体法院主法官伊曼纽尔博士于 2018 年在乌干达举办的"法官、律师和律师协会研讨会"上曾说："在东共体经济一体化的发展进程中，必须要求经济一体化参与者加强与东共体法院的联系和合作……法院未来的发展和司法效率的提高将主要取决于它与其他利益攸关者的关系，因此我们应鼓励经济一体化参与者积极使用东共体法院的司法程序。"③

另一方面，相比于将争端提交至国际投资争端解决中心等其他域外司法补救机制，诉至东共体法院更符合交易成本定律。④ 就法律人员优势而言，东共体法院的法官均是来自各成员国国内法院的法官或公法专家，他们具备良好的法律背景，更擅长处理在东共体内发生的涉及东共体法的经

---

① Colloquy, "Alternative Dispute Resolution in International Trade and Business," *Journal of African Law*, Vol. 40, 1988, pp. 225 – 247.

② Karen J. Alter, James T. Gathii and Laurence R. Helfer, "Backlash Against International Courts in West, East and Southern Africa: Causes and Consequences," *The European Journal of International Law*, Vol. 27, 2016, pp. 293 – 328; Ally Possi, "An Appraisal of the Functioning and Effectiveness of the East African Court of Justice," *The European Journal of International Law*, Vol. 21, 2018, pp. 89 – 99.

③ EAC Press Releases, "EACJ President Calls Upon the Stakeholders to Strengthen Their Cooperation Relationship with the Court" (June 2018), https://www. eac. int/press – releases/1125 – eacj – president – calls – upon – the – stakeholders – to – strengthen – their – cooperation – relationship – with – the – court.

④ Mihreteab Tsighe Taye, "The Role of the East African Court of Justice in the Advancement of Human Rights: Reflections on the Creation and Practice of the Court," *Legal Studies Research Paper Series in University of Copenhagen Faculty of Law* (Stempber 2019), https://papers. ssrn. com/sol3/Delivery. cfm/SSRN_ID3333688_code2440818. pdf?abstractid = 3289079& mirid = 1.

济贸易纠纷。此外，由于非洲国家的法律与欧美国家的法律背景不同，选择非洲本土的律师更符合当事人的实际法律需求。就节省经济成本的优势而言，非洲本土的区域司法机构的司法费用相较西方司法机构的费用低得多，同时还可以减少当事人不必要的差旅费、交通费、食宿费等额外贸易开支，有效地满足了当事人追求经济利益的诉求。[①]

## 二 加速东非法律协调化和统一化的司法步伐

非洲国家存在普通法、大陆法、罗马－荷兰法、习惯法、伊斯兰法、基督教法、印度教法等不同法律文化和法律体系背景，[②] 因此造成在同个区域经济组织内不同成员国的法律体系迥异。法律制度的不同增加了交易成本，区域内投资集中流向法律制度良好的国家，进一步拉大成员国间吸纳投资流向的差距。[③] 东共体第一次解体就是很好的例子。有学者认为法律协调化是非洲经济一体化的一个重要推动因素，应引起非洲区域经济组织的重视。[④]

法律协调化和统一化需要依赖东共体法院这一司法路径。东共体法院发展成为成员国国内法院的"上诉法院"，将东共体法院的管辖权延伸至来自成员国国内法院的民事和刑事判决。这一举措得以实现的前提是扩大

---

① Mihreteab Tsighe Taye, "The Role of the East African Court of Justice in the Advancement of Human Rights: Reflections on the Creation and Practice of the Court," *Legal Studies Research Paper Series in University of Copenhagen Faculty of Law* ( Stempber 2019 ) , https://papers. ssrn. com/sol3/Delivery. cfm/SSRN_ID3333688_code2440818. pdf?abstractid = 3289079& mirid = 1.

② 洪永红等：《非洲法导论》，湖南人民出版社，2005，第 69 页。

③ S. Fitzke, "The Treaty for East African Cooperation: Can East African Successfully Revive One of Africa's Most Infamous Economic Groupings?" *Minnesota Journal of Global Trade*, Vol. 127, 1999, p. 281.

④ Johannes Döveling, Hamudi I. Majamba, Richard Frimpong Oppong, Ulrike Wanitzek, *Harmonisation of Laws in the East African Community*, Chicago: AllAfrican Press, 2018, p. 74.

东共体法院现有的管辖权范围，排除成员国对东共体法院的管辖权保留。①
东共体法院的前身东非上诉法院为东非法律协调化发展作出了积极表率。
早在殖民时期，东非上诉法院就受理了来自东部非洲和西部非洲英属殖民
地法院的判决，并作为上述两个殖民地法院的上诉法院。《东共体条约》
第 27 条第 2 款规定，"成员国应在后续的日子里制定相关的协定以扩大东
共体法院的管辖权范围"，表明起码在制定目标上东共体愿意积极利用东
共体法院推动东非法律的协调化发展。东共体法院若可以发展为审理来自
成员国国内法院民事和刑事判决的上诉法院，则可为法律的协调化发展提
供一个"共同法理"的司法平台，协调国内法院对相关法律问题的判决。
所带来的积极效果是，法律的协调化则可在共同体内逐步推进，早日实现
创建一个有利于统一的、促进贸易发展的共同体法律制度框架。

## 三　促进各利益攸关方构建积极的区域司法互动关系

区域共同体应妥善处理好成员国、个人以及共同体三者间的互动关
系，调动各利益攸关方参与一体化建设的积极性。② 东共体法院法官强调：
"由于法律的重要性，区域经济一体化需要法治链中的所有成员国的良好合
作，也需要法官、律师、公务员、学者、企业和个人积极与东共体开展司法
互动。我们都必须为此作出贡献，才能使东共体法成为切实可行的法律现
实。"③ 东共体法院与个人的互动关系最直接的体现是东共体法院延伸其管辖
权至人权领域。有学者认为东共体法院为个人创设权利，特别是对人权的保

---

① 〔加纳〕理查德·弗林蓬·奥蓬：《非洲经济一体化的法律问题》，朱伟东译，社会科学
文献出版社，2018，第 100 页。

② 〔加纳〕理查德·弗林蓬·奥蓬：《非洲经济一体化的法律问题》，朱伟东译，社会科学
文献出版社，2018，第 100 页。

③ EAC Press Releases, "East African Legal Legal Aid Regional Network Conference Underway in
Nairobi"( December 2016), https://www.eac.int/press-releases/153-legal-judicial-affairs/
1280-east-african-legal-aid-regional-network-conference-underway-in-nairobi.

护是东共体法院司法能动性的主要体现。① 虽然《东共体条约》并没有明确规定东共体法院对人权实质问题拥有管辖权，但是东共体法院以《东共体条约》第5条规定的"基本原则"为由，认为东共体法院并不会因为自身对人权缺乏管辖权而排除对人权案件的审理。通过东共体法院发展人权案例法，东共体法院法官为东共体经济一体化的发展创建了一条区域法律大道，成员国国内的个人可以就《东共体条约》赋予的人权等权利在共同体层面寻求有效的公正司法救济。东共体法院此举被认为是对经济一体化进程的宝贵贡献。②

此外，东共体法院正在其职权范围内努力改善与成员国的互动关系。第一，东共体法院的咨询管辖权为成员国和东共体法院的良好互动提供了直接路径。第二，东共体法院积极与成员国国内司法机构协商并创建在成员国国内的次登记处。③ 这样一方面可以节约诉讼当事人的法律成本，另一方面有利于成员国国内法院加深对东共体法的了解，鼓励成员国将东共体法视为成员国各自司法的一部分。④ 第三，先行裁决程序构建东共体法院和成员国国内法院间的良性互动。在设立次登记处后，东共体希望鼓励成员国国内法院根据《东共体条约》第34条的规定，充分利用先行裁决程序，将需要裁决的法律问题提交给东共体法院。这一举动将加速成员国法律的协调进程，避免解释和适用《东共体条约》的重复结果和不一致工作。⑤

---

① Caroline Nalule, "Defining the Scope of Free Movement of Citizens in the East African Community: The East African Court of Justice and Its Interpretive Approach," *Journal of African Law*, Vol. 62, 2018, pp. 1 – 24.

② James Gathil, "Mission Crcepora Search for Relevance: The East African Court of Justice's Human Rights Strategy, "*Duke Journal of Comparative and International Law*, Vol. 24, 2012, p. 249.

③ EAC Press Releases, "East African Community New Year Message"( October 2013), http: //eac. int/ index. php?option = com_content&view = article&id = 1455: amb – dr – richard – seziberas – new – year – message – &catid = 146: press – releases&Itemid = 194.

④ Harold Reginald Nsekela, "The Role of the East African Court of Justice in the Integration Process" ( April 2016), http: //repository. eac. int/123456789/264.

⑤ Ally Possi, "An Appraisal of the Functioning and Effectiveness of the East African Court of Justice, "*The European Journal of International Law*, Vol. 21, 2018, pp. 89 – 99.

# 第五节　小结

东共体作为区域经济组织在实现《东共体条约》的目标和宗旨时，离不开东共体司法机构的法律监督和司法补救职能。东共体法院作为个人和成员国从事经济一体化活动的司法保障者，在运行其职能时需要与个人和成员国国内法院创建良好的互动关系。因此，本章主要从东共体法院与个人、成员国国内法院的关系入手，分析东共体法院制度是否有效地调整了其与成员国和个人的关系，东共体法院是否发挥了其作为区域经济组织法院的司法能动性。

东共体法院的积极运作对经济一体化发展有着极其重要的作用。首先，东共体法院的成立为当事方提供了更为便捷的司法救济路径。在东共体内产生贸易纠纷的当事方诉至东共体法院更具便捷性和经济性。同时，东共体法院在推进东共体法律协调化和统一化发展方面发挥了重要的作用。若东共体法院可以发展为成员国国内法院的"上诉法院"，则可为法律的协调化发展提供一个"共同法理"的司法平台，协调国内法院对相关法律问题的判决，在共同体内逐步实现法律的协调化。再者，区域经济一体化需要法治链中的所有成员国间的良好合作，也需要法官、律师、公务员、学者、企业和个人积极与东共体创设司法互动关系。东共体法院与个人和成员国国内法院的互动使东共体法成为被实际运用的法律文本。

东共体法院处理其与成员国国内法院和个人关系问题各有利弊。从东共体法院与成员国国内法院的关系来看，积极的一面体现在"先行裁决"的设计与使用上，说明东共体立法者看到东共体法院和成员国国内法院在共同体层面进行司法互动的重要性，特别是在维护东共体法的至上性方面。但是在实际运用过程中，成员国国内法院较少地使用该程序，也进一步说明成员国国内法院在处理有关东共体法事宜方面的被动性。安阳勇案件更是说明了东共体法地位的脆弱性，成员国对主权的绝对伸张是东共体今后机制运行过程中的一大难题。

从东共体法院与个人的关系来看，积极的一面体现在《东共体条约》对东共体法院管辖权的宽泛设计为东共体法院充分发挥其司法职能创造了条件，特别是赋予个人无须用尽当地救济的宽松的出庭资格。宽松的个人出庭资格对经济一体化发展也具有积极的作用。个人和非国家实体拥有上诉权利可以改善国家间不愿意彼此起诉的现状。此外，当成员国国内法院的拖延或拒绝司法造成个人权利无法伸张时，东共体法院的管辖进一步创建了吸引外部投资的法律制度框架，鼓励个人等经济一体化主体积极参与经济一体化活动。但是东共体法院延伸的人权管辖权在一定程度上造成了东共体法院资源的浪费和司法重心的偏移，特别是在成员国普遍将人权问题视为国家内政的情况下，东共体法院延伸的人权管辖权势必对东共体和国家间良好关系产生消极影响。因此，在未来东共体法院发展的道路上，应注意东共体法院的过度司法主动性导致自身运作的被动性。

# 第四章

# 东共体法律的适用对东非经济一体化的影响

经济一体化的实现很大程度上需要依赖共同体法在成员国国内的有效实施。在经济一体化发展进程中，"调整其活动的规范和成员国国内法律之间的关系对经济一体化的发展至关重要"。[1] 共同体法的有效实施能够在共同体、成员国、个人之间搭建法律桥梁。2019 年非洲大陆自贸区的正式启动，是非洲经济一体化发展的里程碑。但是非洲各区域经济组织仍面临着共同体法实施效力不佳的情况，这与共同体法的法律地位和效力强度有很大关系。作为非盟承认的 8 个经济一体化支柱之一的东共体面临同样挑战。东共体法在国内实施的效果很大一部分取决于成员国对共同体法的态度。影响成员国对共同体法态度的因素有很多，包括不同的法律文化背景（特别是对国际法"一元论"和"二元论"的不同态度）、国家主权与共同体法关系的差异化认知、成员国国内缺乏实施共同体法的机构等问题。本章将论述东共体内成员国对待国际法和国内法关系的不同法律文化背景，具体结合成员国在国内适用东共体法的相关案例，分析东共体法律适用制度在处理成员国和共同体关系时是否符合经济一体化的发展诉求。

---

[1] Akiwumi, *Judicial Aspects of Economic Integration Treaties in Africa in Hague Academy of International Law: Legal Aspects of Economic Integration Colloquium*, Leiden: A. W. Sijthoff Press, 1972, p. 79.

# 第一节　东共体成员国国内法与国际法的关系

法律制度与经济一体化之间的关系理论阐述了共同体须具备调整好其内部关系的法律制度，其中考察调整共同体和成员国的互动关系的法律制度是否完善主要是查看东共体法在成员国国内是否得到了有效的适用。需要指出的是，东共体在处理与成员国的互动关系时，必定会涉及有关国际法和国内法的关系，这是东共体法在成员国国内具体适用的前提。本节具体阐述非洲国际法发展的大环境，分析东共体成员国对国际法和国内法关系的态度及相关的法律实践。

## 一　非洲国际法与国内法的关系发展

### （一）国际法和国内法的关系学说

国际法和国内法的关系是国际法研究领域的一个复杂问题，涉及二者法律效力等级高低及法律适用先后等判定。目前国际法学界对国际法和国内法的关系分为三种主流学说。持"一元论"观点的国际法学者内部又分为国际法优先或国内法优先两个分支。"一元论"将国际法和国内法归入一个统一的法律体系中，主要的分歧在于国际法和国内法的法律效力等级次序问题。换句话说，就是判定当国内法和国际法发生法律适用冲突时何者为先的观点差异。以德国国际法学家耶利内可为代表的、持有国内法优先的"一元论"观点深受黑格尔"国家之上"观点的影响，带有强烈的强权思想，主张国内法效力高于国际法。① 以规范学派

---

① 梁西主编《国际法》，武汉大学出版社，2000，第14页。

国际法学家凯尔逊为代表的、持有国际法优先的"一元论"观点深受古典自然法学说的影响，强调法律的统一性而否认国家意志造法的存在，主张国际法效力高于国内法。[1]

德国特里佩尔在 1895 年出版的《国际法与国内法》一书中最先提出国际法"二元论"观点。不同于"一元论"的看法，他认为国际法和国内法是两个平行的法律体系，不存在谁高谁低的法律效力等级问题。"二元论"从法律调整对象、法律渊源和法律效力等方面强调国际法和国内法的诸多不同之处，认为不可将二者划分进一个从属关系中。国际法在国际层面适用，国内法在国内层面适用，二者互不相关。除非国家宪法明确规定国际法在国内的适用，否则国际法不可适用于国内。相比于"一元论"而言，"二元论"虽然看到了国际法和国内法的差异，但是割裂了国际法和国内法的互动关系。太过于绝对化的区分难以全面阐明实际的法律现象以及国家与国内法两者所特有的复杂关系。[2]

中国著名国际法研究学者梁西先生主张通过"国际法与国内法内在联系论"来看待国际法和国内法的关系。[3] 顾名思义，在强调国际法和国内法的关系时，不仅仅要看到国际法和国内法的"对立"，更要注重二者间的互动"统一"关系。首先，国家是参与制定国际法的主体，又是国内法的制定者。国家能接受的国际法规范与国内法规范有着千丝万缕的联系。其次，国际事务和国内事务间的联系不可独立隔开，其在国际和国内两个层面相互联系。从纵向关系来看，国内法制定在先，国际法制定在后。国际法制在一定程度上沿袭了国内法制的特点。从横向关系来看，国家间频繁的国际交往、个人在国内和国际社会频繁的往来使得国际社会和国内社会的关系越发密切，国际法和国内法的关系更为复杂化。非洲国际法学者

---

① 梁西主编《国际法》，武汉大学出版社，2000，第 15 页。
② 《国际公法学》编写组编《国际公法学》，高等教育出版社，2018，第 34 页。
③ 梁西主编《国际法》，武汉大学出版社，2000，第 17 页。

马利拉和皮特强调不可孤立看待国际法和国内法。[1] 国际法上的人权法、国际经济法、国际环境法等都为个人创设了国际法权利，国际社会上并没有一个强制机制保障国际法的执行，导致国际上的个人权利可能无法实现，则这时就需要依赖国内法的法律执行机制对国际法赋予个人的权利予以有效执行。[2]

笔者认为国际法和国内法存在天然联系，不可将二者割裂对立看待。应在"对立"和"统一"中寻求国际法和国内法的积极互动，特别是考虑到经济全球化的发展趋势，个人跨越国家在国际和区域层面进行经贸合作时，更需要国际法的权利保障和国内法的配套执行措施以落实对个人法律权利的保护，更好地刺激和鼓励个人积极参与经济一体化进程。非洲国家应看到国际法和国内法的互动关系所带来的积极影响，对国际法秉持友善态度，这将有利于区域经济组织实现经济一体化的目标。

（二）非洲国际法的概念和两大特点

非洲国际法的发展可以追溯到非洲后殖民时期。[3] 非洲国家多样化的法律文化背景和殖民历史遗留问题影响着非洲国家处理国际法和国内法关系，特别是在 20 世纪 70 年代前后非洲国家掀起的宪政改革，修订的宪法强调了对人权领域的关注，也对有关人权的国际法在国内的适用产生了法律影响。[4] 随着民族国家建构参与国际机制互动的需要，非洲国家对国际

---

[1] Tiyanjana Maluwa, "International Law—Making in the Organization of African Unity: An Overview," *Jounral of African Law*, Vol. 49, 2002, pp. 81 – 103; Peter Mutharika, "The Role of International Law in the Twenty – First Century: An African Perspective," *Journal of Commonwealth Law Bulletin*, Vol. 21, 1995, pp. 983 – 992.

[2] Andre Stemmet, "The Influence of Recent Constitutional Developments in South Africa on the Relationship Between International Law and Municipal Law," *Jounral of African Law*, 1999, pp. 121 – 163.

[3] Gerrit Ferreira, "Legal Comparison, Municipal Law and Public International Law: Terminological Confusion?" *Comparative and International Law Journal of Southern Africa*, Vol. 46, 2013, pp. 337 – 364.

[4] 朱伟东：《国际法与非洲国家国内法的关系》，《西亚非洲》2005 年第 5 期，第 64 ~ 69 页。

法的敌对和抗拒态度正逐步让位于参与国际法的积极态度。① 非洲著名国际法学者马利拉这么评论道："非洲现在正逐渐朝着国际法友好（international law – friendly）趋势发展。"② 至此，非洲国际法已经出现了。③ 中国学者李伯军将非洲国际法界定为："仅仅适用于非洲这个特定区域的国际法，即产生并适用于非洲这个区域的国家间彼此关系（即非洲国际关系）的国际法原则和规则的总称。"④ 非洲国际法强调的是具有非洲特色的区域性国际法。非洲国际法本质上是区域国际法中的具体表现形式。⑤

非洲国际法区别于美洲国际法和全球范围国际法，是具有非洲本土特色的区域性国际法。非洲国际法的特点主要体现在以下两点。一是非洲国家普遍直接适用尚未并入（unincorporated treaty）国内法的有关人权领域的国际法。普通法系非洲国家适用国际法需要国内立法机构采用立法程序将国际条约并入国内法律体系。但是综观非洲各国法院裁决实践，尽管有关国际人权的条约尚未并入该国国内法且国内宪法对国内法院适用国际法进行裁决尚未予以规定的情况下，国内法院还是直接依赖尚未并入的国际人权条约在国内层面进行裁决。例如博茨瓦纳法院审理的道歌诉国家司法部的案件中，虽然博茨瓦纳法官在法庭上强调博茨瓦纳只签署了《非洲统一组织非歧视条约》且尚未批准该条约在国内的适用，但是法院在裁决时

① Tiyanjana Maluwa, "The Incorporation of International Law and Its Interpretational Role in Municipal Legal Systems in Africa: An Exploratory Survey," *South African Yearbook of International Law*, Vol. 23, 1998, pp. 45 – 58.

② Tiyanjana Maluwa, *International Law in Post—Colonial Africa*, London: Springer Press, 1999, p. 89; Onkemetse Tshosa, "The Status of International Law in Namibian National Law: A Critical Appraisal of the Constitutional Strategy," *Journal of Namibia Law*, Vol. 2, 2010, pp. 234 – 251.

③ Onyekachi Duru, "International Law Versus Municipal Law: A Case Study of Six African Countries; Three of Which are Monist and Three of Which are Dualist," *Journal of Comparative Law* (September 2011), https://papers. ssrn. com/sol3/papers. cfm?abstract_id = 2142977.

④ Onyekachi Duru, "International Law Versus Municipal Law: A Case Study of Six African Countries; Three of Which are Monist and Three of Which are Dualist," *Journal of Comparative Law* (September 2011), https://papers. ssrn. com/sol3/papers. cfm?abstract_id = 2142977.

⑤ 李伯军：《非洲国际法初探》，《西亚非洲》2006 年第 2 期，第 67 ~ 70 页。

还是支持了该条约对人权保护的效力主张。① 博茨瓦纳上诉法庭最高法官也强调了适用未并入国内法律体系的国际人权条约给予个人权利保护。在加纳，新爱国党诉总警司案件中，菲利浦法官是这么表述的："虽然加纳并未通过具体的立法程序给予《非洲人权和民族权宪章》以国内法律的效力，但这并不意味着国内法庭庭审时不可根据该宪章的规定予以判案。"② 南非和尼日利亚等国家法院在处理案件时也采用上述类似的做法，将尚未通过国内立法程序并入国内法律体系的国际人权条约作为法院裁判的依据之一。就法律赋予个人权利而言，赋予个人权利的未并入国内法律体系的国际条约在国内层面尚不存在法律效力。非洲国家宪法也并未就国内法院适用国际法进行裁决予以相关规定，但是非洲国家法院适用尚未并入国内法律体系的国际人权条约并将其作为裁决的考虑因素，体现了国内执法机构对国际法的友好态度。③

二是非洲国际法正向"国际法友好"趋势发展，主要体现在"国际法友好"的宪法规定，特别是在英属非洲，目前似乎存在一种抛弃"避免国际法并入宪法"的趋势。④ 1990 年《纳米比亚宪法》开启了非洲国家"国际法友好"的宪法大门。⑤《纳米比亚宪法》第 144 条规定："除非议会法

---

① Richard Frimpong Oppong, "Re-Imaging International Law: An Examination of Recent Trends in the Reception of International Law into National Legal Systems in Africa," *Fordham International Law Journal*, Vol. 30, 2006, pp. 296 – 345.

② Neville Botha, Michele Olivier, "Ten Years of International Law in South African Courts: Reviewing the Past and Assessing the Future," *South African Yearbook of International Law*, Vol. 29, 2004, p. 77.

③ Yuval Shany, "How Supreme Is Supreme Law of the Land? Comparative Analysis of the Influence of International Human Rights Treaties upon the Interpretation of Constitutional Texts by Domestic Courts," *Brooking Journal*, Vol. 341, 2006, pp. 376 – 389.

④ Richard Frimpong Oppong, "Re-Imaging International Law: An Examination of Recent Trends in the Reception of International Law into National Legal Systems in Africa," *Journal of Fordham International Law*, Vol. 30, 2006, pp. 296 – 345.

⑤ Tiyanjana Maluwa, "The Incorporation of International Law and Its Interpretational Role in Municipal Legal Systems in Africa: An Exploratory Survey," *South African Yearbook of International Law*, Vol. 23, 1998, pp. 45 – 58.

案另有规定，否则国际公法和纳米比亚签署的国际条约自动成为纳米比亚宪法的一部分，在纳米比亚自始拥有法律效力。"1992 年《多哥宪法》第 11 条规定："在国际法律体系中拥有法律效力的国际公法及其基本原则是多哥法律体系的一部分。国际法和多哥签署的国际条约在国内直接适用。"但是无论是纳米比亚宪法还是多哥宪法，非洲国家在 1996 年以前的宪法中均排除了作为国际法重要分支国际习惯法在国内适用的情况。1996 年《南非宪法》强调国际习惯法作为国际法在国内得到适用的先例，进一步开启了国际法和国内法友好互动关系的新大门。南非宪法通过法律条文明确规定国际习惯法在国内的直接适用，解决了非洲国家关于国际习惯法是以并入还是以转化的方式成为国内法的一部分的争议。① 南非将国际法纳入国内法及其法院的司法判例的做法，体现了新的民主政权对国际法的重视。② 不过，还是存在不少国家在强调国际法和国内法的适用时带有"主权至上"思维。例如 1994 年《马拉维宪法》第 11 条规定："国际习惯法，除了和议会法案或宪法不一致的情况外，在国内直接适用且成为马拉维法律的一部分。"《肯尼亚宪法》的规定也和《马拉维宪法》的规定相似。虽然马拉维和肯尼亚在国际法和国内法发生冲突时还是强调国内宪法的至上性，但是相比前殖民时期对国际法的完全排斥态度，可以说目前非洲国家还是朝着国际法友好发展的趋势迈进的。奥鹏指出，目前非洲向新国际法转向的标志是给予国际法高于国内法的法律效力和适用地位，承认国际法的至上性以及国际法在国内法律体系中的直接适用性，将逐渐形成有利于经济一体化发展的非洲国际法大环境。③

---

① Richard Frimpong Oppong, "Re-Imaging International Law: An Examination of Recent Trends in the Reception of International Law into National Legal Systems in Africa," *Journal of Fordham International Law*, Vol. 30, 2006, pp. 296 – 345.

② 贺鉴:《普通法系与大陆法系对非洲国家适用国际法的影响之比较》,《外国法制史研究》2009 年第 2 期，第 54 ~ 59 页。

③ Richard Frimpong Oppong, "Re-Imaging International Law: An Examination of Recent Trends in the Reception of International Law into National Legal Systems in Africa," *Journal of Fordham International Law*, Vol. 30, 2006, pp. 296 – 345.

（三）关于国际法和国内法关系的非洲国家实践

非洲国家法律体系主要分为普通法系和大陆法系，这是西方殖民统治遗留的产物。英法两国在非洲殖民时将自身法律制度带到了非洲，随着20世纪60年代非洲国家逐渐成立主权国家，非洲国家在继续沿用前殖民宗主国的法律体系的基础上，根据本国习惯法发展出带有非洲本土特色的法律体系。① 因此，在看待国际法在非洲国家的实践问题上主要是查看国际法在非洲普通法系和大陆法系国家的不同适用方式。普通法系一直影响着非洲英联邦国家的国际法国内适用方式，主要的面向群体是原英属非洲殖民地。大陆法系一直影响原法属非洲殖民地，主要影响还波及原德属非洲殖民地、原葡属非洲殖民地和原西属非洲殖民地等。②

普通法系在处理国际法和国内法的关系问题时主要依据所涉及的国际法是国际条约法还是国际习惯法。英国法院一贯主张国际习惯法自始是英国国内法的一部分，无须并入程序，直接在国内具有法律效力。英国著名法学家布莱克是这么评论的："国际法是英国国内法的一部分。"③ 但是，在处理国际条约法方面，英国法院认为联合王国在国际层面所缔结的国际条约不是国内法的一部分，在国内并不直接具有效力，除非英国议会采用立法程序并入国际条约使其成为国内法。需要注意的是，虽然国际条约在英国国内并不直接生效，但是英国法院主张英国国内无意做出与国际法相违背的行为。原英属非洲殖民地也遵循英国的做法，例如加纳和乌干达认为国际习惯法自始是国内法的一部分，无须通过国内"转化"程序而被赋予法律效力。南非区分国际习惯法和国际条约法在国内的适用，即对国际习惯法采用"纳入"的方式，对国际条约法采用"转化"的方式。东共体

---

① Allott, *Judicial and Legal Systems in Africa( Butterwort'hs African Law Series)*, London: Butterworths, 1962, p. 220.

② 何勤华、洪永红主编《非洲法律发达史》，法律出版社，2006，第121页。

③ William Blackstone, *Commentaries on the Law of England*, Chicago: University of Chicago Press, 1709, p. 67.

六个成员国①中，除了卢旺达和布隆迪（比利时大陆法）外，② 其他均是非洲英联邦国家。非洲英联邦国家在处理国际法与国内法关系问题时采取的是普通法系的做法。

大陆法系国家对国际法的态度较普通法系而言更为友好。大陆法系以法国为例，对国际习惯法采取直接"纳入"的方式，并规定国际习惯法的效力等级高于国内宪法，充分尊重了国际法的至上性。在解释法律方面，法国议会认为无意挑战国际法权威或逃避法国在国际条约规定下的国际义务。③ 比利时、德国和葡萄牙也拥有类似立法。非洲大陆法系国家在处理国际习惯法在国内的适用和效力等级时均采取同法国一致的做法。④ 关于有关国际条约在大陆法系国家内的适用，相比英国，法国的做法更值得提倡。虽然大陆法系国家采用"转化"的方式适用国际法并在本国宪法中就国际条约在国内适用增加适当的条款限制，但是在承认国际条约和国内法效力等级方面更倾向于承认国际法的至上性，即当国际条约和国内法产生冲突时，法国和西班牙宪法规定，国家在国际交往中通过正式程序缔结的国际条约相较于国内法具有更高法律效力等级。在关于国际条约法和国内法关系的问题上，非洲大陆法系国家几乎照搬法国的做法。国际法学者罗切尔将非洲大陆法系国家对该问题的规定总结为以下统一范本，即"以国家名义缔结的国际条约或协议自其签署生效之日起，便具有超越国内法律的效力；条约签订双方要本着互惠互利原则共同自觉遵守条约或协议中的

---

① 因本书写作时，刚果（金）还未加入东共体，因此本章所述法律适用内容不包含刚果（金）。

② 1994 年前的卢旺达法律是比利时大陆法，但是现在卢旺达正在进行法律改革，其法律传统将从大陆法转型为普通法。现有卢旺达的法律制度是融合比利时大陆法和英国普通法的混合法律制度。〔美〕克莱尔·莫尔·迪克森编《非洲统一商法：普通法视角中的OHADA》，朱伟东译，中国政法大学出版社，2014，第 27 页。

③ 贺鉴：《普通法系与大陆法系对非洲国家适用国际法的影响之比较》，《外国法制史研究》2009 年第 2 期，第 54~59 页。

④ 贺鉴：《普通法系与大陆法系对非洲国家适用国际法的影响之比较》，《外国法制史研究》2009 年第 2 期，第 54~59 页。

法律规定"。

## 二　东共体成员国对待国内法与国际法关系的态度

宪法可以作为考察成员国国内法和国际法关系的出发点。我国著名非洲法研究学者朱伟东教授在考察非洲国家国际法和国内法的纳入关系时，主张将非洲国家宪法分为两大类，一类是将国际法总体纳入国内法的国家，以南非、津巴布韦和马拉维为代表，这些非洲国家主张国际法在国内的法律效力。另一类除了刚果（金）和埃塞俄比亚外，全是原法属非洲殖民地国家。这些非洲国家采纳了法国模式。[①] 朱伟东教授指出，除了南非、津巴布韦和马拉维，没有一个原英属非洲殖民地国家的宪法明确规定了国际法（包括国际条约法和国际习惯法）的地位与作用。[②] 主要原因是部分原英属非洲殖民地国家有意避免国际法的宪法纳入，在处理国际法和国内法的关系问题上，更倾向于以从英国判例法中发展而来的普通法的方式处理。[③]

非洲国家的宪法反映了国际法"一元论"和"二元论"的观点。虽然非洲正朝着"国际法友好"趋势发展，但是部分原英属非洲殖民地国家对国际法的态度不是很乐观。东共体成员国肯尼亚、乌干达是原英属非洲殖民地，对待国际法和国内法的关系持"二元论"态度，认为国际法在国内不具有效力，除非通过国内的立法程序（议会法案）给予国际法效力。[④] 以乌干达为例，《乌干达宪法》第 123 条有关"执行条约、公约和协定"

---

[①] 朱伟东：《国际法在非洲国家国内法中的地位和作用》，《时代法学》2004 年第 6 期，第 99～105 页。

[②] 朱伟东：《国际法与非洲国家国内法的关系》，《西亚非洲》2005 年第 5 期，第 64～69 页。

[③] 朱伟东：《国际法与非洲国家国内法的关系》，《西亚非洲》2005 年第 5 期，第 64～69 页。

[④] 这些非洲国家除了肯尼亚和乌干达外，还有加纳（该国宪法第 75 条）、南非（该国宪法第 231 条）、马拉维（该国宪法第 211 条）、尼日利亚（该国宪法第 12 条）、津巴布韦（该国宪法第 111 条）、斯威士兰（该国宪法第 238 条）、纳米比亚（该国宪法第 32 条和第 63 条）、塞舌尔（该国宪法第 64 条）。

的条款规定："（一）总统或总统授权的代表，可就任何事项在乌干达与任何其他国家或与任何国际组织或机构之间订立条约、公约、协定；（二）议会应根据本条第 1 款规定签订的条约、公约或协定制定相关法律。"《乌干达宪法》尚未就东共体法在国内的适用予以明确规定，也未赋予东共体法区别于其他国际法的特殊地位。基于"二元论"的观点，乌干达对国际法的态度较卢旺达和布隆迪而言，就显得不是那么友好了，特别是《乌干达宪法》第 2 条有关"法律至上性"的规定："（一）宪法是乌干达国内最高的法律，对所有乌干达人民和权力机构具有法律约束力；（二）若任何与乌干达宪法不一致的法律或习惯法，优先适用乌干达宪法，且与宪法不一致的任何法律或习惯法自始无效。"乌干达认为国内宪法优先于任何法律，其中自然包括被纳入国内法律体系的国际法，以及尚未被纳入的共同体法。因此，东共体法在乌干达国内的适用呈现消极趋势。尤其是在乌干达主张绝对的"国家宪法至上性"的前提下，即使是被并入国内法的东共体法（已成为国内法的一部分）仍面临着宪法高于所纳入的东共体法的尴尬局面，限制了东共体法在国内的法律效力。这一局面也是《乌干达宪法》并未给予东共体法区别于其他国际法的特殊地位的必然结果。换句话说，国内化后的东共体法法律等级和效力实际上让步于国内宪法，国内化后的东共体法丧失了其作为共同体法的实际意义。

肯尼亚也是"二元论"观点的拥护者。肯尼亚对国际法的态度虽然没有卢旺达和布隆迪积极，但相比乌干达有过之而无不及。《肯尼亚宪法》第 2 条规定："（一）肯尼亚宪法是肯尼亚的最高法律，对肯尼亚人民和所有政府机构具有最高效力；（二）除经本宪法授权外，任何人不得主张或行使国家权利；（三）本宪法的有效性和合法性不受任何法院或其他国家机关质疑；（四）任何与本宪法不一致的法律（包括习惯法）均无效，任何违反本宪法的行为或不作为均无效；（五）国际法的基本原则是肯尼亚法律的一部分；（六）肯尼亚批准的条约或协定是肯尼亚宪法法律的一部分。"虽然肯尼亚在宪法中强调了国际法的精神，但是批准后并入国内法的国际法仍不具备特殊性，即当并入的国际法和国内法发生冲突时，国内宪法至上。肯尼亚此举和乌干达有相似之处，由于缺乏对东共体法特殊地位的界定，东共体法在国内适用"名存实亡"。[①]

南苏丹是原英属非洲殖民地，对国际法持有"二元论"态度。与乌干达和肯尼亚不同，南苏丹在其宪法中并未详细规定国际条约或国际协定等国际法在国内的具体批准和适用。虽然国内宪法并未提及国际法的纳入问题，但这并不等同于国家在处理国际法和国内法的关系上排除考虑国际法。[②] 无论是大陆法系还是普通法系，在有关推定的法律解释上，法院都会认为议会无意作出违反国际法的行为，对立法的解释也会尽可能地与国际法保持一致。考虑到非洲各国宪法对国际人权法的重视，日后会越发频繁地援引这种推定法律解释的方法。《南苏丹宪法》中提及国际法更多偏向于对人权领域权利的保护，以及对国际和区域层面实现经济一体化合作的承诺。《南苏丹宪法》第 146 条有关"委员会的职能"第 9 款的规定提及国际法，主要针对的是人权保护领域。[③] 该规定如下："监测各级政府遵守南苏丹共和国批准的各项国际和区域人权条约和公约的情况。"《南苏丹宪法》第 43 条有关"外国事务"的规定："（一）促进国际合作，特别是在联合国、非洲联盟和其他国际和区域组织内的合作，巩固和平与安全，尊重国际法以及条约义务，维护公正的世界经济秩序；（二）在既有的区域计划内实现非洲经济一体化，在这个框架下促进非洲经济一体化的发展和合作；（三）在区域和国际层面增进对人权和基本自由的尊重；（四）推动不同文明对话，建立以正义和人类共同命运为基础的国际秩序；（五）尊

---

[①] 本书第三章所分析的安阳勇案件更好地说明了肯尼亚在对待共同体法和国内宪法之间的冲突持有消极态度。

[②] 朱伟东：《国际法与非洲国家国内法的关系》，《西亚非洲》2005 年第 5 期，第 64～69 页。

[③] 作者以关键词为检索，查看南苏丹的宪法对"国际法""国际组织""东共体"等关键词的解释和重视程度。《南苏丹宪法》中有 6 处提到了"国际法"（第 11 条、第 20 条、第 21 条、第 56 条、第 60 条和第 83 条），2 处提到了"国际组织"（第 20 条和第 87 条），0 处提及了"东共体"或"东共体法"。

重国际法和国际条约义务，寻求通过谈判、调解、和解、仲裁和裁决和平解决国际争端；（六）加强本区域各国间的经济合作；（七）不干涉其他国家的内政事务，促进与所有邻国的睦邻友好和相互合作，与其他国家保持友好和平的关系；（八）打击跨国有组织犯罪、海盗和恐怖主义。"南苏丹在其宪法中强调对经济一体化建设的重视，这对南苏丹配合东共体落实区域经济一体化议题有来自宪法的推动作用。南苏丹在宪法层面强调东共体的重要性，此举是东共体其他成员国须借鉴的积极一面。但是《南苏丹宪法》第3条第1款规定："本宪法的权威来自人民的意志，是国家的最高法律。它对全国一切个人、机构、机关和政府机关具有约束力。"该规定并未明确规定国际法在国内的适用，也未规定国际法与宪法冲突的法律等级效力。因此这就让人产生疑问：南苏丹对经济一体化的承诺是否只停留在表面？当东共体法与国内法发生冲突时，南苏丹是否会重申绝对主权原则而忽视其宪法第43条的承诺？南苏丹在不清楚东共体法在国内适用的情况下如何落实宪法规定的"配合东共体落实经济一体化目标"的承诺？诸如此类的问题给东共体法在南苏丹的适用施加了不确定性影响。

原法属、德属、比属非洲殖民地国家采用国际法"一元论"，以东共体成员国卢旺达（《卢旺达宪法》第190条）为例，模仿1958年《法国宪法》第55条的规定进行宪法修正。① 一般而言，大陆法系国家在宪法中趋向于规定国际条约或国际协定经批准或同意后，自公布之日起具有高于国内立法的法律效力。国际条约或国际协定一经签署并批准便立即生效，在国内法律等级中占据比国内法律更高的地位。《卢旺达宪法》第5部分有关"国际条约或协定"的规定（《卢旺达宪法》第189条至第192条）充

---

① 除了卢旺达，非洲国家还有布基纳法索（该国宪法第151条）、喀麦隆（该国宪法第45条）、马里（该国宪法第116条）、贝宁（该国宪法第147条）、阿尔及利亚（该国宪法第132条）、中非共同体（该国宪法第72条）、乍得（该国宪法第222条）、科摩罗（该国宪法第18条）、刚果（金）（该国宪法第215条）、刚果（布）（该国宪法第185条）、马达加斯加（该国宪法第82条）、毛里求斯（该国宪法第80条）、塞内加尔（该国宪法第98条）。

分显示了卢旺达"一元论"的国际法友好态度。《卢旺达宪法》第 189 条规定："和平的国际条约、商事条约、国际组织条约以及涉及法律和自然人的修改条款均只能通过议会批准。"第 190 条规定："根据法律规定，批准或同意的国际条约和协定自其公布之日起具有高于国内立法的效力，除国际条约和协定一方当事人不遵守的情况外。"第 192 条规定："如果最高法院，根据本宪法第 145 条第 4 款的规定，裁定国际条约包含不符合本宪法的规定，授权批准该条约或协议无法生效直至修改宪法。"根据《卢旺达宪法》的相关规定可以推断出，虽然《卢旺达宪法》尚未规定东共体法的适用，但是在对待有关国际条约在国内适用的问题上，卢旺达遵循大陆法系国家的做法，采用直接适用原则。从国际法友好态度方面看，《东共体条约》作为卢旺达签署的区域经济组织条约，批准后在卢旺达国内具有法律效力并直接适用。① 对于《东共体条约》中与《卢旺达宪法》相冲突的规定，卢旺达主张"无意推翻东共体法规定"的态度值得东共体其他成员国借鉴，这为创建国家和东共体的良好互动奠定了基础。不过卢旺达同上述两个成员国一样，同样存在缺乏给予东共体法区别于其他国际条约的特殊地位，为东共体法在成员国国内的适用效力埋下了矛盾的种子。

除此之外，还有些非洲国家对"一元论"和"二元论"采取混合的观点，以东共体成员国布隆迪（《布隆迪宪法》第 292 条）为例。② 《布隆迪宪法》第 4 章有关国际条约和国际协定的规定（从《布隆迪宪法》第 289

---

① 笔者以"国际法"为关键词搜索，《卢旺达宪法》只有 2 处提及《国际法》。《卢旺达宪法》第 28 条规定，"本宪法将根据国际法赋予儿童权利保护"；第 20 条规定，"（一）对于在作为或不作为时不构成国内法或国际法罪行的作为或不作为，任何人都不应受到惩罚；（二）任何人都不得受到比罪行发生时法律所适用的刑罚更重的刑罚"。《卢旺达宪法》一方面强调国际法赋予个人的权利和义务，另一方面对东共体法在国内的适用尚未提及。同时，相比南苏丹在宪法中强调本国对经济一体化的承诺，卢旺达至少在宪法文本规定层面尚未对东共体经济一体化建设表示重视。

② 除布隆迪外，对国际法和国内法关系采取混合态度的非洲国家还包括：佛得角（该宪法第 11 条）、埃塞俄比亚（该国宪法第 9 条）、加蓬（该国宪法第 114 条）、纳米比亚（该国宪法第 144 条）。详情可见〔加纳〕理查德·弗林蓬·奥蓬《非洲经济一体化的法律问题》，朱伟东译，社会科学文献出版社，2018，第 100、108 页。

条至第296条）反映了布隆迪对国际法和国内法关系持有混合态度。《布隆迪宪法》第290条规定："关于和平安全的条约、商事条约、国际组织条约、国内金融条约，以及涉及立法性质和自然人的修订条款均需要通过批准后才可在国内生效。"《布隆迪宪法》第292条关于国际条约或协定在国内生效的规定再一次强调了国内立法程序批准的必要性。该条规定："国际条约只有在被批准后才可生效；在双边条约中条约签署方可对相关事宜予以保留；多边条约在实现了条约有关生效条件的特殊规定后方可生效。"从上述条约的规定中可以看出，布隆迪在对待国际法和国内法的关系时采用"二元论"观点，东共体法在布隆迪国内经批准后生效。《布隆迪宪法》第296条的规定似乎也在强调布隆迪对国际法的友好态度。该条规定："由布隆迪总统、国会领袖、参议院领袖和四分之一的国会议员将有关国际条约事宜提交给宪法法院，若宪法法院宣称该国际条约的内容与布隆迪宪法相反，只有在修正宪法后才能批准该国际条约在国内适用。"从该条来看，布隆迪强调国内宪法和国际条约保持规定一致的积极国际法态度。值得肯定的是，布隆迪并非一味主张国内宪法的至上性，这为东共体法在布隆迪国内的适用创造了积极条件。[①] 但是该规定存在局限性，这种有条件的适用有可能受到国内政治因素影响而导致适用无效。同时，布隆迪和上述国家一样，都尚未区别东共体法与其他国际条约，未来东共体法在成员国国内的适用同样面临潜在矛盾。

坦桑尼亚是原英属非洲殖民地，采用"二元论"观点。但是坦桑尼亚与其他东共体成员国不同，特殊性体现在《坦桑尼亚宪法》并未提及国际条约和国际协定在国内的相关适用。《坦桑尼亚宪法》第63条第3款规定："议会审议和批准坦桑尼亚已加入的所有条约和协定。"坦桑尼亚此条规定让人疑惑，即议会批准后的国际条约或协定是在国内直接适用，还是

---

① 笔者以"国际法"为关键词搜索，《布隆迪宪法》只有2处提及"国际法"。《布隆迪宪法》第296条和有关国际法的规定，都在强调布隆迪政府对国际法和国际条约的义务遵守，也存在并未明文规定国际法和国内法的关系问题。

需要国内立法程序进一步予以规定？与宪法相冲突的东共体法在国内是否具有适用效力？由于《坦桑尼亚宪法》对上述问题并未作出详细规定和解释，这就造成东共体法在坦桑尼亚国内适用的不确定性。

## 三　国家主权原则对东共体成员国国内法与国际法关系的影响

约瑟夫·奈认为，除了意识形态的不同和利益间的冲突是阻碍经济一体化发展的原因外，主权问题也是一个不可忽视的影响变量。[①] 对于建立新规则的非洲国家而言，特别是在刚结束殖民统治的历史背景下，要想让渡国家权利以实现地区间合作是不太现实的。如果未来地区发展是成功的，那么国家愿意让渡部分主权，但是东共体未来的发展存在诸多不确定性因素，这就降低了国家让渡主权的意愿。[②] 东共体早期内部组织结构、基础设施配备、法律框架等均处于不完善阶段，造成了成员国经济一体化利益分配不均。成员国不愿意创建一个彼此依赖的、拥有一定自治权的东共体。例如，乌干达不愿意完全依赖肯尼亚入海口至乌干达境内的铁路运输路线，因此乌干达将投资更多地倾向与刚果（布）和苏丹的运输合作等。成员国对主权让渡的敏感性假设依赖政治环境的变化而变化。[③] 早期东共体的发展环境面临着经济领域、行政领域和政治领域的诸多问题，进一步加剧了东共体发展的脆弱性。那么，东共体于 1977 年解体的事实也就不足为奇了。

虽然有部分非洲国家（例如几内亚和加纳等）在 20 世纪 60 年代初探寻民族国家建构的过程中制定的宪法曾规定让渡部分国家主权以加强经济一体化进程，但包括东共体成员国在内的大多数非洲国家对主权让渡问题

---

① Joseph S. Nye, "East African Economic Integration," *Journal of Modern African Studies*, Vol. 1, 1963, pp. 475 – 502.

② Joseph S. Nye, "East African Economic Integration," *Journal of Modern African Studies*, Vol. 1, 1963, pp. 475 – 502.

③ Joseph S. Nye, "East African Economic Integration," *Journal of Modern African Studies*, Vol. 1, 1963, pp. 475 – 502.

仍较为排斥。① 非洲民族主义或国家主义对主权的绝对伸张是影响非洲地区合作的重要因素，成为非洲一体化发展在制度建设和实践活动中难以逾越的政治障碍。② 自 20 世纪 60 年代以来，非洲国家在探寻民族国家建构的道路上面临着诸多问题，特别是先国家后民族的国家建构次序错乱导致非洲国家政府对主权极度敏感。③ 20 世纪 90 年代经济全球化浪潮席卷而来，非洲国家追求区域经济一体化合作的诉求更加迫切，东共体成员国也不例外。即使是以国际经济利益为发展导向的区域合作，非洲国家仍对涉及本国主权事宜持敏感态度。

绝对主权主义的态度对国际法和国内法关系的影响主要体现在东共体法至上性的不明确规定。无论是 1967 年成立的《东部非洲合作条约》还是

---

① Egon Schwelb, "The Republican Constitution of Ghana," *The American Journal of Comparative Law*, Vol. 9, 1960, pp. 634 – 656.

② 罗建波：《非洲一体化进程中的国家主权问题：困境与出路》，《西亚非洲》2007 年第 6 期，第 63 ~ 80 页。

③ 笔者认为造成上述现象的原因有两点。一是乌干达、肯尼亚、坦桑尼亚等非洲年轻国家对主权的重视是出于政治统治的需要，即非洲年轻国家在建国之初面临着巩固年轻政权统治的需要。"先国家后民族"的国家建构次序混乱一方面导致乌干达、肯尼亚、坦桑尼亚普遍缺乏国家认同感和本国各族人民对国家的归属感；另一方面国内各竞争性的政治团体与对抗性的族群政党往往不能共同制定并持续追求国家的长期发展战略目标。这时候对主权的绝对维护是克服国家面临的结构性和观念性障碍的主要因素之一。非洲民族国家在很大程度上是殖民统治的产物，与欧洲等其他地区存在一点很大的不同是作为上层建筑的现代国家政治运作具有特殊作用。政治运作既有促进一体化发展的一面，也有阻碍一体化发展的一面。由于巩固国家政权的需要，非洲国家坚持绝对主权原则而不愿意将部分主权让渡给自己创建的区域经济组织，在落实区域一体化措施方面存在阻碍性影响。从东共体在第一次成立的《东部非洲合作条约》中强调"要充分尊重非洲国家的主权原则和领土完整"的规定中可以看出，非洲国家在早期追求经济一体化建设过程中对主权的重视以及对主权让渡问题较为敏感。其他非洲国家在区域经济组织中也表明了捍卫主权的原则，这构成了 20 世纪 60 年代初非洲国家追求区域合作"心照不宣"的做法。二是非洲国家为追求国家利益最大化而拒绝给予区域经济组织超国家性的权力。以早期东共体的解体为例，由于东共体内各成员国生产产品的同质性高，经济结构模式化程度严重，且早期的东共体没有就一体化成果的利益分配进行合理规定，导致肯尼亚基于较好的基础设施环境和相对发展较好的经济基础，在区域内贸易获利远远大于乌干达和坦桑尼亚。成员国在成立东共体时的发展诉求是为了规避经济风险，提高本国经济的发展水平。但是由于缺乏协调机制和相关规定，经济基础较弱的乌干达和坦桑尼亚的经济负担变得更重，最终的结果是东共体在 1977 年走向了解体。

1999 年成立的《东共体条约》，在条约内容上都并未像《欧共体条约》一样明确规定国内法和国际法的关系，即没有明确给予东共体法高于国内宪法的法律效力和地位。有学者在《东共体条约》起草时建议应给予东共体法优于国内宪法的法律效力以保障东共体法的至上性。[1] 遗憾的是，该条建议并未被成员国采纳。笔者认为造成上述现象的原因主要有以下两点：第一，国家以追求本国利益最大化为基础开展区域合作，担心拥有绝对自治权的东共体在未来实施集体一体化议题时会做出损害国家利益的行为；第二，由于东共体机构自身存在许多机制弊端，降低了国家对其的信任度。2006 年安阳勇案件后，成员国修改《东共体条约》以限制东共体法院对成员国的管辖权的做法更是反映了成员国对主权的敏感及处理国际法和国内法关系的消极态度。有学者批评成员国的做法，认为"利用国家主权抗衡共同体的方式，势必会引发共同体法的效力脆弱性"。[2] 综上，成员国主权让渡问题成为影响东共体未来发展成高度自治的区域经济组织（类似欧盟）的一个重要因素。

## 第二节　东共体法在成员国国内的法律地位

国际法学者们就影响经济一体化发展的法律障碍达成共识，认为区域经济共同体缺乏执行区域经济一体化政策的强有力机制是最主要的障碍之一。[3] 那么如何评定共同体"强有力"的特性呢？奥多认为，判断一个成功的区域经济组织或共同体是否具备强有力的执行机制，关键要看其如何

---

[1]　Lawrence Meir Friedman, "Legal Culture and Social Development," *Law and Society Review*, Vol. 25, 1969, p. 234.

[2]　Anne Pieter van der Mei, "Regional Integration: The Contribution of the Court of Justice of the East African Community," *Duke Journal of Comparative and International Law*, Vol. 18, 2009, p. 398.

[3]　Nsongurua J. Udombana, "A Harmony or a Cacophony? The Music of Integration in the African Union Treaty and the New Partnership for Africa's Development," *Journal of Mckinney Law*, Vol. 27, 2002, p. 49.

协调共同体法和国内法的关系。① 奥蓬在其著作《非洲经济一体化的法律问题》一书中更是强调了协调共同体法和国内法关系的重要性。他指出经济一体化的一个主要挑战在于如何确保共同体法在成员国国内得到有效实施，而经济一体化的有效性很大程度上取决于调整经济一体化关系的区域经济组织法律在成员国国内被接受和实施的方式。② 只要确保共同体法的至上性，共同体法才能在成员国国内得到有效实施。③ 因此，在考察完东共体成员国对待国际法和国内法关系的态度以及非洲国际法发展趋势的大环境后，还应聚焦东共体法在成员国国内实施的共同体法律基础，包括东共体法的至上性、直接效力性和直接适用性的规定。本节结合《东共体条约》的具体条文规定以及东共体法院的司法态度分析东共体法的法律地位，厘清东共体是否具备类似欧盟的"强有力"的执行机制特征，东共体法的法律地位能否调整好东共体与成员国间的关系，目前东共体是否在区域内构建了一个有利于区域贸易发展的有效的法律制度框架等问题。

## 一 东共体法的至上性

共同体自治是协调共同体与成员国以及其他国际组织关系的核心，特别是在经济一体化发展的较成熟阶段（这里指的是共同市场以上的一体化阶段），个人参与经济一体化进程较为频繁，一个自治的共同体可以提供一个不受共同体外其他机构"宪法干涉"的环境。有学者将此称为"解释

---

① Maurice Oudor, "Resolving Trade Disputes in Africa: Choosing between Multilateralism and Regionalism: The Case of COMESA and WTO," *Comparative and International Law Journal of Southern Africa*, Vol. 13, 2005, p. 184.

② 〔加纳〕理查德·弗林蓬·奥蓬：《非洲经济一体化的法律问题》，朱伟东译，社会科学文献出版社，2018，第95页。

③ 〔加纳〕理查德·弗林蓬·奥蓬：《非洲经济一体化的法律问题》，朱伟东译，社会科学文献出版社，2018，第96页。

的自治性"，强调自治的共同体对其宪法性原则和法律规则享有排他的、唯一的宪法解释权。① 解释的自治性是确保共同体法院在解释和适用东共体法时的唯一性，提前避免东共体法和其他法律规则的冲突和不一致。② 共同体的法律地位是审查共同体自治性的一个重要方面，即如何评定共同体的法律地位或东共体法是否具有至上性特点。一般情况下，通过考察共同体创立条约的相关法律规定或共同体法院从判例发展出的法理以确定共同体法的法律地位。

《东共体条约》并未就东共体法的至上性作出明确条文规定，娜奥米认为从创立条约的规定中可推断出东共体法具有至上性的特点。《东共体条约》第 8 条第 4 款和第 5 款规定："东共体法应优先于成员国国内与本法规定的相似的（similar）任何事项的立法；根据本条第 4 款，成员国需要采用必要的法律文书，确保东共体法在成员国国内的优先适用。"东共体法具有优先适用效力对经济一体化目标的实现具有积极影响，因为东共体法的至上性确保了东共体法在成员国国内的绝对优先适用，也保证了东共体法适用的一致性和有效性。这是创建一个有利于商业决策发展、安全、稳定的法律框架的重要保障。③ 2019 年联合国非洲经济委员会发布的《非洲区域一体化发展报告》也赞扬了东共体法律框架设置的积极作用，这是非洲其他区域经济组织不具备的法律优势。④

笔者在赞同上述观点的同时，认为东共体法具有优先适用性绝不等同

---

① 〔以色列〕尤瓦·沙尼：《国际法院与法庭的竞合管辖权》，韩秀丽译，法律出版社，2012，第 182 页。

② Yuval Shany, "No Longer a Weak Department of Power? Reflections on the Emergence of a New International Judiciary," *European Journal of International Law*, Vol. 73, 2009, p. 76.

③ Naomi Gichuki, "Analysis of the Approximation of Commercial Laws in Kenya under the East African Community Common Market Protocol" ( August 2018), http://www. tgcl. uni – bayreuth. de/resources/documents/TGCL – Series – 5 – Table – of – Contents. pdf.

④ 联合国非洲经济委员会发布的《2019 年非洲区域一体化发展报告》，第 66 页。http://archive. uneca. ovg/sites/default/files/Publication Files/aril – report 2019 – fin – r39 _ 21may 20. pdf。

于认定东共体法具有绝对至上性，即对东共体法至上性的判断仍存在矛盾。根据《东共体条约》第 8 条第 4 款和第 5 款的规定，"相似的"这一限定词对东共体法的至上性制造了问题，特别是此条规定导致下列问题判定的模糊性。一是当成员国国内尚未就某个具体问题予以宪法规定时，如何判定东共体法和国内宪法就该问题的适用效力等级？二是难道东共体一直和成员国就相似问题存在矛盾冲突吗？若东共体法和国内宪法就关乎共同体利益的非相似问题产生法律适用冲突，东共体法是否仍可得到优先适用？对比欧盟法的至上性规定而言，虽然《欧共体条约》中也没有关于欧盟法的绝对至上性的法律依据支持，但是欧盟法院通过自创的"全新的法律秩序"概念演绎出对欧盟法的最高效力认定。[①] 根据欧盟法院的观点，欧盟法具有绝对至上性，强调与欧盟法相冲突的成员国宪法的法律效力让步于欧盟法和欧盟的解释自治权，体现在欧盟法院是解释和适用欧盟法的唯一司法机构，对共同体事项具有排他的、唯一的管辖权，共同体法的效力只能根据共同体法来判断，即欧盟法不仅具有最高效力，而且成员国宪法与欧盟法发生冲突时，欧盟法优先适用。但是参考《东共体条约》的相关规定，对东共体法绝对至上性的认定仍存在较大局限性和模糊性。

## 二　东共体法的直接适用性

直接适用性保留了共同体法在成员国国内法律体系中的独特地位。国际法通过国内立法程序被"纳入"，成为国内法的一部分，实际上就将国际法国内化了。国际法在国际层面具备的优势在并入国内法律体系后便"不复存在"。在安阳勇案件中，肯尼亚法院认为东共体法被"纳入"肯尼

---

① 李靖堃：《议会法令至上还是欧共体法至上？——试析英国议会主权原则与欧共体法最高效力原则之间的冲突》，《欧洲研究》2006 年第 5 期，第 76~90 页。

亚国内法后自然成为国内法的一部分，考虑到《肯尼亚宪法》在国内的至上性以及后法优于前法的法律规范冲突解决规则，可推定两种情景：一是与《肯尼亚宪法》相冲突的东共体法（已是国内法的一部分）无效；二是在东共体法成为国内法的一部分后，新订立的肯尼亚法律与东共体法产生法律规范冲突，适用后法优于前法的解释规则而使东共体法在国内适用无效。这就造成东共体法在国内化后反而丧失了其在区域层面的独特性，破坏了东共体和成员国间的纵向关系。这种情况不仅阻碍了东共体法的统一适用，也导致了东共体法在国内适用的无效性。虽然《建立东共体关税同盟议定书》第 39 条规定，"共同体关税法应统一适用于整个关税同盟，包括各成员国"，但是考虑到东共体法在国内化后丧失其独特性的现实，利用后法优于前法的法律规范冲突解决规则或将导致东共体关税法在各成员国国内适用的不统一，阻碍东共体创建统一的关税法律政策。虽然《东共体条约》的立法者似乎注意到要保持东共体法国内化的独特地位，在第 8 条第 4 款中就解决东共体法与国内法的冲突方面规定了东共体法"优先适用"的原则，相比于《南共体条约》《东南非共同市场条约》《西共体条约》等其他区域经济组织创建的条约，《东共体条约》强调东共体法的优先适用性的做法值得赞扬，[①] 但是正如笔者上述提及的，该条"相似性"的相关规定认定存在矛盾，且东共体法院缺乏对共同体法的唯一性、排他性的、明确的专属管辖权规定。综上，东共体法在国内适用仍存在法律层面的不确定性。

共同体法的直接适用性原则体现了共同体法无须国内立法程序介入即可直接成为国内法律体系的一部分。欧盟法规定了共同体法的直接适用性，但是非洲没有一个区域经济共同体明文规定共同体法的直接适用。[②]

---

① 朱伟东、王婷：《非洲区域经济组织成员身份重叠现象与消解路径》，《西亚非洲》2020 年第 1 期，第 96～117 页。

② 〔加纳〕理查德·弗林蓬·奥蓬：《非洲经济一体化的法律问题》，朱伟东译，社会科学文献出版社，2018，第 78 页。

虽然非洲国际法学家在起草区域经济组织条约时建议赋予共同体法直接适用性，但是事实却不容乐观。共同体法的立法者主张通过国内立法程序给予共同体法在国内适用的效力。此举一方面是基于国际法和国内法关系的"二元论"法律文化背景的考虑，另一方面是基于对国家主权敏感的考量，拒绝给予共同体法高于国内宪法的法律地位。《东共体条约》第14条第5款规定："根据本条第4款的规定，各成员国承诺制定必要的法律文书，使共同体法在相似问题领域的适用优先于国内法。"一方面，东共体法在国内的适用依赖于国内立法程序；另一方面，东共体法只是在与成员国有矛盾的相似问题领域才具有优先适用性。这就让人疑惑：东共体法是否就不同问题领域也存在优先适用的特性呢？

虽然非洲区域经济组织的共同体法尚未明文规定共同体法的直接适用，但有学者认为仍可以将条约中的一些规定解释为暗含共同体法直接适用性的规定。[①] 例如《东共体条约》第14条第5款规定："理事会应使其根据本条约制定或作出的所有规章和指示在其宪报上公布；除另有规定外，上述规定或指示自公布之日起生效。"可惜的是，这些法律规定强调的仍然是在国际层面而非国内层面赋予共同体法直接适用性。主要表现是《东共体条约》的规定均为"在共同体的宪报或公报上"，而非"在国内官方宪报或公报上"。东共体法缺乏直接适用性的规定，转向依靠国内立法程序才能在国内适用的现状，是东非经济一体化进程缓慢的法律阻碍之一。[②] 成员国可能受到国内政治因素的影响，延迟或拒绝通过国内立法程序适用东共体法。个人为国内法律权利的受益方，共同体法赋予个人的权利保护可能会因国内政治因素干预而无法实现，此举不利于鼓励个人积极参与经济一体化活动。

---

① 〔加纳〕理查德·弗林蓬·奥蓬：《非洲经济一体化的法律问题》，朱伟东译，社会科学文献出版社，2018，第167页。

② Steve Kayizzi, Mugerwa, John C. Anyanwu, Pedro Conceição, "Regional Integration in Africa: An Introduction," *African Development Review*, Vol. 26, 2014, pp. 413 – 427.

## 三　东共体法的直接效力性

与非洲大陆外其他成功的区域经济组织相比，非洲区域经济组织共同体法存在共性：均尚未明文规定共同体法的直接效力。共同体法具有直接效力可为个人创设在国内直接援引共同体法的权利。从《东共体条约》第152条可知，《东共体条约》并未直接规定东共体法的直接效力性。该条有关"东共体条约生效"的规定如下："东共体条约在成员国批准并在秘书处提交法律文书后方才生效。"东共体法能否在成员国国内生效取决于成员国的国内立法程序是否予以批准且进行明文规定。换句话说，东共体成员国批准《东共体条约》后，《东共体条约》随即在共同体层面生效，但是在国内层面仍然不具有法律效力，"除非各成员国议会予以批准"。①

但是，不同于其他非洲区域经济组织，《东共体条约》以及东共体法院的实践判例中似乎存在诸多可以推定东共体法具有直接效力性的原则。第一，在《东共体条约》有关"先行裁决"程序的安排中似乎暗藏着"东共体法具有直接效力性"的假设：个人可以在国内援引共同体法的规定，国内法院就共同体法的解释和适用请求东共体法院作出先行裁决。东共体立法者制定"先行裁决"程序的深层逻辑肯定了东共体法具有直接效力性。若东共体法不具有直接效力性，则会与该条的设计产生悖论。② 第二，从东共体法院声称的司法权威性主张（judicial dicta）来看，东共体法暗藏着直接效力性原则。在东共体法院受理的多起案件中，东共体法院不止一次主张个人出庭前无须举证其权利受到不法侵犯。只要东共体法赋予

①　John Eudes Ruhangisa, "The Scope, Nature and Effect of EAC Law," *The Legal Framework of the EAC*, Netherlands: Nijhoff Press, 2017, p. 365.

②　〔加纳〕理查德·弗林蓬·奥蓬：《非洲经济一体化的法律问题》，朱伟东译，社会科学文献出版社，2018，第176页。

个人的权利遭到了实际侵犯，个人即可采用诉至东共体法院这一司法路径。对于有关事宜违反或侵犯《东共体条约》的合理理解足以使东共体内的个人具备在东共体法院出庭的法律资格。① 詹姆斯把东共体的这一做法称为"司法权威性主张"。② 因为直接效力性决定了共同体法在国内法律体系中是否创造出执行力，共同体法具有直接效力性的体现在于它能够给予个人在国内层面援引共同体法的权利。③ 个人可以根据《东共体条约》赋予的权利直接在国内层面提起诉讼，这种宽泛的个人出庭资格不失为东共体法直接效力性的体现。第三，虽然《东共体条约》没有明文规定东共体法的直接效力性，但是东共体立法者还是在该条约中阐明了东共体法在成员国国内的法律效力。《东共体条约》第 8 条第 2 款规定："各成员国在签署《东共体条约》后的 12 个月内应制定国内的相关立法以确保东共体法在国内生效，特别是（一）赋予东共体法律效力和法律人格以执行其职能；（二）赋予东共体发布的条例、指令和决定在东共体区域内以法律效力。"根据本条规定，东共体成员国需要采取相应的国内立法程序以保证东共体法在成员国国内的法律效力。例如，肯尼亚 2003 年通过国内立法程序颁布了《东共体法令》以赋予东共体法在肯尼亚国内适用的法律效力；④乌干达 2002 年通过国内立法程序颁布了《东共体法令》以赋予东共体法在乌干达国内适用的法律效力；⑤ 坦桑尼亚 2001 年通过国内立法程序颁布

---

① James Otieno – Odek, "Law of Regional Integration—A Case Study of the East African Community" (October 2018), http://erepository. uonbi. ac. ke/bitstream/handle/11295/105756/Makaka _ Regional%20Integration%20In%20Africa%20 - %20A%20False%20Promise%20The%20Case %20Study%20Of%20The%20East%20African%20Community. pdf?sequence = 1&isAllowed = y.

② James Otieno – Odek, "Law of Regional Integration—A Case Study of the East African Community" (October 2018), http://erepository. uonbi. ac. ke/bitstream/handle/11295/105756/Makaka _ Regional%20Integration%20In%20Africa%20 - %20A%20False%20Promise%20The%20Case %20Study%20Of%20The%20East%20African%20Community. pdf?sequence = 1&isAllowed = y.

③ Elvis Mbembe Binda, *The Legal Framework of the EAC*, Netherlands: Nijhoff Press, 2017, p. 54.

④ 肯尼亚 2003 年《东共体法令》第 2 条第 2 款。

⑤ 乌干达 2002 年《东共体法令》第 3 条第 1 款。

《东共体法令》给予东共体法在坦桑尼亚国内适用的法律效力。①

# 第三节　东共体法在成员国国内的具体适用

东共体法作为调整经济一体化活动的法律制度，也是实行共同体政策的一个重要工具。但是，文本上的法律规定是一回事，在法律运用中东共体法的实际效力是否发挥作用又是另外一回事。除了《东共体条约》中规定了东共体法的效力，东共体法的有效性还体现在成员国对东共体法国内化的具体实践。本节结合具体案例分析东共体法在成员国国内具体适用的效力表现。

## 一　东共体法在乌干达国内的具体适用

### （一）穆候子诉乌干达总检察长案件②

原告穆候子于 2011 年 4 月 13 日从肯尼亚乘坐肯尼亚航空的飞机前往乌干达旅游。此次共有 14 人一同前往，随行人员包括担任不同职位的肯尼亚国籍法官。在乌干达机场准备入境时，穆候子虽然持有移民护照，但被乌干达机场移民局拒绝入境且扣留。随后，乌干达移民局出具了一份《遣返禁止人员通知》将穆候子遣返回肯尼亚。在遣返过程中，乌干达移民局并未告知穆候子被遣返的原因，并声称根据乌干达法律，乌干达移民局不承担任何告知被遣返回国人员遣返理由的法律义务。此后，穆候子（原告）将乌干达政府诉至东共体法院，认为乌干达移民局的做

---

① 坦桑尼亚 2001 年《东共体法令》第 1 条第 2 款。
② 详情可见案例 *Mohochi v. A. G. of Republic of Uganda & Anor.* （Reference No. 5 of 2011）〔2018〕 EACJ 8 （24 May 2013）, https：//africanlii. org/sites/default/files/2013. 05. 17 _ Mohochi_v_Atty_Gen_Uganda. pdf。

法违反了《东共体条约》第 104 条和《非洲人权和民族权宪章》第 7 条。[①]

### （二）东共体法院和乌干达的观点

原告主张，虽然《东共体条约》和《东共体共同市场议定书》承认乌干达行使主权的权利，但是这种权利的行使必须是在东共体法的限制下且是合理的。根据《东共体条约》第 104 条，东共体成员国承诺保证在东共体内实现人员、劳动、服务、资本的自由流动。[②] 乌干达政府的做法与《东共体条约》的规定不符。

乌干达政府驳斥原告观点，主张"主权是一个独立国家最高的政治自治权，因此乌干达政府的主权并不附属于东共体"[③]。同时，《东共体共同市场议定书》第 7 条第 3 款规定，"在确保对人员的保护时应符合成员国国内法的规定"，以及议定书第 7 条第 9 款规定，"该议定书的实施需和该议定书的附件——《有关人员自由流动条例》的规定相一致"。议定书第 5 条强调需要根据成员国国内法确定个人在成员国国内的流动问题，乌干达移民局的做法符合《乌干达宪法》的规定。因此，乌干达政府认为乌干达移民局的行为符合《乌干达宪法》和《东共体条约》的规定，不构成对原告合法权利的侵害。

东共体法院在处理上述问题时持有谨慎态度，认为本案需关注两个问题：一是乌干达主权在东共体法（《东共体共同市场议定书》第 52 条、《东共体条约》第 7 条和第 104 条）规定下的行使范围；二是关于东共体

---

① 原告在本案中主张：（一）乌干达政府有关否认原告（作为东共体成员国合法国民）进入乌干达且不通过任何合法的法律程序告知原告原因的做法违反了乌干达承诺遵守的《东共体条约》第 6 条第 4 款和第 7 条第 2 款。（二）乌干达政府有关否认原告进入乌干达境内的原因是不合法的，其做法违反了《东共体条约》第 104 条和《东共体共同市场协定》第 7 条。

② 详情可见案例报告第 38 条。

③ 详情可见案例报告第 39 条。

法的至上性，即在国内法律体系等级中东共体法是否优先适用。① 首先，东共体法院认为东共体法在乌干达国内具有效力且可适用，乌干达国内宪法在采用"并入"措施使得东共体法生效的情况下受限于东共体法。东共体法院肯定了乌干达政府有关乌干达是独立主权国家且不附属于东共体之下的主张，认为乌干达政府有拒绝人员入境的权利，② 但是这并不意味着乌干达可以无限制地主张绝对主权原则以违反东共体法的规定。乌干达在2002 年通过国内立法程序制定《东共体法令》，给予东共体法在国内适用的法律效力。③《东共体法令》第 3 条第 1 款规定："根据此法令规定实施的东共体法在乌干达国内具有法律效力（the force of law in Uganda）。"④ 东共体法院认为："东共体法作为共同体法不仅对乌干达具有法律约束力，同时也应该平等地看待东共体法的地位……乌干达国内通过国内立法程序给予东共体法效力的同时也承认了部分国家主权的行使应受到东共体法的限制。"⑤ 其次，东共体法院借鉴欧盟法院对维护共同体法至上性的积极做法，再次重申了东共体法具有至上性，主要体现在东共体法优先于国内法适用。⑥ 东共体法院认为："像其他东共体成员国一样，一旦《东共体条约》或东共体相关议定书在乌干达国内通过国内立法程序确定其法律效

---

① 东共体法院对"《东共体条约》和《东共体共同市场议定书》是否夺走了乌干达政府对有关东共体成员国国民（乌干达政府不想让这些国民进入乌干达境内）是否可以进入乌干达境内的决定权"问题予以判定。换句话说，东共体法院对东共体法效力是否高于国内宪法予以裁决。

② 详情可见案例报告第 45 条、第 46 条。

③ 详情可见案例报告第 47 条。《东共体条约》最先在国内生效，之后《国民和移民控制法案》生效。

④ 《东共体法令》还对"东共体法"予以界定，规定东共体法是"1999 年 11 月 30 日签署的建立东共体的条约，该条约在坦桑尼亚、乌干达、肯尼亚国内生效，同时生效情况还适用于随着时间对该条约进行修订的任何条款等；《东共体共同市场议定书》生效于 2009年 11 月"。

⑤ 详情可见案例报告第 49 条。东共体法院是这么评论的："东共体法作为区域法不仅对乌干达具有法律约束力，同时也应该平等地看待东共体法的地位。"

⑥ 详情可见案例 *Costa v. Enel*, case 6/64。欧盟法院主张："在各成员国经过国内立法程序转化共同体法律效力后，这就代表各成员国永久限制各自的主权，以反对与共同体法规定不一致的法律的适用。"

力,《东共体条约》或东共体相关议定书在成员国国内就具有至上性,且与国内宪法发生冲突时优先适用。"①

（三）评述

从上述案例中可以看出,乌干达以国家宪法至上性否定东共体法的至上性的做法,旨在对抗东共体法在国内的有效适用。这种做法对经济一体化产生了消极影响。一方面,虽然乌干达于 2002 年通过国内立法程序给予东共体法国内适用效力,但是并入乌干达国内法的东共体法却也丧失了其作为共同体法的特殊性,东共体法在成员国国内的法律效力让步于国内宪法。在一些成功的共同体法适用实践中,国内法院仍倾向给予尚未纳入国内法律的共同体法以直接效力,目的是保证共同体法的至上性和统一适用。② 乌干达在纳入东共体法后间接否认东共体法至上性的态度,极大地降低了东共体法的法律地位,也使得东共体法丧失了作为共同体法的独特意义。乌干达承诺履行东共体法施加的法律义务（即实现经济一体化的目标而让渡部分主权）带有伪装的"面具性"。另一方面,乌干达上述行为破坏了东共体法在成员国国内的统一适用,不利于东共体构建一个统一、公平的区域共同体法制度框架,降低了投资者对区域贸易的投资热情并打击其信心。

此外,维持东共体法至上性是为了确保东共体法无差别地在成员国统一适用,且不受国家政治因素的过分干扰。成员国以国家主权至上性拒绝适用东共体法,对遵守东共体法效力、切实履行条约规则的其他成员国不公平,也打击了各利益攸关方对遵守东共体法律义务的司法决心。在经济一体化的发展过程中,树立经济一体化利益攸关方对东共体法的信任和信

① 详情可见案例报告第 50 条。乌干达《东共体法令》也尚未对东共体法的效力适用作出任何保留。

② Armin Cuyvers, *The Scope, Nature and Effect of EU Law in East African Community Law: Institutional, Substantive and Comparative EU Aspects*, Netherlands: Nijhoff, 2017, pp. 161 – 181.

心，是鼓励区域内贸易增长的一个重要因素。如果一个共同体不能提供公平的营商环境，参与经济活动的当事方可能出于对自身利益保护的担忧而降低区域贸易活动的参与度。

## 二 东共体法在肯尼亚国内的具体适用

### （一）伊凡·玛丽安案件、肯尼亚诉奥孔达案件、安阳勇案件

肯尼亚以国内宪法至上性对抗共同体法效力的案件，最早可以追溯到1969 年的伊凡·玛丽安案件。[1] 这个案件是关于《东非关税和转移管理法案》（东共体的一项立法）中如何界定"侵犯"（offenses）的概念而引发的争论。[2]《东非关税和转移管理法案》第 174 条规定，若关税委员长认为任何人违反了该法案有关罚金的规定，则违反方将被认为构成对该法案的侵犯，并将支付不超过 200 先令的罚款。东共体认为"侵犯"的概念仅适用于对关税条款的违反，但是肯尼亚法院认为"侵犯"的概念不是指对关税条款的违反而是"刑事侵犯"且关税委员长不能充当法庭庭审的角色。因此，肯尼亚法院认为《东非关税和转移管理法案》（*East African Customs and Transfer Management Act*）第 174 条与《肯尼亚宪法》第 77 条的内容相矛盾。[2]肯尼亚法院在解决东共体法与《肯尼亚宪法》的规定冲突时第一次明确表态："如果存在与《肯尼亚宪法》不一致的法律，《肯尼亚宪法》优先适用，且与《肯尼亚宪法》不一致的法律自始归于无效。"

1970 年肯尼亚诉奥孔达案件对东共体法和肯尼亚国内宪法的法律效力

---

[1] 详情可见案例 *In the Matter of an Application by Evan Maina（Miscell）*，Case No. 7/1969。详情可以参考论文 Yash P. Ghai，"Reflections on Law and Economic Integration in East Africa," *Nordiska Afrikainst: Scandinavian inst of African Studies*，1976，p. 34。由于案件年份过早，笔者基于盖里的分析获取该案件的相关信息。

[2] 《肯尼亚宪法》第 77 条第 1 款规定："如果任何人被指控犯有'刑事侵犯'，除非案件被撤销，否则应根据法律的规定在合理的时间通过公正的法庭举行公平的审理。"

何者为先的问题再次作出了回答。本案件的争论焦点在于，肯尼亚总检察长在未经东共体法律顾问同意的情况下对两名东共体官员提出指控的行为是否符合东共体法。[①] 《1968 年东共体官员秘密法》（*Official Secrets Act 1968 of EAC*）第 8 条第 1 款规定，对东共体官员提出指控前需要得到东共体法律顾问的同意。问题的关键在于肯尼亚总检察长是否可以根据肯尼亚法律对这两名官员提出指控呢？肯尼亚法院认为："肯尼亚宪法高于任何法律，这些法律包括肯尼亚国内的其他法律、共同体法、在肯尼亚国内适用的外国法；任何与肯尼亚宪法相冲突的法律自始归于无效。"[①]此后，多起涉及东共体法和《肯尼亚宪法》法律适用的规范冲突的案件中，肯尼亚主张"国内宪法优于东共体法"的态度从未改变，表明了肯尼亚从国家层面拒绝承认东共体法的至上性。

安阳勇案件中（除了第三章已经分析的管辖权问题外）还涉及东共体法的直接效力性问题，即个人是否可以援引"并入"肯尼亚法律体系的东共体法，以及"并入"后的东共体法是否具备共同体法的独特性。肯尼亚法院认为：首先，个人只能在共同体层面根据共同体法赋予的权利寻求司法救济；其次，并入肯尼亚国内法律体系的共同体法已经成为国内法的一部分，当国内法与国家宪法发生规范冲突时，无论任何情况均优先适用《肯尼亚宪法》。因此，在本案中肯尼亚法院认为，根据《东共体条约》制定的《2001 年规则》是肯尼亚对东共体法律效力的国内承认，也是肯尼亚为区域经济一体化作出的国家司法贡献。但是出于宪法主义至上的主张，任何与《肯尼亚宪法》相冲突的法律在国内自始归于无效。尽管肯尼亚在 2005 年修正《肯尼亚宪法》，新修正的宪法第 3 条规定"东共体法是肯尼亚国内法的一部分"，但肯尼亚此举让东共体法在肯尼亚国内的具体适用"形同虚设"。[②]

---

① 详情可见案例 *Kenya v. Okunda*，Case 561，1970，第 555 条至第 556 条。

② Marc Lacey, "Kenya Voters Rebuff Leader on Revamping Constitution, "*New York Times*, Vol. 23, 2005, p. 147.

（二）评述

需要注意的是，在安阳勇案件①之前，肯尼亚趋向采用直接拒绝型策略，在公开场合多次强调东共体法在国内的适用让步于《肯尼亚宪法》，承认《肯尼亚宪法》的至上性。但是在安阳勇案件后，肯尼亚在处理共同体法和国内法适用冲突问题上采用灵活的方式，主张东共体法具有法律效力至上性，但是只在共同体层面。共同体法和非洲国家法间的关系的积极互动对非洲经济一体化的发展而言十分重要，② 但是肯尼亚僵硬分化国内法和共同体法的做法破坏了共同体法的有效性，使得共同体法在成员国国内没有得到有效适用，不利于经济一体化中加强共同体和国内法律体系间的纵向互动关系。③ 东共体法的至上性不仅指在共同体层面具有直接适用性和直接效力，在国家层面亦是如此。虽然东共体立法者在《东共体条约》中通过时间规定敦促成员国加快适用东共体法，试图规避成员国宪政主义对东共体法在国内适用的政治因素限制，例如《东共体条约》第 8 条第 2 款规定，"成员国应在签署该条约起 12 个月内通过国内立法程序确保对该条约的有效执行，特别是（一）给予东共体法律能力和法律人格；（二）根据该条约的规定给予东共体的条例、指令和决定在本国领土内生效"，④ 但是通过国内立法程序确定东共体法在国内的效力和适用的做法极大地抵消了在时间层面敦促成员国加快适用东共体法的做法所起到的积极作用。笔者认为，

---

① 有关安阳勇教授等 10 余位法律教授等诉肯尼亚司法部案件的具体案例回顾在本书第三章第二节有详细论述，在这里就不对该案件进行案例回顾综述了。

② Yuval Shany, "How Supreme is the Supreme Law of the Land? Comparative Analysis of the Influence of International Human Rights Treaties upon the Interpretation of Constitutional Texts by Domestic Courts," *Brooklyn Journal of International Law*, Vol. 34, 2006, pp. 341 - 404.

③ 〔加纳〕理查德·弗林蓬·奥蓬：《非洲经济一体化的法律问题》，朱伟东译，社会科学文献出版社，2018，第 196 页。

④ John H, Jackson, "Status of Treaties in Domestic Legal Systems: A Policy Analysis," *The American Journal of International Law*, Vol. 86, 1992, pp. 310 - 340.

东共体法至上性的独特地位应体现在其区别于一般国际条约的额外规定，而并不取决于通过国内立法程序并入国内法的时间限制。东共体法无论何时并入国内法，都应享有共同体法至上性的独特地位，这样才能保证东共体法在共同体和国家层面具备同等的法律适用效力。未来东共体在调整成员国和国家的互动关系的法律制度设计上仍需重视和关注东共体法的至上性。

## 第四节　东共体法在成员国国内适用对东非经济一体化的影响

随着经济一体化的深入发展，成员国和共同体间的互动关系越发频繁，因此共同体必须提供更为复杂且精细化的法律框架以调整二者在经济一体化的不同发展阶段所面临的法律问题。① 其中一个难题就是如何确保共同体法在成员国国内得到切实有效的适用。基于东共体法的直接效力性、直接适用性、至上性等特点，结合东共体法在成员国国内适用的具体案例，东共体法在成员国国内适用效果不佳对东非经济一体化产生以下两个方面的消极影响。

### 一　东共体法缺乏直接适用性和直接效力性不利于创建统一适用的共同体法律框架

从本章的第二节分析可知，东共体法在其创立条约中缺乏有关东共体法直接效力性和直接适用性的明确法律条文规定，这对确定东共体法的至

---

① 〔加纳〕理查德·弗林蓬·奥蓬：《非洲经济一体化的法律问题》，朱伟东译，社会科学文献出版社，2018，第89页。

上性和确保东共体法在共同体和国家层面的统一适用造成了极大的消极影响。欧盟法院在1963年范·让·昂鲁斯案中确定了欧盟法的优先适用性。欧盟法院使用"宏观司法"的法律推理，在共同体条约的特殊性基础上确定共同体法的优先适用性。但是东共体在确保东共体法的直接效力性和直接适用性方面的做法并不佳。《东共体条约》规定通过国内立法程序给予共同体法国内适用的效力，但是无论是《东共体条约》还是成员国国内法都未对东共体法在其国内的独特性进行明文规定，即尚未给予东共体法区别于普通国际条约或国际协定的特殊地位。这就为未来东共体法在成员国国内的适用埋下了矛盾的种子。若成员国将《东共体条约》归入国际条约或国际协定的范畴，采用相同的方式并入国内法的法律等级中，并根据法律规范冲突解释规则，使用后法优于前法或宪法至上性方法解决东共体法与国内法的适用冲突，则共同体法在国家层面的有效性让步于共同体层面的有效性，所导致的结果必然是东共体法在成员国国内适用的无效性和无意义。①

　　东共体法的直接适用性和直接效力性主要体现在共同体层面，切断了在国内层面的效力，造成东共体法在国内和区域层面适用的不统一。《东共体条约》规定，所有创立成员国必须"自共同体法案在共同体公报公布之日起"依托国内立法程序制定相关立法给予"共同体法以法律效力"。一方面，《东共体条约》自身的规定限制了其在成员国国内法律体系中的至上性和直接效力性。依托国内立法程序给予共同体法效力是调节经济一体化行为的法律制度趋于无效的主要原因之一。国内立法程序受到国内政治因素的影响，有可能拖延或拒绝给予东共体法效力。另一方面，国内立法机构主张只有通过国内立法程序纳入国内法律体系的东共体法在国家层面才具有法律效力，否认了东共体法在并入前作为共同体法的法律地位。《东共体条约》的目的是创建一个共同市场，一个运行成功的共同市场关

---

① 〔加纳〕理查德·弗林蓬·奥蓬：《非洲经济一体化的法律问题》，朱伟东译，社会科学文献出版社，2018，第165页。

系到共同市场内部的个人。个人是经济一体化的主要参与者，在促进共同市场的发展方面有着重要的作用。若共同体法具有直接适用性和直接效力性，一方面能赋予个人在国家层面直接援引共同体法的权利，另一方面则通过援引共同体法，个人起到监督成员国切实有效地遵守并履行共同体法的作用。但是东共体法不具备绝对至上性，缺乏直接适用性和直接效力性，不仅会造成对个人权利保护的缺位，打击个人充当共同体私人监督机制的积极态度，也不利于东共体创建一套统一适用于各利益攸关方的区域法律体系。①

## 二 东共体法缺乏至上性不利于创建一个有效的共同体司法保护制度

东共体法缺乏绝对至上性，导致成员国以国家主权原则抗衡东共体法在成员国国内的具体适用，破坏了共同体和国内法的良好互动关系。首先，《东共体条约》对东共体法至上性的模糊规定导致成员国对东共体法在国内的适用持有消极态度。目前东共体已审理的、涉及东共体法和国内法效力等级的案件数量并不多，但是根据已分析的经典案件可知，成员国在处理东共体法国内适用路径时所采取的方式分为两种。第一种方式是直接拒绝型。东共体成员国主张国内宪法的绝对至上性，直接拒绝承认东共体法在国内的适用效力。这种情况一般出现在东共体经济一体化发展前期，由于东共体和国家在经济一体化的发展互动过程中存在对抗性因素较大，成员国对东共体法的国内化适用较为敏感。随着东共体经济一体化发展的不断成熟，东共体和国家间的互动关系越发频繁且密切，为了不破坏东共体和成员国间的良好互动关系，有些成员国采取升级化的方式——灵活拒绝型。这种方式是第一种方式的升级版，带有伪装适用的"面具性"，即承认东共体法仅在共同体层

---

① Elvis Mbembe Binda, *The Legal Framework of the EAC*, Netherlands: Nijhoff, 2017, p. 342.

面具有至上性。东共体法缺乏直接效力性是上述问题出现的关键原因。在国内层面，东共体法的地位仍让步于国内宪法。无论是哪一种方式，都是东共体法不具备绝对至上性所带来的成员国的消极反应。① 例如，肯尼亚在安阳勇案中因为不满东共体法院的判决结果而联合其他成员国修改《东共体条约》的行为；乌干达在穆候子诉乌干达总检察长案件中主张"乌干达主权绝不附属在东共体法之下"的态度等，反映了成员国习惯性主张国家至上性推翻东共体法至上性的现状。东共体法缺乏绝对至上性所带来的负面影响降低了东共体法在国家层面的适用效力。试想，如果成员国可以根据政治诉求随意改变东共体法的适用效力，那么东共体如何创建一个超出政治意愿的、有利于经济一体化的、公正的法律制度框架呢？又如何实现对经济一体化利益攸关方提供切实有效的司法保护呢？

其次，东共体法和国内法的良好互动关系是创建一个有效的共同体法律制度的基础，有效的共同体法律制度又是对经济一体化利益攸关方提供切实有效的司法保护的前提。东共体法在国内的适用是基于东共体法和国内法的双向互动。东共体法在制定时参考国内法的宪法文化，例如东共体2004 年出台的《关税管理法》中共有 15 次提及成员国国内宪法。但是《东共体条约》中出于对国内主权的尊重而强调需通过国内立法程序给予东共体法国内适用效力的规定，否定了东共体法的绝对至上性，允许成员国利用国家主权原则抗衡东共体法在成员国国内的具体实施效力，不利于促进东共体和国家间的良好互动。②

---

① Tumaini Joe Lugalla, *A Thesis in the Field of International Relations for the Degree of Master of Liberal Arts in Extension Studies*, Doctoral Thesis of Harvard University( November 2016) , https://thesis. extension. harvard. edu/files/thesis/files/effects_of_political_legal_and_governance_ challenges_case_study_of_the_east_african_community. pdf.

② 不过值得肯定的是，国内法院在进行司法判案时除了援引国际法院的判例，也会考虑根据东共体的目标和宗旨作出裁决。2003 年乌干达法院在莎拉诉曼纽拉公司案件中提及"要实现东共体的经济一体化目标，扩大并深化成员国在司法和法律事务方面的合作"。尽管这些判例还是极少的，且东共体法在国内的适用仍面临着诸多问题，但是乌干达法院的上述行为也在表明国内司法部门开始重视与共同体法院间的关系。

综上，东非经济一体化的主要挑战在于如何确保东共体法对经济一体化利益攸关方提供切实有效的司法保护。[①] 只有确保东共体法绝对至上性的地位，才能让成员国在国内尽可能抵消政治因素干扰而有效实施东共体法，对东共体法的权利施加对象提供共同体和国家层面的一致的司法保护效果。[②] 若东共体法具备绝对至上性，则有利于创建共同体和国家的良好互动关系，对违反东共体法的行为施加强制性的司法惩罚。但是目前东共体法至上性的认定仍较为模糊，无论是针对《东共体条约》第 8 条第 4 款中有关"相似性"术语的界定，还是《东共体条约》强调利用国内立法程序确定东共体法在国内的适用效力，都不利于东共体创建一个保护经济一体化利益攸关方的、强有力的司法制度。

# 第五节　小结

本章主要分析了东共体法的适用对东非经济一体化的影响。从整体上看，虽然东共体法相比非洲其他区域经济组织的共同体法在有关维护共同体法至上性和效力方面的表现显得略胜一筹，但是东共体法的设计仍面临着诸多现实问题。

首先，东共体成员国在宪法中均未明确规定东共体法在国内的适用。东共体成员国沿袭了原殖民宗主国的法律体系，对国际法和国内法的关系采取"一元论"或"二元论"态度。原英属非洲殖民地国家采用国际法"二元论"，以东共体成员国肯尼亚、乌干达、南苏丹为例。原法属、德属、比属非洲殖民地国家采用国际法"一元论"，以东共体成员国卢旺达

---

① 〔加纳〕理查德·弗林蓬·奥蓬：《非洲经济一体化的法律问题》，朱伟东译，社会科学文献出版社，2018，第 164 页。

② Jaime de Melo, Yvonne Tsikata, "Regional integration in Africa: Challenges and Prospects," C. Monga and J. Y. Lin eds., *The Oxford Handbook of Africa and Economics*, London: Oxford University Publisher, Vol. 2, 2016, pp. 123－145.

为例。布隆迪较特殊，采取"一元论"和"二元论"混合的观点。无论是"一元论"还是"二元论"的法律文化背景，东共体成员国均在本国宪法中避免提及东共体法在国内的具体适用，也没有给予东共体法作为区别于其他国际条约的独特性地位，这就为东共体法在成员国国内的具体适用增加了不确定性。

其次，《东共体条约》并未明文规定东共体法具有绝对至上性。虽然可以从《东共体条约》中获知东共体法具有优先适用性，但是该条规定存在模糊因素，因此我们不能完全从司法角度清晰认定东共体法具有绝对至上性。共同体法绝对至上性的体现是当东共体法和成员国国内宪法发生法律适用冲突时，无论成员国国内宪法是否就该问题予以规定，凡是涉及东共体利益的事宜，东共体法均享有优先适用效力。东共体法缺乏绝对至上性，导致国家宪法主义凌驾于东共体法之上，带来东共体法在区域内适用的不统一和无效性。

最后，东共体法缺乏在成员国国家层面的直接适用性和直接效力性，即成员国国家并未给予东共体法区别于其他国际条约的特殊地位。这就导致通过国内立法程序并入国内法律体系后的东共体法丧失了作为共同体法的独特性，也失去了国家"并入"共同体法的实际意义。经济一体化的利益攸关方在国家层面无法得到《东共体条约》赋予的权利保护，更不利于共同体法治权威的树立。通过选取肯尼亚和乌干达两国有关东共体法在国内具体适用的典型案例可知，有关东共体法适用的问题无论是在条约文本还是在现实操作中均存在国家宪法主义凌驾于共同体法之上的现象，这不利于东共体创建一个稳定、公平、促进经济贸易增长的区域共同体法律制度。

# 第五章

# 东共体法院判决和仲裁裁决的承认
# 与执行对东非经济一体化的影响

经济一体化的关键在于创建一个有利于人员、资本、货物、服务自由流动的贸易环境。完善跨境争议的法律基础设施，特别是有关判决和仲裁裁决的承认与执行的便利性有助于创建这样的贸易环境。在东共体法律制度框架下，判决和仲裁裁决的承认与执行包含两个方面的内容：一是东共体法院作出的判决和仲裁裁决在东共体成员国国内的承认和执行；二是东共体成员国国内法院作出的判决或其国内仲裁机构作出的裁决在其他成员国国内的承认与执行。东共体法院判决和仲裁裁决的承认和执行要根据东共体相关法律规定落实，而东共体成员国间判决和仲裁裁决的承认和执行一般要根据国际私法的相关规定落实。不完善的非洲国际私法导致非洲大陆跨国贸易经济活动受阻，影响了国际私法在解决机构间关系时发挥的法律效用。① 非洲各区域经济组织在其创建条约中也忽视了从国际私法的角度强调成员国与共同体间的互动关系，降低了共同体机制的有效性，阻碍了经济一体化目标的最终实现。② 本书第二章到第

---

① Richard Frimpong Oppong, "Private International Law and the African Economic Community: A Plea for Greater Attention," *The International and Comparative Law Quarterly*, Vol. 55, 2006, pp. 911 – 928.

② 〔加纳〕理查德·弗林蓬·奥蓬:《非洲经济一体化的法律问题》,朱伟东译,社会科学文献出版社,2018,第199页。

四章主要是从国际公法的角度分析了东共体、成员国、个人的互动关系过程对经济一体化的影响，本章将从国际私法的角度分析东共体法院判决和仲裁裁决在成员国国内的承认和执行，以及东共体成员国间判决和仲裁裁决的承认与执行对东共体、成员国、个人的互动关系的影响，查看东共体法是否从国际私法的角度有效调整了三者的良好互动关系，增加了共同体机制运行的有效性。

# 第一节　东共体法院仲裁裁决的承认与执行

东共体法院具备其他非洲区域经济组织法院不具备的双重司法职能，即拥有仲裁管辖权。因此本节主要分析东共体法院的仲裁管辖权及其作出的仲裁裁决在共同体和成员国国内的承认和执行情况，旨在查看东共体法在成员国国内是否拥有法律执行效力。

## 一　东共体法院仲裁裁决在成员国国内的承认与执行

（一）实际执行情况

通过《东共体条约》的相关规定可知，东共体法院具有三大司法职能。一是根据《东共体条约》第 27 条规定拥有对该条约的解释和适用的管辖权；二是根据《东共体条约》第 36 条规定拥有咨询管辖权；三是根据《东共体条约》第 32 条规定拥有仲裁管辖权。前两种管辖权在本书的第三章已经述及，这里主要分析东共体法院的仲裁管辖权。《东共体条约》第 32 条有关"仲裁条款和特别协定"规定赋予东共体法院不同于其他区域经济共同体法院的特点。[1] 该条规定："东共体法院拥有仲裁管辖权裁决

---

[1]　目前非盟承认的 8 个区域经济组织中，只有东南非共同市场法院、东共体法院和西共体法院具有仲裁管辖权。详情可以参考《东南非共同市场条约》第 28 条、《东共体条约》第 32 条、《西共体条约》第 16 条的规定。

下述事宜：（一）来源于当事双方在合同或协定中签署的、赋予东共体法院管辖权的仲裁条款，其中当事一方是共同体任一机构；或（二）来源于成员国之间根据《东共体条约》的规定所产生的任何争议，如果成员国根据特殊协议将争议提交至东共体法院；或（三）来源于当事人双方在商事合同或协定中纳入的、赋予东共体法院仲裁管辖权的条款。"东共体法院不仅作为区域经济共同体的司法法院，而且也充当了仲裁庭的角色。

不过在实践中，东共体法院的仲裁管辖权很少被援引。东共体法院书记官对此深表遗憾并认为："在非洲经济共同体中，东共体法院作为区域经济组织的司法裁判者具备其他区域经济组织法院不具备的法律优势，但是东共体法院的仲裁管辖权却鲜被人提及，也尚未有当事方就相关争议提交至东共体法院以援引仲裁方式解决争端。肯尼亚、坦桑尼亚和乌干达宁愿花费更多的时间和金钱前往英国和法国进行仲裁，也不愿意将争议付诸东共体法院得到免费仲裁服务。"[1] 但是，乌干达在援引东共体法院仲裁管辖权方面迈出了积极的一步。乌干达政府说服乌干达国内一家公司就乌干达铁路建设合同中纳入仲裁条款，规定若当事人双方就铁路建设事宜产生争议，可以将争议诉诸东共体法院予以仲裁。东共体法院法官认为："虽然目前该公司尚未将争议提交给东共体法院仲裁，但是这对东共体法院的未来发展来说是一件好事，起码有成员国愿意使用自己创建的共同体法院作为仲裁庭。"[2] 东共体法院自 2004 年以来一直开展有关"东共体法院仲裁管辖权"的宣传活动，旨在提高成员国及其国民对东共体法院的认知。[3] 东共体还邀请来自其他国际仲裁中心的仲裁员为东共体法院执法人员提供

---

[1] Mihreteab Tsighe Taye, "The Role of the East African Court of Justice in the Advancement of Human Rights: Reflections on the Creation and Practice of the Court," *African Journal of International and Comparative Law*, Vol. 145, 2019, pp. 69 – 84.

[2] Fred K. Nkusi, "Understanding the Jurisdictional Powers of the EA Court of Justice" (August 2017), https://www.newtimes.co.rw/section/read/207744.

[3] 详情可见 https://theconversation.com/us/topics/east – african – community – 22702。

专业的仲裁培训，提高他们对国际仲裁的原则和技术规则的了解。[①]

目前，只有一起案件援引了东共体法院的仲裁管辖权。2012 年东共体法院审理本案，原告请求获得 48387 美元的国家社保金额补偿，这笔金额费用包含了雇佣工资报酬、假期和遣返津贴、其他费用等。[②] 原告主张援引东共体法院的仲裁管辖权的诉求得到了东共体法院的支持。东共体法院受理了案件并随即作出裁决，裁决于 2014 年 3 月 9 日生效。东共体法院的裁决结果如下：原告有权获得 8534 美元的赔偿金额，外加从 2014 年 3 月 9 日起按坦桑尼亚汇率计算的部分利息，直到被告支付完所有赔偿金额为止；被告应在本案裁决作出之日起七天内将 724.5 美元汇至国家社保基金账户，作为支付原告的部分费用。[③] 虽然东共体法院的仲裁管辖权只被援引了一次，但东共体法院仲裁庭为东共体内成员国和个人因从事贸易活动而产生不可避免的贸易纠纷提供了可选择性的友好非诉讼解决方案。[④]

《东共体法院仲裁规则》作为调整东共体法院的仲裁程序法对东共体法院行使仲裁裁决时遇到诸多法律问题提供了解决方案。首先，《东共体法院仲裁规则》第 6 条规定：" （一）本法院应依据当事人选择的法律解决争议，但是如果当事人明确授权的情况下，本法院也可以根据公平、正义理念解决争议实体问题，不受法律规则的约束；（二）所选择的某一特定国家的法律应被解释为该国的实体法，而不是它的冲突规范，除非当事人另有约定；（三）在当事人没有选择法律的情况下，本法院应在考虑争议的所有情况后

---

① 详情可见 https://www.eaarbitration.com/News。

② 详情可见案例 *Nayebare Alice vs East African Law Society*, http://eacj.org/? tribe _ events = arbitration – cause – no – 1 – of – 2012 – alice – nayebare – vs – east – african – law – society。具体分析可见文章 Richard Frimpong Oppong, "The East African Court of Justice, Enforcement of Foreign Arbitration Awards and the East African Community Integration Process," *Journal of African Law*, Vol. 63, 2019, pp. 532 – 547。

③ 朱伟东：《东共体法院、外国仲裁裁决的执行和东共体一体化进程》，王婷译，载李双元主编《国际法与比较法论丛》（第二十五辑），武汉大学出版社，2019，第 324 ~ 349 页。

④ M. Happold, R. Radovic, "ECOEWAS Court of Justice as an Investment Tribunal," *The Journal of World Investment and Trade*, Vol. 19, 2018, p. 95.

适用法院认为适当的法律规则；（四）在所有情况下，本法院应根据特定合同的条款解决争议，并应考虑适用特定交易的行业惯例。"从《东共体法院仲裁规则》第6条的规定可以发现，法律适用还是倾向于以当事人意思自治为主，这就导致一个潜在的法律问题：当事人可能选择准据法来规避共同体法的适用，此举有可能损害共同体最终的经济一体化目标。

其次，东共体法院作为一个区域共同体法院，理论上它作出的仲裁裁决不同于一般的国内商事仲裁机构或国际商事仲裁机构作出的仲裁裁决，但是东共体立法者似乎并没有过多关注东共体法院仲裁裁决的重要性。《东共体法院仲裁规则》第36条规定："（一）根据本规则第33条、第34条、第35条的规定，东共体法院仲裁裁决具有终局性；（二）当事人双方根据《东共体条约》第32条的规定将争端提交至东共体法院作出仲裁的行为，应视为当事人双方已承诺将立即执行仲裁裁决；（三）仲裁裁决的执行应符合请求执行国的执行程序。"① 从上述规定中可知，在成员国国内

---

① 《东共体法院仲裁规则》第33条有关"解释仲裁裁决"的规定如下："（一）在裁决作出之日起30天内，当事人均可要求法庭对裁决或裁决的部分内容作出解释。此类请求应书面通知书记官，并应（1）查明与之有关的裁决；（2）表明要求的日期；（3）详细说明裁决的哪一部分需要说明。（二）书记官应将请求书的副本及其所附文件送交法庭法官。（三）法庭可酌情允许当事各方就要求解释的问题提出意见。（四）独任仲裁员或视情况而定，仲裁庭主席应就法庭是否有必要开会审议该项请求，与法庭各成员进行协商。法庭应规定当事各方就该项请求提出意见的时限，并应确定供其审议的程序。（五）如果书记官在作出裁决45天后收到该请求，应拒绝登记该请求，并应通知提出请求的一方。"《东共体法院仲裁规则》第34条有关"仲裁裁决更正"的规定如下："在裁决作出之日起30天内，当事人任何一方均可通知另一方要求法庭更正裁决或裁决的部分内容。该请求应以书面方式向书记官提出，并应：（1）查明与之有关的裁决；（2）表明要求的日期；（3）详细说明请求方认为需要改正的有关计算、笔误、排印或任何类似性质的错误。（二）书记官应将该请求书的副本及其所附文件送交法庭法官。（三）法庭可酌情允许当事各方就要求更正的问题向法庭提出意见。（四）独任仲裁员或视情况而定，仲裁庭主席应就法庭是否有必要开会审议该项请求，与法庭各成员进行协商。法庭应规定当事各方就该项请求提出意见的时限，并应确定供其审议的程序。（五）如果书记官在作出裁决45天后收到该请求，应拒绝登记该请求，并应通知提出请求的一方。"《东共体法院仲裁规则》第35条有关"额外裁决和裁决复审"的规定如下："（一）在收到裁决书后30天内，任何一方均可在通知另一方的情况下，以下列任何理由向法庭申请复审裁决书：（1）仲裁协议当事人无行为能力；（2）仲裁协议根据当事人所依据的法律（转下页注）

承认与执行的东共体法院仲裁裁决被看作一般的商事仲裁裁决，这种承认和执行方式会给成员国过多的自由裁量权以拒绝承认和执行东共体法院仲裁裁决，破坏了成员国和共同体的纵向互动关系。

（二）面临的挑战

东共体法院作为一个区域共同体法院，它作出的仲裁裁决不同于一般的国内商事仲裁机构或国际商事仲裁机构作出的仲裁裁决。根据《东共体法院仲裁规则》第 36 条，东共体法院作出的仲裁裁决具有终局性，当事人根据《东共体条约》第 32 条将争议提交至东共体法院以期通过仲裁方式解决，表明当事人会毫不迟延地自动履行东共体法院的仲裁裁决，裁决的执行应按照裁决执行地国有关仲裁裁决执行的程序进行。从该条规定来看，它将东共体法院仲裁裁决作为一般的商事仲裁裁决予以承认与执行，并没有因其是区域共同体法院的仲裁裁决而专门规定一套承认和执行的法律制度。这种承认和执行方式会引发以下问题。

第一，仲裁执行地法院根据当事人的申请撤销或拒绝外国仲裁裁决的承认和执行，此举会破坏东共体仲裁程序的有效性。[①] 例如，乌干达2000年《仲裁与调解法》第 34 条规定，出于当事人的主动请求，法院可基于该条规定的理由撤销或拒绝执行仲裁裁决。这就意味着东共体法院作出的仲裁裁决并不具备东共体作为区域经济组织的特殊性。肯尼亚《仲裁法》第

---

（接上页注）无效或者协议签署国的法律无效；（3）提出申请的一方没有得到运用仲裁程序的通知；（4）在作出裁决后发现新的重要事项或证据，在仲裁程序中无法提出的情况下；（5）裁决书中出现明显错误，造成裁决的不公正；（6）通过欺诈或贿赂作出的裁决；（7）裁决所涉及的争议与仲裁条款无关。（二）如法庭认为额外裁决的要求是合理的，而无须再举行听证会或提供证据便可纠正有关遗漏的情况下，则须在收到申请后45天内作出额外仲裁裁决。（三）如果法庭认为要求复核的请求是合理的，法庭可以听取他认为必要的事项或证据，并应在收到请求后45天内对裁决进行相应的复审。（四）仲裁庭经当事人申请或自行动议，可有充分理由延长本规则和第33条、第34条规定的时限。"

① 〔加纳〕理查德·弗林蓬·奥蓬：《非洲经济一体化的法律问题》，朱伟东译，社会科学文献出版社，2018，第 207 页。

35条、第36条和卢旺达《商事仲裁与调解法》也有相似的规定，但是东共体成员国的上述做法损害了东共体仲裁程序的有效性，打击了个人援引东共体法院的仲裁管辖权的信心，也破坏了共同体和国家间的纵向互动关系。

第二，成员国法院处理有关外国仲裁裁决的承认与执行相关案例较少，缺乏可借鉴的司法经验，在对东共体法院仲裁裁决进行承认和执行时，可能会倾向采取谨慎和保守的态度。分析东共体成员国国内法院有关承认和执行外国仲裁裁决的案例后发现，东共体成员国对外国仲裁裁决的承认与执行的案例较少，故此东共体成员国国内法院缺乏处理执行外国仲裁裁决的司法经验。以肯尼亚为例，肯尼亚国内法院1968年至2019年执行外国仲裁裁决的案例仅有5起（见表5-1）。因此，在缺乏统一的、调整东共体法院仲裁裁决的承认和执行的法律的框架背景下，成员国国内法院在处理东共体法院仲裁裁决的承认和执行时可能会倾向采取较为谨慎和保守的态度。

表5-1　肯尼亚国内法院执行外国仲裁裁决的案例

| 案例名 | 年份 | 执行裁决 |
| --- | --- | --- |
| 卡萨尼格兰诉凯特兄弟有限公司 | 1968 | 执行英国仲裁裁决 |
| 格兰雷有限公司诉雷米勒有限公司 | 2002 | 执行英国仲裁裁决 |
| 福托凯雷诉非洲航空控制有限公司民事诉讼 | 2004 | 执行瑞典仲裁裁决 |
| 坦桑尼亚国家公路代理机构诉库丹建筑有限公司 | 2013 | 执行瑞典仲裁裁决 |
| 赞本故事联合股份公司诉集波非洲音乐有限公司 | 2016 | 执行俄罗斯仲裁裁决 |

资料来源：笔者根据 http://www.newyorkconvention.com 网站相关资料收集汇总。

第三，由于东共体法院仲裁裁决归属于一般的国内外民商事仲裁裁决，不具有共同体法院仲裁裁决的特殊性，这就使得成员国根据《纽约公约》和国内法执行东共体法院仲裁裁决时存在困难。东共体成员国制定的仲裁法纳入根据《纽约公约》和《联合国国际商事仲裁示范法》有关"拒绝执行仲裁"的理由，赋予承认与执行地法院就是否承认与执行裁决的事项享有自由裁量权，这就产生了两个潜在法律问题。一是承认与执行地法院拒绝执行东共体法院仲裁裁决。成员国国内法院可能以公共政策为由拒绝承认和执行东共体法院的仲裁裁决。因为仲裁裁决只有被执行了才具有最终的法律效力，上述行为则会导致东共体仲裁裁决在承认与执行地法院无效。二是《纽约公约》第5条第2款有关"根据当事人所选定适用的法律而没有这种选定时则应根据裁决作出地国法律，这一仲裁协议是无效的"的规定，会导致东共体法院作出仲裁时选用东共体法而不是东共体法院所在地法（坦桑尼亚国内法——东共体法院所在地为坦桑尼亚的阿鲁沙），进而导致裁决不被承认与执行地法院所承认。奥蓬举的例子就很好地说明了上述现象：乌干达高等法院拒绝承认与执行东共体法院作出的仲裁裁决，理由是东共体法院作出仲裁裁决是基于东共体法而不是坦桑尼亚法。此举让乌干达间接承认了坦桑尼亚法（国内法）的效力高于东共体法，这就与共同体法至上性特点产生了极大的冲突，不利于共同体和国家间形成良好互动关系。

综上，虽然《东共体条约》规定了东共体法院具有仲裁管辖权，《东共体法院仲裁规则》规定了东共体法院仲裁的效力和执行程序，但是由于东共体将其仲裁裁决归属于一般的国内外商事仲裁，并未给予东共体法院仲裁以共同体法院仲裁裁决的特殊地位。目前东共体也尚未专门制定一套统一的、承认和执行东共体法院仲裁裁决的法律制度。东南非共同市场、西共体、南共体等非洲其他区域经济组织的法律制度同样存在上述问题。有学者总结认为，"东共体缺乏以共同体为机制的仲裁裁决条约是造成其经济一体化发展缓慢的潜在法律障碍之一"。[①]

## 二 东共体成员国间仲裁裁决的承认与执行

东共体成员国间对仲裁裁决的承认与执行主要依据《纽约公约》或国

---

[①]  Richard Frimpong Oppong, "Enforcing Judgments of the SADC Tribunal in the Domestic Courts of Member States," *Journal of International Dispute Settlement*, Vol. 5, 2015, pp. 344 – 371.

内成文法予以调整。《纽约公约》作为调整外国仲裁裁决承认与执行的国际公约适用于包括外国作出的裁决和非本国的裁决两类。两个成员国间仲裁裁决可根据《纽约公约》的规定进行承认和执行。目前，除了南苏丹外，东共体其他成员国均是《纽约公约》的成员。截至 2019 年 6 月，乌干达、坦桑尼亚等国都针对仲裁制定了相关立法（见表 5 - 2）。

需要注意的是，虽然坦桑尼亚、乌干达、肯尼亚作为"二元论"国家，对有关仲裁的国际公约制定了国内立法，但是就有关《纽约公约》在国内适用的法律效力方面，坦桑尼亚与乌干达和肯尼亚存在明显区别。肯尼亚根据《纽约公约》的规定于 1995 年在国内通过立法程序制定了《肯尼亚仲裁法》，并于 2009 年对《肯尼亚仲裁法》进行修订；乌干达于 2000 年制定了《仲裁与调解法》。上述两国的做法旨在给予《纽约公约》在国内适用的法律效力。1995 年《肯尼亚仲裁法》第 35 条第 2 款规定："国内法院承认国际仲裁具有法律约束力；根据《纽约公约》的规定或肯尼亚签署的有关仲裁裁决的其他条约规定予以执行。"2000 年乌干达《仲裁与调解法》第 41 条规定："任何根据本部分可强制执行的《纽约公约》裁决均应被视为对裁决双方具有法律约束力。"坦桑尼亚不如乌干达和肯尼亚那么积极，虽然坦桑尼亚也是《纽约公约》的成员国，但是坦桑尼亚在 2002 年制定的《坦桑尼亚仲裁法》中并未就《纽约公约》的适用予以规定，这就对《纽约公约》在国内的适用效力带来了潜在法律问题。虽然卢旺达国内法院对仲裁裁决的承认与执行力的案例并不多，但是卢旺达国内法院对仲裁的承认与执行持有积极态度。[1] 凯勒在评述卢旺达国内对仲裁裁决的承认与执行时说道："就目前而言，没有任何已知的裁决执行遭到卢旺达法院的拒绝。"[2] 综上所述，除南苏丹和布隆迪外，

---

[1] Essam Al Tamimi, *Practitioner's Guide to Arbitration in the Middle East and North Africa*, Washington: Juris Net, 2009, pp. 378 – 390.

[2] Essam Al Tamimi, *Practitioner's Guide to Arbitration in the Middle East and North Africa*, Washington: Juris Net, 2009, pp. 378 – 390.

表5-2　部分非洲国家（东共体成员国）仲裁立法概况

| 国家 | 主要立法 | 补充立法 | 是否参考了联合国《国际商事仲裁示范法》 | 是否为《纽约公约》的成员国 |
|---|---|---|---|---|
| 布隆迪 | • 2004年《民事诉讼法》（第337~370条）（2004年3月13日生效） | | 否 | 是 |
| 肯尼亚 | • 1995年《仲裁法》（1996年1月2日生效）<br>• 2009年《仲裁法（修正案）》 | | 是 | 是 |
| 卢旺达 | • 2008年《商事仲裁与调解法》 | • 2010年1月10日第51号法律（刊登于2011年2月20日第9号官方公报）<br>• 2012年5月15日第16/12号部长级命令（刊登于2012年5月28日第22号官方公报）<br>• 《关于民事、商事、社会和行政程序法典》第18号法令中的第8章争端解决（第365~398条）[2004年6月20日第18号法律仲裁第8条] | 是 | 是 |
| 南苏丹 | • 2007年《民事诉讼法》 | | 否 | 否 |
| 坦桑尼亚 | • 2002年《仲裁法》（1931年3月22日生效） | •《仲裁规则》（第20章）（1957年生效） | 否 | 是 |
| 乌干达 | •《仲裁与调解法》第4章（2000年）（自2000年5月19日起生效；2008年第3号《仲裁与调解（修订）法》修订） | • 在30多个国家中提及该部法律 | 是 | 是 |

注：有关整个非洲大陆54个非洲国家仲裁立法情况可见本书附录。

东共体其他成员国基于《纽约公约》的规定制定相关的国内仲裁法的做法，为承认和执行东共体成员国间仲裁裁决创造了积极的法律条件。

## 三　东共体仲裁裁决的承认与执行对东非经济一体化的影响

东共体法院的仲裁为不愿意彼此起诉的非洲国家提供了非对抗性的争议解决方式。非洲区域经济共同体法院具有仲裁管辖权的特点似乎是非洲大陆区别于其他大陆的典型特点之一，反映了非洲人民倾向于利用仲裁裁决的友好解决方式。早在远古时期，神灵和祖宗判案是非洲法的特点之一。[①] 部落间的争议都会诉诸该部落的长者或巫师予以仲裁裁断，仲裁和协商成为非洲人更倾向的争议解决方式。仲裁作为一种刚柔相济的利益冲突抚慰机制日益成为争端双方所钟情和倾心的争端解决方式。[②] 仲裁的非对抗性特点有助于促进国家和共同体间的良好互动关系。[③] 和谐的国家间关系可以帮助东共体更加关注经济一体化目标，而不是将重心过多地偏向维护地区和平安全议题。据笔者统计，目前东共体内尚未出现成员国间彼此诉讼的案件，更加说明了国家间不愿意彼此起诉的现状。东共体法院仲裁作为可选择的争议解决方式，为创建更加友好的经济一体化法律制度提供了另一种司法规则导向。

东共体法院拥有仲裁管辖权为当事人提供了更为便捷、快速、高效的争议解决方式。从法经济学的角度而言，仲裁庭比司法法院更具有交易成本优势。[④] 首先，当事人可以自行选择仲裁员。由于非洲国家法律具有

---

① 洪永红等：《非洲法导论》，湖南人民出版社，2005，第 111 页。
② 汪祖兴：《仲裁监督之逻辑生成与逻辑体系——仲裁与诉讼关系之优化为基点的渐进展开》，《当代法学》2015 年第 6 期，第 3~17 页。
③ 〔加纳〕理查德·弗林蓬·奥蓬：《非洲经济一体化的法律问题》，朱伟东译，社会科学文献出版社，2018，第 234 页。
④ 肖娜、邝梅：《法律经济学视域下的国际商事仲裁研究》，《商业经济研究》2015 年第 22 期，第 78~83 页。

"万花筒"的性质，针对法律多样性特点有目的地选择熟知当事人国法律的仲裁员更具优势。东共体为了培养东共体法院法官对国际仲裁规则和原则的使用和掌握能力，2004 年启动了邀请国际仲裁机构的仲裁员培训东共体法院法官的项目，提高了东共体法院法官的仲裁职业素养。① 因此，相比于其他国际仲裁中心，东共体法院在处理矛盾争议时更具法律背景优势。其次，东共体法院的地理位置比其他著名的国际商事仲裁中心更具优势。东共体内的争议双方可直接将争议提交至地理位置更近的东共体法院，而不必大费周章地前往伦敦等地的国际商事仲裁中心，节省了昂贵的交通费、路费和律师费等。奥蓬认为："如果非洲国家在创建共同体条约中赋予共同体法院仲裁庭的司法职能，那么在一定程度上可以说明成员国愿意使用自己创建的仲裁庭，不管是出于地理位置优势或是法律制度优势。"② 同时，仲裁作为争议解决方式相比诉讼而言耗时较短，更符合经济一体化提倡的快速且高效的争议解决方式要求，进一步节约了贸易成本。相比非洲区域司法法院冗长的裁决时间，对那些从事短期不易保存货物贸易的当事人而言，较短的裁判时间更有利于贸易成本的降低。

## 第二节　东共体法院判决的承认与执行

### 一　东共体法院判决在成员国国内的承认与执行

从经济一体化的角度而言，执行其他主权国家法院作出的判决是实现

---

① Fred K. Nkusi, "Understanding the Jurisdictional Powers of the EA Court of Justice" ( August 2017), https://www. newtimes. co. rw/section/read/207744.

② Richard Frimpong Oppong, "The East African Court of Justice, Enforcement of Foreign Arbitration Awards and the East African Community Integration Process," *Journal of African Law*, Vol. 63, 2019, pp. 531 – 547.

贸易一体化的重要方式之一，因为执行承认后的判决是落实保护判决中债权人合法权益的重要一步。① 进行跨国贸易往来的个人通过共同体提供的法律机制寻求司法保障。对于贸易出口商而言，如果没有可靠的手段来实施补救措施，他们可能会面临着由于低估贸易收益而无法利用原本对市场有利的交易机会，因此大幅度降低了个人实际收益等；对于贸易进口商而言，他们则无法通过判决的有效执行来维护其合法权利，也会扭曲开展贸易的动机，导致出口商没有充分认识到贸易活动的实际成本。② 如此往复的闭合恶性循环使得区域内本就较低的贸易额持续下滑。从国际法治的角度而言，利用成员国国内法院执行国际裁决是提高国际裁决效力的最有效的手段，对加强国际法治和提高国际法在国家法律制度中的地位具有十分重要的意义。③ 若想提高东共体法的有效性，东共体每个成员国都应把重点放在发展本国的法律制度以改善东共体法的整体表现上。④ 因此，探寻东共体法院的判决在成员国国内法院的承认和执行是东共体经济一体化发展、促进区域内贸易增长的关键一步。

（一）实际执行情况

原则上，承认和执行外国法律判决是两个既有区别又彼此关联的法律问题。⑤ 承认外国法院判决指的是外国法院判决得到了执行地国的认可进而在执行地国发生法律效力，而执行外国法院判决意味着执行地法院在承认判决的法律效力后，依照执行地国的法定程序予以执行措施，强制判决

---

① Antonio F. Perez, "The International Recognition of Judgments: The Debates between Private and Public Law Solutions," *Berkeley Journal of International Law*, Vol. 16, 2001, pp. 145 – 159.

② Antonio F. Perez, "The International Recognition of Judgments: The Debates between Private and Public Law Solutions," *Berkeley Journal of International Law*, Vol. 16, 2001, pp. 145 – 159.

③ Richard Frimpong Oppong, "Enforcing judgments of the SADC Tribunal in the Domestic Courts of Member States," *Journal of International Dispute Settlement*, Vol. 5, 2015, pp. 344 – 371.

④ Emmanuel Candia, "The Legal Framework for Enforcement of Foreign Judgments in Uganda: Why Uganda Must Improve," *Candia Advocates and Legal Consultants*, Vol. 11, 2016, pp. 1 – 11.

⑤ 李双元、欧福永主编《国际私法》，北京大学出版社，2019，第417页。

当事人履行判决所确定的义务的司法行为。一般而言，判决的承认是执行的基础或前提，判决的执行是实现给付判决效力的手段。[①]

对外国判决的承认涉及一个很重要的问题：是否需要通过执行地国内法院对判决予以审查？目前就世界范围内各国的实践而言，有自动承认制、法院宣告制、重新审理制、登记承认制。[②] 但是由于后两种制度无法适应当代国家间进行国际交往的互动要求而逐渐被摒弃。[③] 以法国为例，虽然目前法国仍主张需要对外国法院判决的承认与执行进行审查，但是在 2018 年一起有关财产的案件中法国就出现了采取自动承认的做法。[④] 李旺对自动承认制的定义为："外国法院判决只要符合承认国法律规定的承认条件，不需要经过任何手续或程序，也不需要承认国法院审查裁定，就在该国具有法律效力。"[⑤] 自动承认制实际上强调的是外国判决的效力对判决承认国的延伸，即外国判决本身是具有法律效力的，承认国无须通过审查给予外国判决法律效力，即确定外国判决在本国自动具有法律效力意义。

欧盟早在 1968 年颁布了《关于民商事裁判管辖权及判决执行的公约》（简称《布鲁塞尔公约》），开始采用自动承认制，对成员国的判决予以自动承认，旨在便捷"判决在成员国间的流动"，构建有利于欧洲经济一体化的有效法律制度。随后，欧盟 1988 年颁布的《民商事司法管辖权和判决执行公约》（简称《洛加诺公约》）、2003 年颁布的《关于婚姻案件及父母责任的婚姻案件管辖与执行条例》等再次重申了对于外国判决的自动承认制。虽然自动承认制只是对外国判决效力的承认，有关判决的执行还是需要依据执行地国的法律进行，但是自动承认制为创建共同体和成员国间

---

① 李旺：《论外国法院判决的自动承认制度》，《清华法学》2019 年第 6 期，第 177~189 页。
② 孙劲：《美国的外国法院判决承认与执行制度研究》，中国人民公安大学出版社，2003，第 249、252 页。德国（《德国民事诉讼法》第 328 条）、日本（《日本民事诉讼法》第 118 条）、韩国等均是采取自动承认制的国家。
③ 贺晓翊：《英国的外国法院判决承认与执行制度研究》，法律出版社，2008，第 337 页。
④ 李旺：《论外国法院判决的自动承认制度》，《清华法学》2019 年第 6 期，第 177~189 页。
⑤ 李旺：《论外国法院判决的自动承认制度》，《清华法学》2019 年第 6 期，第 177~189 页。

良好互动关系奠定了基础。举个例子，当东共体法院判决负有支付义务的当事方再次在肯尼亚法院提起诉讼时，肯尼亚法院主张东共体法院的判决根据自动承认制而具有法律效力，应在肯尼亚国内得到承认和执行。肯尼亚法院拒绝个人上诉主张的行为具有重要意义：一方面，避免了东共体法院判决在国内适用的无效，维护了东共体法的至上性，有利于创建一个有效的经济一体化法律制度；另一方面，促进了成员国对彼此法院判决的承认与执行的流动性和有效性，加快了东共体成员国国内有关民商事争端的解决速度，减少了司法时间并降低了资源成本。可惜的是，《东共体条约》第6章有关"东共体法院"的规定（第23～47条）并未规定东共体法院的判决在成员国国内的自动承认制度。① 虽然东共体立法者关注到了要促进区域内统一承认和执行东共体法院判决的重要性，在《东共体条约》第126条中呼吁成员国应对东共体法院判决在成员国间的执行实现标准化，② 但是就目前东共体的发展态势而言，东共体仍停滞在尚未启动制定统一的、调整东共体法院判决在成员国间承认和执行的法律制度的状态，这就对东共体法院判决在区域内的自由流通产生了消极影响，不利于构建共同体和国家间良好互动关系。建议东共体立法者参考欧盟法院的上述做法。③

此外，共同体法院判决的承认和执行与成员国间判决的承认和执行存在区别。一般情况下，共同体条约或共同体法院议定书会对共同体法院判

---

① 《东共体条约》第35条第1款有关"法院判决"的规定如下："法院应按照法院规则审议和确定根据本条约提起的每一项申诉，并应在公开庭审中作出合理的判决；但是如果法院认为案件属于特殊情况，则判决不予公开。"

② 《东共体条约》第24章"司法协助事宜"第126条有关"合作范围"的规定如下："（一）为了促进实现本条约第5条所规定的共同体目标，各成员国应采取相应措施以协调彼此的法律培训和认证；并应鼓励在共同体内东共体法院的判决实现标准化。（二）为了实现本条第1款的规定，各成员国应通过合适的国家机构采取一切必要步骤：（1）制订一个共同的律师培训大纲并统一律师培训资格标准，目的是日后律师可以取得律师资格和执照，并在东共体内担任律师；（2）协调与共同体有关的国家法律；和（3）恢复出版《东非法律报告》或出版类似的法律报告和此类法律期刊，促进司法实践的交流，加强彼此间的法律学习，促进共同体内法院判决的标准化。（三）为了实现本条第1款的规定，各成员国可采取其他额外的措施。"

③ 详细分析见本书第七章第二节内容。

决的承认和执行予以相关规定。这类规定分为两种。一是规定共同体法院的判决在成员国国内法院具有执行力，在共同体法院签发执行令后，成员国国内法院必须承认和执行共同体法院的判决，例如非洲商法协调组织司法与仲裁共同法院的判决执行就是如此。《司法与仲裁共同法院程序规则》第46条规定，每个成员国国内设有专门负责承认和执行共同体法院判决的机构。当事人须向该机构提出执行判决的申请，该机构只对判决的真实性进行审核。若申请执行的判决真实无误，则根据被请求执行国的国内民事程序法的规定执行。① 非洲商法协调组织通过其创立条约赋予共同体法院裁决或判决在国内执行的效力，确保了共同体法院判决在成员国国内的统一承认和执行。

二是规定共同体法院的判决在成员国国内承认和执行时，应像成员国国内法院执行外国法院判决那样得到充分执行，《东共体条约》《南共体法院议定书》等都有类似的规定。《东共体条约》第44条有关"判决的执行"的规定如下："向个人施加金钱义务的东共体法院的判决的执行，应由执行地国的现行有效的民事程序规则支配。执行令须附于法院判决书后，该判决书只需登记官核实判决的真实性，对其有利的执行方可开始执行该判决。"但是该条规定存在片面性，仅规定了东共体法院有关金钱方面的判决的执行，导致禁令、实际执行命令和其他非金钱判决在成员国可能面临着不被执行的窘境。由于此类诉讼对保障经济一体化的利益攸关方十分重要，若不能被执行，可能会导致当事人得不到有效的司法保护。有学者呼吁非洲国家借鉴欧盟法院的做法，即成员国对彼此间和共同体法院作出的非金钱判决也予以承

---

① 《司法与仲裁共同法院程序规则》第46条规定："（一）法院判决的执行，适用请求执行地国现行有效的民事诉讼规则。执行令不受进一步控制，仅由各缔约国政府为实现此目的而设立的指定机构对判决的真实性进行核实，并向法院报告。在债权方要求完成这些手续后，债权方可以根据国家法律规定直接联系主管机构，并要求强制执行。（二）只有经东共体法院决定，执行方可中止。（三）任何可能暂停执行法院裁决的申请，均可根据本规则第23条和第27条的规定提出。提出应立即通知其他缔约方。（四）根据当事人的请求，判决可以延期。（五）对申请的审查，不排除提出申请的当事人根据新的事实重新提出申请。"

认和执行，以促进判决在共同体内更自由的流通。①

（二）面临的挑战

"二元论"成员国尚未制定有关东共体法院判决在成员国国内承认和执行的立法，这引发了东共体判决在国内的承认和执行的法律不确定性。东共体法院作出的判决是否需要经过国内法院的审查？国家是否会主张执行赦免而使得个人判决中的债权人丧失了理应得到的私法保护？诸如此类的问题不仅剥夺个人在共同体内所获得的法律保护，也破坏国家和共同体间的纵向良好互动关系。② 虽然目前东共体内尚未出现个人援引东共体法院的判决在成员国国内执行的案例，但是南共体所面临的类似问题足以引起东共体的重视。在高梦有限公司诉津巴布韦政府案件中，个人援引了南共体法院判决并申请在津巴布韦承认和执行。③ 虽然津巴布韦最高法院没有对南共体法院的判决予以审查，但是津巴布韦最高法院主张执行南共体法院的判决将会与津巴布韦最高法院判决相违背，因此拒绝执行南共体法院的判决。南共体法院判决在成员国国内的执行案例足以敲响非洲各区域经济组织有关共同体法院判决在成员国国内承认和执行的警钟。如果国内法院对共同体法院判决进行审查，实则将共同体法受限于国内法律之下，破坏了共同体法的至上性。④ 布朗建议，在经济一体化的背景下，国内法院不应以"共同体法院判决与国内法不符"为由拒绝执行共同体法院作出的判决。⑤ 非洲各

---

① 〔加纳〕理查德·弗林蓬·奥蓬：《非洲经济一体化的法律问题》，朱伟东译，社会科学文献出版社，2018，第250~251页。

② 〔加纳〕理查德·弗林蓬·奥蓬：《非洲经济一体化的法律问题》，朱伟东译，社会科学文献出版社，2018，第214页。

③ 详情可见案件 *Gramara (Pvt) Ltd v. Government of the Republic of Zimbabew*, HC 33109, (Zimbabwe High Court, 2010)。

④ 〔加纳〕理查德·弗林蓬·奥蓬：《非洲经济一体化的法律问题》，朱伟东译，社会科学文献出版社，2018，第215页。

⑤ Chester Brown, *A Common Law of International Adjudication*, Oxford: Oxford University Press, 2007, pp. 152 – 184.

区域经济共同体法院的判决不应被国内法院根据被请求国法律予以审查，应参考国际法院的做法（国际法院作出判决不受国内法院审查）。国际法院曾在阔滋工厂案中明确指出，国内法院无权拒绝执行国际法院作出的裁决。需要承认的是，国内法院对包括共同体判决在内的外国判决是否予以承认和执行拥有自由裁量权，这是一国主权行为的具体表现。给予共同体法院判决如此高的地位势必会冒犯国内法院的司法权威，对成员国国内宪法的法律地位带来了挑战。由于考虑到目前东共体法院的法律能力与国际法院相比还较弱，政治性因素也会对东共体法院的独立性和公正性产生消极影响，因此建议制定并完善相关的国内立法，实现共同体法院判决在成员国国内的有效执行，维护共同体法的有效性。同时，还需加强东共体法院自身司法能力的建设，为国内法院承认共同体法院判决树立司法信心。①

成员国以国家执行豁免为由拒绝承认和执行东共体法院的判决，损害了判决中个人债权人的合法权利。② 国家享有主权豁免是从国家主权平等的国际法基本原则引申而来的，国家行为和国家财产也享有豁免权，这是一项从罗马法概念——平等者间无管辖权（Par in parem non habet jurisdiction）——引申而来的一项国际习惯法规则。③ 20 世纪后期，随着国家普遍参与经济商业活动，针对国家的商业交易行为或私法行为的转变，国家也从主张"绝对主权豁免"转变为"相对主权豁免"。目前，许多发达国家已采用相对主权豁免原则以鼓励经济商业活动的发展，许多发展中国家也逐渐转变绝对主权豁免原则。与英联邦国家对主权豁免的相关法律规定不同，东共体内原英属殖民地国家对其主张绝对主权原则还是相对主权原则并无相关的法律规定，也没有与解决上述问题相关的判例法。以肯

---

① 〔加纳〕理查德·弗林蓬·奥蓬：《非洲经济一体化的法律问题》，朱伟东译，社会科学文献出版社，2018，第 218 页。

② 刘艳娜：《国际私法的适当主权论》，博士学位论文，吉林大学，2012，第 78 页。

③ 梁西主编《国际法》，武汉大学出版社，2000，第 108 页。

尼亚为例，肯尼亚对国家主权豁免也没有相关的立法规定。不过从肯尼亚法院受理的托诺卡钢铁有限公司诉东南非贸易和开发银行案例中可以发现，虽然肯尼亚《特权与豁免法》赋予外交部部长权利，肯尼亚或肯尼亚政府所属的机构可免于起诉，初审法庭判定东南非贸易和开发银行已获得免于起诉的豁免，但是肯尼亚上诉法院最终还是判定东南非贸易和开发银行的商业行为不享有国家主权豁免。<sup>①</sup> 在之后的多起关于个人与政府签订的商业合同案件中，核心是如何判定政府的行为是公法行为还是商业行为，这一问题尚未得到统一的法律解释。在经济一体化的大背景下，个人频繁地参与经济活动必然会产生和成员国政府开展合作的行为，若成员国政府都主张绝对国家主权豁免，个人的利益权利如何得到维护？且大多数共同体法院的判决都是个人针对主权国家提请的，但是《东共体条约》和相关法律并未就国家是否可以在国内执行东共体法院判决时主张主权执行豁免有所规定。<sup>②</sup> 虽然有正当理由将豁免范围扩大到各国政府和其他主权机构，但与享有这种豁免的主体订立合同往往给当事方带来了潜在的法律风险。<sup>③</sup> 虽然世界范围内各国都主张相对主权豁免，但是这仍然是一个难以克服的法律挑战。<sup>④</sup>

## 二 东共体成员国间判决的承认与执行

成员国承认与执行外国法院判决的法律渊源主要包括三个：国内立

---

① 详情可见案件 *Tononoka Steels Limited v. The Eastern and Southern Africa Trade and Development Bank*, Civil Appeal No. 255 of 1998, http://kenyalaw.org/caselaw/cases/view/530/。

② 〔加纳〕理查德·弗林蓬·奥蓬：《非洲经济一体化的法律问题》，朱伟东译，社会科学文献出版社，2018，第 217 页。

③ "Sovereign Immunity Complicates Trading with Governments" ( October 2010 ), https://www.businessdailyafrica.com/analysis/Sovereign – immunity – complicates – trading – with – governments/539548 – 1075836 – vyt4vez/index.html.

④ J. Ostrander, "The Last Bastion of Sovereign Immunity: A Comparative Look at Immunity from Execution of Judgements," *Berkeley Journal of International Law*, Vol. 22, 2017, p. 540.

法、国际条约（双边协定、区域性条约、多边国际公约）、互惠关系。① 根据国内立法承认和执行外国法院判决是一国主权的体现，例如乌干达、肯尼亚、坦桑尼亚、布隆迪等均制定了《外国判决（互惠执行）法案》以规范外国判决的承认和执行程序。南苏丹《民事诉讼法》第 219～240 条规定了外国判决的承认和执行程序。但是由于各国法律文化背景不同，对外国判决的承认与执行的立法存在较大差异。受到经济全球化的影响，为了鼓励跨国贸易的进一步流通，国家开始签署双边协定鼓励外国判决在彼此间的自由流通。目前东共体成员国间尚未针对彼此判决的承认和执行签署相关的双边协定。

只签署双边协定已经满足不了日益频繁的跨国经济技术和贸易的发展往来。随着国际民商事诉讼数量的激增，亟须制定一个区域性协定来协调不同法律制度的国家间就判决的承认与执行的规定。早在 20 世纪早期，区域层面多个国家签署了一系列区域性协定，简化了判决的承认和执行程序，促进了判决的自由流通，保障了个人的跨国私法权利。这些区域协定包括：1928 年拉丁美洲国家签署的《布斯搭曼特法典》；1952 年中东国家签署的《阿拉伯联盟关于执行判决的公约》；1968 年欧盟国家签署的《布鲁塞尔公约》；1988 年欧盟国家进一步制定完善细节的《卢加诺公约》。除了非洲商法协调组织各成员国就统一承认和执行司法和共同体法院的判决签署了区域性协定，非洲国家尚未签署有关判决承认和执行的区域性协定，东共体各成员国也不例外。

除了区域性协定，国际公约也是统一规范判决承认和执行的重要法律依据。例如，1971 年海牙国际私法会议制定的《民商事案件外国判决的承认与执行公约》及其议定书，还有一些专门性领域的公约，包括 1958 年签署的《关于承认和执行子女抚养和义务判决公约》、1973 年签署的《关于承认和执行抚养义务判决公约》等。但是由于全球范围内各个国家间的

---

① 钱锋：《外国法院民商事判决承认与执行研究》，中国民主法制出版社，2014，第 118 页。

法律文化背景不同、国家利益诉求存在差异等，签署上述条约的国家还比较少。2019 年海牙国际私法会议第 22 届外交大会通过的《承认与执行外国民商事判决公约》① 是全球首个全面确立民商事判决国际流通统一规则的国际公约。目前，东共体 7 个成员国均不是《承认与执行外国民商事判决公约》的签署国。

由于东共体成员国在区域层面和国际层面尚未签署统一判决承认和执行的相关协定和条约，东共体成员国对外国判决的承认和执行主要依据的是本国国内立法和互惠原则。② 互惠原则最开始适用在国际公法领域，是国际公法的一项重要原则，强调各个国家是平等的、独立的国际法主体，在国际关系的舞台上进行交流活动时需要尊重彼此。后来互惠原则逐步适用在国际私法领域——国际民事诉讼法领域，成为外国判决承认与执行领域的一个重要原则。互惠关系存在的前提是不存在相关的双边协定、区域性或国际性条约规定，各国基于互惠原则给予外国判决承认和执行的本国效力。许多国家的立法都对互惠原则予以不同程度的规定，允许国内法院

---

① 《承认与执行外国民商事判决公约》是全球首个全面确立民商事判决国际流通统一规则的国际文书，旨在使各国判决在全球得到执行。公约的通过将为包括国际贸易、跨境商业在内的国际民商事活动提供更优质、高效、低成本的司法保障，对国际民商事领域司法合作影响深远。在此之前，由于达成全球范围内有关统一的承认与执行外国法院判决存在相当大的困难，因此在 2019 年之前国家间针对某些具体领域的具体问题达成共识，例如 1970 年海牙《承认离婚与私法别居公约》、1973 年海牙《抚养义务判决的承认和执行公约》等。

② 与以往强调对私人的保护而主张放弃互惠原则的国家的态度相比，在经济全球化的大背景下，各国在经济领域的竞争日趋激烈，经济间的联系也不断加深，由此，成员国以转向主张维护整体国家利益的互惠原则为由，开始关注外国法院判决在成员国国内的承认与执行。大陆法系的互惠原则最先是采取形式互惠，这是国家采取防御性手段的对等方式。但是形式互惠过于严格的规定使得内国判决事实上获得外国法院认可的可能性极度下降。国际社会开始普遍转向适用实质互惠原则。英美法系的互惠原则主要采用"债权说"互惠。1933 年英国的《外国判决（互惠执行）法》第 9 条第 1 款规定，若外国法院作出的判决的待遇比本国法院作出的判决待遇还要低，那么本国法院都不会执行外国法院作出的判决。随着时间的推移和国际交往形式的需要，两大法系对互惠原则的观点从总体上逐渐趋向同一，即对外国判决的承认和执行实质上是在国际民事合作的基础上实现民事权利的基本途径，任何国家在进行国际私法合作时都不能因缺乏国际条约和形式互惠关系而牺牲外国判决中当事人的私法利益。

可以根据互惠原则承认和执行外国法院的判决。例如，乌干达 1961 年《外国判决（互惠执行）法案》规定了本国对外国判决的承认与执行采取实质性互惠原则。肯尼亚 1985 年《外国判决（互惠执行）法案》（2012 年修订）规定了肯尼亚对 8 个国家的判决采取互惠制度，其中涉及的东共体成员国有乌干达、卢旺达、坦桑尼亚。[①] 坦桑尼亚 1935 年修订的《外国判决（互惠执行）法案》（2002 年再次修订）规定了肯尼亚对 11 个国家的判决采取互惠制度，其中没有任一互惠国家属于东共体成员国。[②]

传统意义上互惠原则是强调国家主权的一种表现形式，是发展中国家为了维护司法主权而优先考虑国家利益至上性的一种选择性策略。[③] 但是国家间将过度强调互惠原则作为承认和执行外国判决的先决条件实则不利于鼓励跨国民商事交往，也违背了经济一体化和经济全球化的国际发展趋势。[④] 因为许多跨国民商事判决都涉及个人的私法利益，与国家整体利益的关系并不大。[⑤] 特别是没有条约规定、基于互惠原则对判决进行承认和执行，被请求国对外国法院判决的承认和执行完全出于经济或政治考虑，这就会引发两个问题。首先，被请求国根据互惠原则给予判决承认和执行的本质是一种报复手段，即在甲国承认乙国的判决的前提下，乙国才承认甲国的判决。这是一种对等战略，所带来的结果是，被请求国担心自己承认了他国的判决而他国在未来可能不会承认自己的判决，进而造成本国的利益损害；或由于自己不承认他国判决而使得他国在未来

---

① · 除乌干达、卢旺达、坦桑尼亚外，澳大利亚、马拉维、塞舌尔、赞比亚和英国是互惠国。

② 这 11 国家中包括 8 个非洲国家（博茨瓦纳、莱索托、毛里求斯、赞比亚、塞舌尔、索马里、津巴布韦、斯威士兰），2 个其他国家（英国、斯里兰卡）。详情可见 https://www.thecitizen.co.tz/oped/Revise – list – of – countries – from – which – judgments – are – enforced – here/1840568 – 1859310 – t91tj7/index.html。

③ Richard Frimpong Oppong, "Enforcing Judgments of the SADC Tribunal in the Domestic Courts of Member States," *Journal of International Dispute Settlement*, Vol. 5, 2015, pp. 344 – 371.

④ 杜涛：《互惠原则与外国法院判决的承认与执行》，《环球法律评论》2007 年第 1 期，第 23 ~ 38 页。

⑤ 付颖哲：《论承认与执行外国民商事判决法律制度中的互惠》，《西部法学评论》2018 年第 1 期，第 84 ~ 95 页。

不承认本国判决。① 有学者认为成员国国内法院的尴尬处境就好像是"囚徒困境",导致谁都不愿意迈出第一步,造成了双方的不合作困境。② 其次,依据政治或经济因素承认和执行外国法院的判决,极有可能使得成员国因追求国家利益最大化而牺牲个人的私法利益,例如成员国可能考虑判决的被告方将财产转移至本国,若不执行判决将使得本国受益,那么被请求国法院拥有极大可能性拒绝承认和执行该判决。无论是哪一种情况,在经济一体化的背景下,都不利于构建一个促进人员、服务、货物、资本自由流通的法律制度。

乌干达国内法院似乎意识到互惠原则的限制,基于促进经济的考虑承认和执行不属于乌干达互惠原则对象国的国家的判决。在克雷丝销售公司诉卡洛销售公司一案中,乌干达和美国虽然没有签署判决承认和执行的双边互惠条约,但是乌干达法官爱德认为:"持有该判决的判定债权人应被允许实现其判决的结果,在缺乏互惠对等安排的情况下,我国法院应予以承认。"乌干达开启了承认并执行外国法院(美国法院)裁决的先例。③ 有学者认为,虽然对互惠原则予以法律形式的签署对贸易判决的承认和执行而言更具有制度优势,但基于促进跨国经济贸易发展及对个人私法权利保护的需要,对那些司法制度较完善且信赖度较高的国家(即使该国与乌干达不存在双边互惠原则),乌干达可以放弃传统的互惠原则、考虑承认和执行该国的判决的做法为东共体法院判决在乌干达的执行打开了积极的大门,特别是在东共体成员国尚未对东共体法院判决的承认与执行规定互惠条件的前提下,对东共体来说抛弃传统基于互惠原则对外

---

① 宣增益:《国家间判决承认与执行问题研究》,博士学位论文,中国政法大学,2004,第14页。

② Michael Whincop, "The Recognition Scene: Game Theoretic Issues in the Recognition of Foreign Judgments" ( April 1999 ), https://www. researchgate. net/publication/228159415 _ The _ Recognition_Scene_Game_Theoretical_Issues_in_the_Recognition_of_Foreign_Judgments.

③ *Christopher Sales & Carol Sales v. Attorney General*, Civil Suit No. 91 of 2011( unreported) , http://www. ulii. org/ug/judgment/high – court/2013/15 – 2.

国判决的承认和执行是一道曙光，至少说明有成员国愿意为经济一体化发展贡献本国力量。[①]

综上，东共体成员国在区域层面和国际层面尚未签署统一判决的承认和执行的相关协定和条约，目前成员国之间仍然需要根据国内立法或互惠原则进行判决的承认和执行。这一现状造成了东共体法院判决的承认和执行在区域层面的流通不畅，不利于保护判决中债权人的合法私法权利，阻碍了经济一体化利益攸关方间的互动关系。

## 三 东共体法院判决的承认与执行对东非经济一体化的影响

首先，承认共同体法院判决一方面可以节约法律诉讼成本，在避免一事两诉的基础上减轻当事人的成本压力，节约各国司法机关资源成本；另一方面维护了法律关系的稳定，促进了各国民商事交往的发展。[②] 让"判决流通起来"是东共体实现经济一体化的一个重要环节。正如拉丁法律格言所言："一个人不能因为同样的原因被困扰两次。"重复的诉讼，不发生法律效力的判决以及无法执行的诉讼和判决会极大地增加当事人的负担，影响法律制度在理想和现实中的平衡。[③] 东共体和成员国创造出利于东共体法院判决的承认与执行的相关法律制度是实现集体共同利益的重要一步。

其次，东共体法院判决的承认与执行不仅是对当事人私法权利的跨国保护，更是促进经济一体化和平衡各国经济利益的重要方式。东共体经济一体化的目标是实现一个贸易自由化的市场，这需要进一步消除影响贸

---

① Emmanuel Candia, "The Legal Framework for Enforcement of Foreign Judgments in Uganda: Why Uganda Must Improve," *Candia Advocates and Legal Consultants*, Vol. 11, 2016, pp. 1 – 11.

② 杜涛：《互惠原则与外国法院判决的承认与执行》，《环球法律评论》2007 年第 1 期，第 23 ~ 38 页。

③ Jacob van de Velden, *Finality of Litigation: Preclusion and Foreign Judgments in English and Dutch Law*, Durch: Rijksuniversiteit Groningen, 2014, p. 235.

易、人员、资本、服务跨国流动的法律障碍。与当事人私法利益相关的外国判决和贸易、人员、资本、服务等要素一样，代表着当事人经济活动的权益。一国拒绝承认与执行外国判决无异于设置高关税以限制外国货物的进口，这一行为类似于设置了贸易壁垒。[①] 若东共体法院的判决在东共体成员国国内得不到有效执行，个人胜诉方不得不寻求另外的司法救济方式或放弃救济，这就增加了个人从事经济活动的司法成本和交易成本，阻碍了跨境贸易的发展。有学者是这么评论不能执行的判决的意义的："从好的角度来说，一个不能在国内被执行的外国判决仅仅是丧失了它的法律意义；从坏的角度来说，一个不能在国内被执行的外国判决则是经济资源和司法资源的双重附加损失。"[②] 因此，实现东共体法院判决在东共体成员国间的自由流动有助于实现经济一体化的发展目标。在这一背景下，应主张东共体成员国优先考虑集体经济一体化利益，放弃将互惠原则作为执行判决的先决条件；东共体应着手制定一个统一区域管辖权和判决的承认与执行的区域性公约，为东共体法院的判决流通创造一个积极、稳健的区域法律环境。

## 第三节　小结

本章分析东共体法院判决和仲裁裁决的承认和执行，东共体的法律制度处理该问题的表现可圈可点。从积极层面来看，东共体法院具备的仲裁管辖权使得东共体法院具有多重管辖身份，更符合东共体预设实现经济一体化的目标。一方面为不愿意彼此起诉的非洲国家提供了非对抗性的争议

---

① 徐崇利：《经济全球化与外国判决的承认和执行的互惠原则》，《厦门大学法律评论》2005年第1期，第55~64页。

② Ben Juratowitch, "Fora Non Conveniens for Enforcement of Arbitral Awards against States," *International and Comparative Law Quarterly*, Vol. 63, 2014, pp. 477 – 490.

解决方式，维护了国家间的纵向友好关系；另一方面为当事人提供了更为便捷、快速、高效的争议解决方式。虽然东共体法院仲裁管辖权仅被援引了一次，但是这有利于未来鼓励从事跨境交易的个人通过东共体法院仲裁的方式解决商事争议。

从消极层面来看，东共体内尚未形成一套有效地执行东共体法院判决和仲裁裁决的法律制度，成员国也并未在国内法中给予东共体法院判决和仲裁裁决以共同体法院判决和仲裁裁决的特殊地位。各成员国也并未就东共体法院判决的承认与执行制定相关的国内立法，这对东共体法院判决在成员国间的自由流通施加了诸多的法律不确定性。例如是否可以将东共体法院判决等同于外国法院判决予以执行？东共体法院作出的判决是否需要经过国内法院的审查？国家是否会主张执行主权豁免而使得个人判决中债权人丧失理应得到的私法保护？诸如此类的问题不仅会剥夺个人在共同体内所获得的法律权益，而且还会破坏国家和共同体间的纵向良好互动关系。另外，对于成员国间判决的承认与执行，东共体也未制定统一的区域管辖权和判决的承认与执行的区域性公约，这不利于成员国间判决在区域内的自由流通。在经济一体化的大背景下，如何创建一个有利于共同体判决、仲裁裁决，以及成员国间判决在区域内自由流通的区域法律环境，对于调节共同体、国家、个人三方良好互动关系而言十分重要，未来还需要东共体立法者对此问题加强关注和重视。

# 第六章

# 东共体与其他经贸组织的外部关系对东非经济一体化的影响

　　法律制度与经济一体化之间的关系理论主张东共体在经济一体化的动态发展过程中不仅应关注调整其内部关系的法律制度，也应关注调整东共体外部关系的法律制度。有效调整国际机制间的互动关系的法律制度对构建促进经济一体化发展的共同体法律制度框架而言有着重要的意义，尤其是对处理有关跨境经济交易活动的法律纠纷而言。[①]东共体与其他国际机制的互动关系产生了国际机制的复杂性，表现形式包括机制的平行、机制的嵌套、机制的重叠。上述表现形式可以统称为机制的重叠。多成员身份是造成机制重叠的重要原因，所引发的效应更是弊大于利，导致了诸如法律规范行为的效用低下等问题。本章将从国际公法的角度，选取在非洲大陆内与东共体成员身份重叠的南共体和东南非共同市场以及全球范围内发展程度最高的全球性经贸组织——世界贸易组织（简称"世贸组织"）作为分析样本，考察东共体现有法律制度是否能够有效地调整其外部关系，促进经济一体化目标的实现。

---

① 〔加纳〕理查德·弗林蓬·奥蓬：《非洲经济一体化的法律问题》，朱伟东译，社会科学文献出版社，2018，第229页。

# 第一节　国际机制复杂性在非洲的体现

由于国际机制众多，机制间互动关系日益复杂化且横纵向扩散化。[①]
从横向扩散层面看，国际机制在国际上的频繁互动导致国际机制数量的激
增；从纵向扩散层面看，在相同问题领域的重复设置导致国际机制的重
叠。国际机制的复杂性是国际机制纵向互动的结果。[②] 重叠机制是国际机
制复杂性的一种表现，多成员身份是重叠机制的特点。多成员身份现象并
不是非洲所特有的，但是其在非洲大陆却呈现出复杂化的发展趋势。本节
通过对非洲多成员身份重叠现象的回顾，分析该现象出现的逻辑动因；梳
理多成员身份重叠现状，把握该现象未来发展的态势，强调对该问题关注
的紧迫性；探究多成员身份重叠产生的影响，知晓该现象在非洲经济一体
化大背景下所引发的问题并预判解决该问题的相关措施。

## 一　多成员身份重叠现象出现的背景

一个非洲国家加入多个非洲区域经济组织造成了多成员身份现象。导
致该现象的原因之一离不开非洲国家早期实现非洲经济一体化的夙愿。泛
非主义是引领非洲国家追求非洲经济一体化的思想渊源。泛非主义的"非
洲一体性"内涵，符合非洲经济一体化的内在本质和要求，因此成为非洲

---

① 目前国际社会上存在众多类型的国际机制。国际机制的分类根据不同的主题而不同。根
　据问题的不同，国际机制可分为国际经济机制、国际环境机制、国际安全机制等；根据
　形势特征分类，国际机制可分为正式机制（国际协定）和非正式机制（国际惯例、习
　俗）；根据作用范围不同，国际机制可分为双边机制、地区性机制、全球性国际机制。
② 张祎：《国际制度间关系研究：理论历程、核心命题与理论价值》，《北华大学学报》（社
　会科学版）2015 年第 5 期，第 97～104 页。

经济一体化的理论基础和指导思想。① 独立后的非洲领导人认为，非洲一体化发展是解决非洲政治和经济发展多方面困境的"灵丹妙药"，开始致力于加入并制定非洲多个区域贸易协定，大力发展区域间经济。非洲经济一体化进程可以分为以下两个阶段。

## （一）第一阶段：20 世纪 60 年代至 80 年代

20 世纪 60 年代非洲民族国家建构热潮兴起，非洲主权国家开始了民族经济发展的新探索。1963 年成立的非洲统一组织（OAU）揭开了非洲经济一体化的序幕。至此，一大批非洲区域经济组织相继成立。20 世纪 60 年代中期，非洲成立了非洲经济委员会，致力于推进非洲经济一体化的发展议程。20 世纪 70 年代非洲统一组织正式推出《拉各斯行动计划》（LPA），非洲经济一体化进程正式步入非洲大陆整体发展议程。20 世纪 60 年代至 80 年代的非洲经济一体化将区域经济组织分为两个部分：一个是《拉各斯行动计划》内计划成立的区域经济组织（见表 6-1），另一个是《拉各斯行动计划》外成立的区域经济组织。

这时期成立的非洲区域经济组织的发展存在以下特点。

首先，非洲区域经济组织处于初级阶段，很多议程和计划并不完善，造成了成员国间的利益天平不对称。以 1967 年东共体三国签署的《东非合作条约》为例，该条约规定了东非三国建立共同市场，统一对外关税，共享基础设施服务，在共同市场内实现进口货物自由流通。② 但是该条约的规定极大地偏向于保护肯尼亚的国家利益，而忽视了乌干达和坦桑尼亚较弱的经济背景，③ 因此点燃了 1977 年东共体解体的导火线。同时，从各

---

① 舒运国：《泛非主义与非洲一体化》，《世界历史》2014 年第 2 期，第 141~158 页。

② W. C. Whitford, "The Treaty for East African Cooperation and the Unification of Commercial Laws" (October 2016), https://pdfs. semanticscholar. org/0fae/aad1f2677bb4122ae52c48fa1a7bca7ba265. pdf.

③ Guy Arnold, "East African Community 1967 – 1977" (July 2015), https://worldhistory. biz/sundries/31706 – east – african – community – the – 1967 – 1977. html.

个区域经济组织的规章议程中可以看出，各区域经济组织间的合作主要在沟通和交流的层面，在经济方面的合作较松散，并未针对具体领域进行详细的经济合作规划。[①]

**表 6 - 1　非洲区域经济组织的成立**

| 非洲地区 | 成立文件 | 成立时间 | | |
|---|---|---|---|---|
| | | 20 世纪 60 年代 | 20 世纪 70 ~ 80 年代 | 20 世纪 90 年代 |
| 西非 | 《拉各斯行动计划》 | — | 1975 年西非国家经济共同体（ECOWAS） | 1993 年修改《西非国家经济共同体条约》完善西非国家经济共同体 |
| | — | 1966 年西非国家关税联盟（UDEAO） | 1973 年西非经济共同体（CEAO）1973 年西非国家货币联盟（UMOA） | 1994 年西非经济货币联盟（WAEMU） |
| 中非 | 《拉各斯行动计划》 | — | 1983 年中部非洲国家经济共同体（ECCAS/CEEAC） | — |
| | — | 1964 年中非经济关税同盟（UDEAC）1961 年中非国家银行（BEAC） | — | 1994 年中非经济货币联盟（CEMAC） |
| 东部和南部非洲 | 《拉各斯行动计划》 | — | 1981 年优惠贸易协定（PTA） | 1993 年东南非共同市场（COMESA）1993 年跨境倡议（CBI） |
| | — | 1969 年南部非洲关税同盟（SACU） | 1980 年南部非洲发展协调会议（SADCC） | 1992 年南部非洲发展共同体（SADC） |
| | | 1967 年东部非洲共同体（EAC） | | 1999 年东部非洲共同体（再次成立）（EAC II） |
| | | | 1986 年东非政府间抗旱和发展组织（IGADD） | 1996 年东非政府间发展组织（IGAD） |

其次，非洲区域组织呈现出不稳定性，受政治因素影响较大。以东共体为例，1967 年东共体成立，但由于国家间对经济发展的诉求不同，

---

国家间的矛盾摩擦不断加剧，成员国间的利益冲突得不到有效缓解，一度使得东共体成员国间的矛盾不断加深。其中产生矛盾的主要原因是东共体三国领导人的政治意识分歧较大。肯尼亚的前领导人乔莫·肯雅塔（Jomo Kenyatta）比坦桑尼亚和乌干达的领导人都年长一代。[1] 肯雅塔又是一个保守的实用主义者，1970 年肯尼亚温和的亲西方政策和其他两国日益左倾的政策之间的差距越来越大，[2] 这也间接导致了 1977 年东共体的解体。

非洲经济一体化在 20 世纪 60 年代至 80 年代发展进程缓慢，主要可以归因于以下两点。一是非洲新成立的国家对巩固新政权的重视。20 世纪 60 年代是非洲民族国家成立的高潮时期。由于经历了上百年的屈辱殖民历史，非洲国家将巩固政治地位放在国家发展的首要位置，对经济方面的规划停留在文字表面，并未将推动非洲经济一体化的整体发展规划纳入国家的重要议程。二是非洲国家对《拉各斯行动计划》的搁置。虽然 1970 年非洲统一组织提出了《拉各斯行动计划》，对经济一体化的发展有了一定的重视，但是由于 20 世纪 70 年代非洲国家遭遇了结构性改革后带来的经济萧条，《拉各斯行动计划》没有被付诸实践。非洲经济一体化的进程由于非洲各国经济的衰退而更加困难。

（二）第二阶段：20 世纪 90 年代至今

20 世纪 90 年代以来，由于全球化浪潮冲击，非洲国家意识到经济一体化的必要性和重要性。1991 年，非洲领导人在尼日利亚首都阿布贾会晤，签署了《阿布贾条约》，正式成立了非洲经济共同体（AEC）。《阿布贾条约》规定，非洲经济共同体建立的目标是实现整个非洲大陆

---

[1] 坦桑尼亚的领导人为朱利叶斯·尼雷尔（Julius Nyerere），乌干达的领导人为米尔顿·奥博特（Milton Obote）。尼雷尔是一个社会主义的理论家，奥博特也在向政治左派靠拢。

[2] Bheki R. Mngomezulu, "Why Did Regional Integration Fail in East Africa in the 1970s? A Historical Explanation" (December 2013), http://www.kznhass – history. net/files/seminars/ Mngomezulu 2013. pdf.

的全面一体化，并为此制定了六个阶段的计划。根据《阿布贾条约》的规定，该计划旨在遵循经济理论的基础上逐步建立一个统一的非洲经济共同体。《阿布贾条约》第 6 条规定："应在不超过 34 年的过渡期间内分 6 个阶段逐步建立共同体，建立期间时间长短不一。"[1] 非洲经济发展案例与其他国家经济理论的唯一区别在于，该计划所采用的是"从下至上"（from down to up）的方式，从区域层面开始实施，再逐步推广到大陆层面。[2]

2002 年非盟成立后，《非盟宪法》规定，到 2028 年非盟和非洲经济共同体将统一为一个机构，即非洲国家经济共同体和政治联盟。总体来说，20 世纪 90 年代以来，非洲区域经济组织的发展呈现蓬勃的一面，又有一批新的经济一体化组织出现，如西非货币联盟建立（1993 年），东非政府间抗旱和发展组织改名为东非政府间发展组织（1996 年），中部非洲经济货币联盟建立（1994 年），南部非洲发展协调会议改名为南部非洲发展共同体（1992 年），非洲联盟正式代替非洲统一组织（2002 年）等。

这个时期成立的非洲区域经济组织发展存在以下特点。

首先，非盟代替非统，从强调巩固非洲国家的主权逐步转移到关注非洲大陆经济一体化发展进程。[3] 非盟积极落实"非洲发展新伙伴计划"，加大对基础设施和对非投资的关注，努力致力于实现非洲大陆的经济一体化蓝图。2012 年非盟第 18 届国家元首和政府首脑会议通过了"最低一体化方案"（MIP），就"促进非洲区域内贸易"和"加快经济一体化建设"为发展目标达成一致同意，完善《阿布贾条约》中与现实脱钩的规定。2016 年非洲经济事务委员会就"如何促进非洲经济一体化发展"主题在非盟总

---

① 详情可见非盟网站，https://au.int/en/treaties/treaty - establishing - african - economic - community。

② Dahiru J. Umar, "An Evaluation of Implementation of the Abuja Treaty and the African Integration Process 2002 - 2012", Doctoral Dissertation( October 2014), https://projectng.com/topic/th 8368/.

③ 舒运国：《非洲经济一体化五十年》，《西亚非洲》2013 年第 1 期，第 85~101 页。

部亚的斯亚贝巴举行研讨会。① 非盟委员会主席法基在 2018 年第 30 届非盟首脑会议上表示："加快非洲经济一体化进程是增强非洲凝聚力，推进非洲发展的必经之路。"② 2019 年第 32 届非盟首脑会议也对非洲经济一体化发展展开了激烈讨论。③ 非盟在促进非洲经济一体化发展中扮演着积极角色。

其次，非洲区域经济组织发展逐步走向 2.0 升级版本。④ 1986 年成立的东非政府间抗旱和发展组织于 1996 年升级为东非政府间发展组织，并把工作重点从抗旱转移到防止地区冲突和扩大经济合作等领域，促进东非地区经济一体化的发展。⑤ 1977 年解体的东共体于 2000 年再次成立，其主要目标是"加强、协调和规范成员国间的经贸关系，促进共同体协调和平衡发展"。继 2007 年布隆迪和卢旺达加入东共体后，2016 年南苏丹加入东共体，2022 年刚果（金）加入东共体，东共体成员规模的扩大标志着东非地区在经济一体化进程中又迈出了坚实的一步。1980 年南部非洲发展协调会议于 1992 年升级为南部非洲发展共同体。1966 年西非国家关税联盟于 1994 年升级为西非经济货币联盟。2015 年 6 月南共体、东南非共同市场和东共体三大非洲区域经济组织经过 4 年的谈判宣布正式建立三方自由贸易区。2018 年 3 月 21 日，44 个非洲国家在卢旺达首都基加利签署了《非洲大陆自由贸易区协定》（AfCFTA），2019 年 7 月正式启动非洲大陆自贸区。非洲大陆自贸区是非盟《2063 年议程》里 12 个旗舰项目之一，不仅是非洲群

---

① AU, "Fridays of the Commission: Regional Integration in Africa and How to Make It Work"( May 2016), https://au. int/en/pressreleases/20160517 – 0.

② "Acceptance Remarks by President Kagame at Opening Ceremony of 30th African Union Summit Addis Ababa, 28 January 2018,"https://au. int/en/speeches/20180128/acceptance – remarks – president – kagame – opening – ceremony – 30th – african – union – summit #: ~ : text = ACCEPTANCE%20REMARKS%20BY%20PRESIDENT%20KAGAME%20AT%20OPENING%20CEREMONY, call%20to%20serve%20as%20Chairperson%20of%20our%20Union.

③ AU, "Announcement of the 32th Ordinary Session the African Union Summit"( May 2019), https://au. int/en/announcements/20190313/announcement –32th – ordinary – session – african – union – summit.

④ 舒运国：《非洲经济一体化五十年》，《西亚非洲》2013 年第 1 期，第 85 ~ 101 页。

⑤ 详情可见 https://igad. int/about – us。

策群力以实现2063年非洲经济一体化及和平富裕的体现，更是非洲经济一体化发展建设道路上的里程碑。2021年非洲大陆自贸区的正式运行，标志着非洲经济一体化步入新的发展阶段。

## 二　多成员身份重叠现象的现状

尽管非盟和非洲各区域经济组织在促进非洲经济一体化发展进程方面作出了积极努力并取得了一定佳绩，但非洲区域经济组织的制度设置却像"意大利面条碗"（Spaghetti）一样相互重叠，特别是多成员重叠现象导致非洲区域经济一体化进程日益复杂和混乱。[①] 非洲区域一体化制度的多样性和成员重叠问题使非洲区域一体化制度安排太过于重复，导致了很多不必要的资源浪费。[②] 正如穆勒所指出的那样："通往非洲经济共同体的道路由于重叠的区域制度安排而变得难以预测。"[③]

目前，非洲大陆已经存在200多个区域性组织，其中8个区域经济组织得到非盟的官方承认，它们分别是东共体（EAC）[④]、东非政府间发展组织（IGAD）[⑤]、阿拉伯马格里布联盟（UMA）[⑥]、东南非共同市场（COMESA）[⑦]、中非国

---

① Francis Mangeni, "The Tripartite Free Trade Area—A Breakthrough in July 2017 as South Africa Signs the Tripartite Agreement"(June 2017), https://www.tralac.org/news/article/11860 – the – tripartite – free – trade – area – a – breakthrough – in – july – 2017 – as – south – africa – signs – the – tripartite – agreement.html.

② Muhabie Mekonnen Mengistu, "Multiplicity of African Regional Economic Communities and Overlapping Memberships: A Challenge for African Integration, International Journal of Economics," *Finance and Management Sciences*, Vol. 3, 2015, pp. 417 – 425.

③ Teshome Mulat, "Multilateralism and Africa's Regional Economic Communities," *Journal of World Trade*, Vol. 32, 1998, pp. 115 – 138.

④ 东共体成员国：肯尼亚、坦桑尼亚、乌干达、卢旺达、布隆迪、南苏丹、刚果（金）。

⑤ 东非政府间发展组织成员国：吉布提、埃塞俄比亚、肯尼亚、索马里、苏丹、乌干达、南苏丹、厄立特里亚。

⑥ 阿拉伯马格里布联盟成员国：阿尔及利亚、利比亚、毛里塔尼亚、摩洛哥、突尼斯。

⑦ 东南非共同市场成员国：布隆迪、科摩罗、刚果（金）、吉布提、埃及、厄立特里亚、埃塞俄比亚、肯尼亚、利比亚、马达加斯加、马拉维、毛里求斯、卢旺达、塞舌尔、苏丹、斯威士兰、乌干达、赞比亚、津巴布韦、突尼斯、索马里。

家经济共同体（ECCAS）①、西共体（ECOWAS）②、南共体（SADC）③、萨赫勒-撒哈拉国家共同体（CEN-SAD）④。1991 年非盟第 27 次会议上通过的《非洲经济共同体条约》将这 8 个区域经济组织视为建设统一的非洲经济共同体的八大支柱。

多成员身份重叠现象并不是非洲大陆所特有的，但是这一现状的发展趋势却日益明显而复杂化。目前全球范围内在世界贸易组织登记在册的区域贸易协定已达 262 个，其中至少涉及一个非洲国家的有 21 个。⑤ 笔者收集并统计各个非洲区域组织的资料后，做了汇总数据统计：54 个非洲国家一共是 132 个区域组织的成员，平均一个非洲国家至少是 2.4 个区域组织的成员。⑥ 由目前非洲大陆多成员的区域经济组织统计数据可知，只有 3 个非洲国家是 1 个区域经济组织的成员；⑦ 有 22 个非洲国家是 2 个区域经济组织的成员；⑧ 有 25 个非洲国家是 3 个区域经济组织的成员；⑨ 有 3 个非洲国家是 4 个区域经

① 中非国家经济共同体成员国：布隆迪、喀麦隆、中非共和国、乍得、刚果（金）、刚果（布）、赤道几内亚、加蓬、卢旺达、圣多美和普林西比、安哥拉。

② 西共体成员国：贝宁、布基纳法索、佛得角、科特迪瓦、冈比亚、加纳、几内亚、几内亚比绍、利比里亚、马里、尼日尔、尼日利亚、塞内加尔、塞拉利昂、多哥。

③ 南共体成员国：安哥拉、博茨瓦纳、莱索托、马拉维、莫桑比克、斯威士兰、坦桑尼亚、赞比亚、津巴布韦、纳米比亚、南非、毛里求斯、刚果（金）、马达加斯加、塞舌尔、科摩罗。

④ 萨赫勒-撒哈拉国家共同体成员国：贝宁、布基纳法索、中非共和国、乍得、科摩罗、科特迪瓦、吉布提、埃及、厄立特里亚、冈比亚、加纳、几内亚比绍、利比亚、马里、毛里塔尼亚、摩洛哥、尼日尔、尼日利亚、塞内加尔、塞拉利昂、索马里、苏丹、多哥、突尼斯。

⑤ 详情可见 https://rtais.wto.org/UserGuide/RTAIS_USER_GUIDE_EN.html。

⑥ 朱伟东、王婷：《非洲区域经济组织成员国身份重叠现象与消解路径》，《西亚非洲》2020 年第 1 期，第 96～117 页。

⑦ 分别是：莫桑比克、佛得角和阿尔及利亚。

⑧ 分别是：博茨瓦纳、莱索托、纳米比亚、南非、中非共和国、埃及、厄立特里亚、埃塞俄比亚、冈比亚、几内亚、利比里亚、马拉维、赞比亚、津巴布韦、圣多美和普林西比、索马里、南苏丹、坦桑尼亚、加纳、毛里塔尼亚、摩洛哥、突尼斯。

⑨ 分别是：安哥拉、贝宁、马里、布基纳法索、几内亚比绍、尼日尔、塞内加尔、多哥、喀麦隆、刚果（布）、赤道几内亚、加蓬、乍得、吉布提、苏丹、肯尼亚、乌干达、利比亚、毛里求斯、马达加斯加、尼日利亚、塞舌尔、斯威士兰、塞拉利昂、科摩罗。

济组织成员;① 有 1 个非洲国家是 5 个区域经济组织成员。② 非洲国家出于国家利益等各种因素考虑加入不同的区域性组织，这就导致一个非洲国家是多个区域组织的成员国，造成非洲大陆多成员身份重叠现象（见图 6 - 1）。

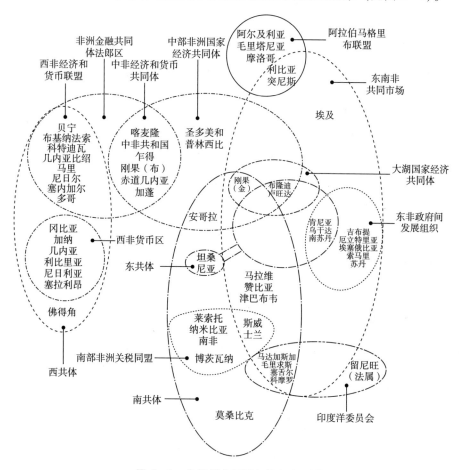

**图 6 - 1 非洲部分区域经济组织重叠**

注：由于非洲区域组织数量过多，例如萨赫勒－撒哈拉国家共同体等多个区域组织尚未被纳入所在图中。本图绘于 2021 年，当时刚果（金）还不是东共体成员。由于尚未统一纳入萨赫勒－撒哈拉绘共同体，因此毛里塔尼亚、摩洛哥在图中仅显示为 1 个区域组织的成员。

资料来源：笔者根据非盟官方网站（https：//auint/en/recs）的信息和非洲开发银行《2019 年非洲经济报告》整理而成。

① 分别是：卢旺达、布隆迪、科特迪瓦。

② 刚果（金）。

世贸组织共有 164 个成员，其中有 41 个非洲国家，占非洲国家总数的 76%（41/54）。这些国家包括：安哥拉、博茨瓦纳、布基纳法索、布隆迪、佛得角、喀麦隆、中非共和国、乍得、刚果（金）、科特迪瓦、刚果（布）、吉布提、埃及、加蓬、冈比亚、加纳、几内亚、几内亚比绍、莱索托、利比里亚、马达加斯加、马拉维、马里、毛里塔尼亚、毛里求斯、摩洛哥、莫桑比克、纳米比亚、尼日尔、尼日利亚、卢旺达、塞内加尔、塞舌尔、塞拉利昂、南非、坦桑尼亚、多哥、突尼斯、乌干达、赞比亚、津巴布韦。其中，除了利比里亚和佛得角近几年才加入世贸组织，其他国家均于 2000 年前便加入了。目前仍有 9 个非洲国家是观察员身份，包括阿尔及利亚、科摩罗、赤道几内亚、埃塞俄比亚、利比亚、圣多美和普林西比、索马里、南苏丹、苏丹。

上述加入世贸组织的非洲国家又分别加入不同的非洲区域经济组织，导致这些国家所在的区域经济组织与世贸组织形成机制重叠。在这 41 个非洲国家中，有 2 个非洲国家是 1 个区域经济组织的成员，具体包括佛得角、莫桑比克；有 17 个非洲国家是 2 个区域经济组织的成员，具体包括博茨瓦纳、中非共和国、埃及、冈比亚、加纳、几内亚、马拉维、毛里塔尼亚、摩洛哥、纳米比亚、南非、坦桑尼亚、突尼斯、赞比亚、津巴布韦、莱索托、利比里亚；有 18 个非洲国家是 3 个区域经济组织的成员，具体包括安哥拉、布基纳法索、喀麦隆、乍得、刚果（布）、吉布提、加蓬、几内亚比绍、马达加斯加、马里、毛里求斯、尼日尔、尼日利亚、塞内加尔、塞舌尔、塞拉利昂、多哥、乌干达；有 3 个非洲国家是 4 个区域经济组织的成员，具体包括布隆迪、科特迪瓦、卢旺达；有 1 个非洲国家是 5 个区域经济组织的成员，这个国家是刚果（金）。

## 三　多成员身份重叠现象对经济一体化的影响

多成员身份重叠现象在非洲经济一体化发展中已逐渐呈现常态化。国内外学者已经开始关注国际机制互动所产生的重叠机制对经济一体化的发展的影响，他们分别从"有利论"和"不利论"两个角度对该问题进行分析讨论。持有利论的学者认为多成员身份对经济一体化的实现产生了积极的作用；相反，持不利论的学者主张多成员身份对经济一体化的实现造成了更多的消极影响。

（一）"有利论"观点：多成员身份是国家利益最大化的体现

多成员身份为国家在多个区域贸易协定中寻求自身国家利益最大化提供了可能。从现实主义的国家权力观出发，非洲国家签署区域贸易协定不仅仅是国家在国际舞台上的一种"政治"合意行为，更是国家追求"经济"利益的一种手段。① 不同的区域经济组织代表着不同的贸易协定制度、不同的关税设计安排和不同的原产地规则，国家具备多成员身份使得它们在上述制度安排中更具周旋的空间。赫尔弗将国家利用多成员身份追求国家利益最大化的现象称为"制度转移"，即国家利用多个区域经济组织提供的不同优惠贸易政策，特别是关税制度和原产地规则制度，追求国家整体贸易经济利益的最大化路径。② 在分析非洲大陆多成员身份现象问题时，他是这么评论的："非洲区域经济组织存在着多元化且分散的区域贸易制度。其中任何一种制度都有可能成为某国未来政策发展的助推器。因此，多个区域经济组织（或非政府组织）为各成员国谋求各自利益最大化留下了相当大的灵活空间。"③ 联合国非洲经济委员会发布的《2019 年非洲区域一体化发展报告》报告中也明确指出，多成员身份一方面有利于经济基

---

① 王明国：《国际机制对国家行为的影响——机制有效性的一种新的分析视角》，《世界经济与政治》2003 年第 6 期，第 49~79 页。

② Laurence R. Helfer, "Regime Shifting in the International Intellectual Property System,"*Perspectives on Politics*, Vol. 7, 2009, pp. 39–44, 转引自朱伟东、王婷《非洲区域经济组织成员身份重叠现象与消解路径》，《西亚非洲》2020 年第 1 期。

③ Laurence R. Helfer, "Regime Shifting in the International Intellectual Property System,"*Perspectives on Politics*, Vol. 7, 2009, pp. 39–44, 转引自朱伟东、王婷《非洲区域经济组织成员身份重叠现象与消解路径》，《西亚非洲》2020 年第 1 期。

础较为薄弱的非洲国家在多个区域经济组织中获取较大的利益份额，另一方面有利于分散贸易风险而减少国家经贸的损失。① 多成员身份已经变成了非洲国家吸引外来投资的一个"法宝"。各国通过多成员身份提供的有关贸易、水源、能源等方面的不同议程平台丰富本国的贸易政策，增加海外投资者对本国的投资信心。②

（二）"不利论"观点：多成员身份带来经济和法律的消极影响

国内外学者已经关注到非洲多成员身份现象对经济一体化的影响。国内学者在 20 世纪 90 年代就已注意到多成员身份对经济一体化带来的消极作用。③ 国内的学者大多从经济、贸易、国际关系的角度对该问题予以关注。例如我国学者孙志娜认为，非洲国家的多成员身份并未使得它们获得较为明显的贸易创造。换句话说，重叠贸易机制并没有给非洲国家带来实际的贸易增长。④ 申皓、杨勇指出，重叠的机制设置在一定程度上弱化了非洲区域内部贸易份额。⑤ 不过可惜的是，国内学者尚未从法律角度对非洲存在多成员身份问题进行探讨分析。

国外学者对非洲多成员身份问题的关注最早可以追溯到 20 世纪 60 年代，约瑟夫·奈在文章中指出："非洲区域经济组织机制设置过于重叠化，这为未来所引发的诸多日益复杂化的问题埋下了种子。"⑥ 国外学者关注到了从法

---

① Economic Commission for Africa, "Assessing Regional Integration in Africa"( June 2019), https://www. uneca. org/sites/files/PublicationFiles/aria8_eng – fin – pdf.

② Bruce Byiers, "Regional Organisations in Africa—Mapping Multiple Memberships," ECDPM Talking Points Blog( May 2017), https://ecdpm. org/talking – points/regional – organisations – africa – mapping – multiple – memberships/PDF.

③ 姚桂梅：《非洲经济一体化进展缓慢原因分析》，《西亚非洲》1996 年第 2 期，第 23 ~ 25 页。

④ 孙志娜：《非洲区域经济一体化的贸易效应——基于 SADC 和 ECOWAS 的比较研究》，《世界经济研究》2017 年第 4 期，第 4 ~ 11 页。

⑤ 申皓、杨勇：《浅析非洲经济一体化的贸易创造与贸易转移效应》，《国际贸易问题》2008 年第 4 期，第 4 ~ 11 页。

⑥ Joseph S. Nye, "East African Economic Integration," *Journal of Modern African Studies*, Vol. 1, 1963, pp. 475 – 502.

律角度分析多成员身份重叠现象对经济一体化的影响。哈夫纳·巴顿认为国际机制的重叠产生了"反机制"（Counter – regime）规范，导致国家利用多机制重叠身份"挑选法院"（Forum – shopping）。"挑选法院"的行为是权力大国的游戏，以牺牲小国或发展中国家的利益为代价。① 奥尔特和默尼耶支持哈夫纳的观点，他们援引国际机制就相同贸易问题领域的机制重叠设置产生的"意大利面条碗"效应，分析国际法律等级的缺失。② 这种国际法律等级秩序的缺失极易造成不同区域经济组织法律制度适用的混乱，而这种混乱"导致了非洲经济一体化的贸易制度安排无效"。③ 结合上述学者的研究观点，笔者认为多成员重叠身份对经济一体化的消极影响主要体现在以下两个方面。

一是从经济角度而言，多成员身份重叠现象导致成员国承担较重的经济负担。主要体现为过重的财政负担和巨大的人力成本负担。财政负担主要指的是加入多个区域经济组织的成员国每年需要承担多份会费，这对财政预算本就不宽裕的非洲国家而言较难实现。非洲开发银行发布的 2019 年《非洲经济发展报告》中指出，非洲国家拖欠区域经济组织会费早已是常态。以刚果（金）为例，2018 年刚果（金）国内收入的结构性疲软导致它的财政预算较低，因此刚果（金）缴纳所加入的 5 个区域经济组织的会费较为困难。再以东共体为例，东共体 2015 年至 2016 年只收取了总会费的 12%，由于运作资金的匮乏，东共体诸多一体化议程难以实现。④ 东共体秘书长姆富穆克在 2017 年大会上表示："我们一直在给各成员国写信，积极访问各成员国，希望它们会响应我们的付款呼吁，但是成效很不佳。"⑤ 由于非洲区域

① Emilie Hafner Button, *Coercing Human Rights*, New York: Cornell University Press, 2009, p. 145.

② Karen Alter, Sophie Meunier, "Banana Splits: Nested and Competing Regimes in The Transatlantic Banana Trade Dispute," *Journal of European Public Policy*, Vol. 30, 2006, pp. 362 – 368.

③ Iwa Salami, "African Economic Integration and Legal Challenges," *GREAT Insights*, Vol. 1, 2012, pp. 123 – 128.

④ Verena Menzel, "East Community Faces Funding Crisis"( May 2018), https://www. Theafricareport. Com/east – african – community – faces – funding – crisis.

⑤ Verena Menzel, "East Community Faces Funding Crisis"( May 2018), https://www. Theafricareport. Com/east – african – community – faces – funding – crisis.

经济组织的资金来源主要有两个，一个是成员国缴纳的会费，另一个是外来援助。在成员国缴纳会费职责履行欠佳的情况下，东共体转向西方国家寻求资金援助以填补东共体运作所需的资金缺口。西方提供的资金援助大都附加了相应的政治条件，这会在一定程度上损害非洲区域经济组织自身发展的独立性。① 同时，缺乏资金的非洲区域经济组织难以推进工作，导致非洲经济一体化进程放缓。

巨大的人力资源成本指的是多身份成员国还面临着参加众多的会议任务和处理繁重文件等工作安排，加重了成员国的行政负担，特别是不同的关税减让率、贸易文件、原产地规则、统计术语等加重了海关人员的工作负担，极大地降低了贸易处理工作的效率。多成员身份还要求成员国处理数量众多、程序复杂的海关手续和文书工作等，这与经济一体化追求简化贸易的目标背道而驰。②

二是从法律角度而言，多成员身份重叠现象导致诸多法律不确定性问题。首先，多成员身份重叠现象导致成员国履行条约义务更加困难。履行国际条约义务是国家的责任。国际法规定："国家责任是国际法中的一项基本原则，从国际法律系统、国家主权及国家平等原则中引申而出。国家应秉持负责任的态度对其签署的国际条约予以适当履行。"③ 但多成员身份导致国际条约义务的重叠，国家在履行国际条约的义务时面临履行义务的困难。当非洲国家属于2个或2个以上的区域经济组织成员时，它所承担的共同体法律义务存在重叠问题。④ 例如，斯威士兰是南共体、南部非洲

---

① Babatunde Fagbayibo, "Exploring Legal Imperatives of Regional Integration in Africa," *The Comparative and International Law Journal of Southern Africa*, Vol. 45, 2012, pp. 64 – 76.

② Babatunde Fagbayibo, "Exploring Legal Imperatives of Regional Integration in Africa," *The Comparative and International Law Journal of Southern Africa*, Vol. 45, 2012, pp. 64 – 76.

③ Malcolmn N. Shaw, *International Law*, London: Cambridge University Press, 2004, p. 259.

④ Richard Oppong, *Legal Aspect of Economic Integration in Africa*, London: Cambridge University Press, 2012, p. 108. 参见〔加纳〕理查德·弗林蓬·奥蓬《非洲经济一体化的法律问题》，朱伟东译，社会科学文献出版社，2018，第211页。

关税同盟和东南非共同市场的成员国，这就意味着斯威士兰将要履行《南部非洲关税同盟条约》、《南部非洲发展共同体条约》和《东南非共同市场条约》所施加的法律义务。因为斯威士兰国内法并未就履行不同的共同体法义务的先后顺序进行明确规定，这就产生了履行共同体条约义务先后的次序问题。同时，区域经济共同体的多样性体现为资本、人口组成、市场规模、体制结构、任务和目标等各不相同，尤其是不同区域经济共同体彼此间的各别规定是相互冲突的，这就导致了斯威士兰履行上述 3 个区域经济共同体条约义务更加困难，特别是财务义务的履行。此外，试想若斯威士兰的某一行为违反了《南部非洲关税同盟条约》的规定，但是不构成对《南部非洲发展共同体条约》和《东南非共同市场条约》的违反，那么如何判定斯威士兰的这一法律行为？若南部非洲关税同盟法庭、南共体法院和东南非共同市场法庭对同一问题作出了完全相反的裁决，以哪个法院的裁决为主？诸如此类不明确的法律问题还有很多，拖缓了非洲经济一体化的发展进程。

其次，多成员身份重叠现象导致不同共同体法的法律适用冲突。不同共同体法在同一非洲国家内适用的等级问题也随着多成员重叠身份的交织而复杂化。例如，布隆迪是东共体、东南非共同市场和中非国家经济共同体的成员，那么根据共同体法和成员国国内法的关系，东共体法、东南非共同体法和中非国家经济共同体法在布隆迪内同样具有法的效力。但是布隆迪法律并没有规定各区域经济共同体法适用的优先等级效力，若针对某个规定导致共同体法间的冲突，到底应优先适用哪个法律？若区域经济共同体法与布隆迪国内法有冲突，到底应优先适用哪个法律？诸多法律适用方面的问题层出不穷，多成员重叠身份加剧了布隆迪在选择法律适用方面的复杂性。包括 2019 年 5 月生效的《非洲大陆自由贸易区协定》也存在上述问题。该协定并未对非洲大陆自贸区的法律适用和其他非洲区域经济组织的法律适用予以明确区分和规定，且该协定可能会和现有的各区域经济组织的经贸制度产生法律适用方面的冲突，这会对非洲大陆自贸区的发展产生不利影响。[①]

# 第二节 东共体与非洲其他区域经济组织的关系的影响

基于地理位置和成员身份重叠的考虑，本节选取南共体和东南非共同市场为分析对象，从法律层面探讨东共体与南共体、东南非共同市场在发展过程中存在何种互动关系，东共体调整外部关系的法律制度是否有效地调整了与南共体和东南非共同市场之间的关系？

## 一 东共体与非洲其他区域经济组织的关系

东共体 7 个成员国中每个成员国均是 2 个及以上的非洲区域经济组织的成员国。坦桑尼亚是东共体和南共体的成员国；肯尼亚、乌干达和南苏丹是东非政府间发展组织、东共体和东南非共同市场的成员国；布隆迪、卢旺达和刚果（金）是东共体、东南非共同市场和大湖国家经济共同体的成员国。刚果（金）总统在 2019 年 6 月致信卢旺达总统卡加梅时，重申了刚果（金）渴望加入东共体的愿望。[②] 刚果（金）已于 2022 年 3 月成功加入东共体，成为东共体内加入非洲区域经济组织最多的非洲国家。

东共体与东南非共同市场、南共体于 2011 年正式启动《三方自贸区协定》的谈判，并于 2015 年 6 月正式签署并成立了覆盖 26 个非洲国家，囊括 57% 的非洲大陆人口，GDP 占比 58% 的三方自贸区（TFTA）。三方自

---

① 朱伟东：《非洲创建共同市场面临挑战》，《中国投资》（中英文）2019 年第 12 期，第 52～53 页。

② Ivan R. Mugisha, "How DR Congo Entry into EAC"（August 2018）, https://www.monitor. Co. ug/News/World/Ho – DR – Congo – entry – into – EAC – will – change – bloc/688340 – 5163 536 – 100ygo3z/index. Html.

贸区的正式成立是 2019 年成立非洲大陆自贸区的重要基石，也是建立非洲经济共同体的总计划的一个重要部分。三方自贸区内的商品贸易额从 2004年的 230 亿美元增长到 2012 年的 550 亿美元，增幅达到了 140%。有学者是这么评价的："若三方自贸区是一个国家，那么它将是世界上第十三大经济体……三方自贸区又一次证明了'非洲崛起'的说辞。"①

《三方自贸区协定》的正式签署并启动标志着三个非洲区域经济组织有关货物贸易谈判第一阶段的结束。根据成员国家的不同，60% 至 80% 的关税将在协定生效时予以自由化。其余部分关税将在未来 5 年至 8 年内开放。虽然已经签署协定，但关税时间表和原产地规则的附件仍在谈判中。该协定将在这些附件的谈判结束并经至少 14 个缔约方批准后才能生效。服务贸易和其他与贸易有关的领域（竞争政策、知识产权）的谈判预计将在货物贸易自贸区启动后正式开始。

三方自贸区和各区域经济共同体都对解决非关税壁垒问题予以法律层面的重视和关注。就各区域经济共同体法律框架设置而言，东共体在《东共体条约》第 75 条、南共体在《南部非洲发展共同体议定书》第 6 条、东南非共同市场在《东南非共同市场条约》第 49 条制定了消除非关税壁垒的相关程序。就三方自贸区法律框架而言，《三方自贸区协定》规定在单一机制下协调有关消除非关税壁垒的相关程序，例如三方自贸区非贸易壁垒报告、解决和监管机制等。② 通过网络的平台，三方自贸区的利益攸关方可以报告和监测在有关业务运作中遇到的障碍及其解决的情况。截至2017 年 9 月，三方自贸区共接收到 79 起投诉，其中 42 起是东共体利益攸关方对东共体其他成员国采取的措施提出了不满。这种依托经济一体化利益攸关方（特别是个人）的云平台监督机制不仅克服了国家间不愿提起诉

---

① David Luke, Zodwa Mabuza, "The Tripartite Free Trade Area Agreement: A Milestone for Africa's Regional Integration Process" ( June 2015), http://www. ictsd. org/bridges – news/bridges – africa/news/the – tripartite – free – trade – area – agreement – a – milestone – for – africa's.

② 有关这些机制的详情可见 http：//www. tradebarriers. org。

讼的传统，更是对经济一体化机制的功能性实现了合法化和有效化的监督。

2019 年成立的非洲大陆自贸区是涵盖非洲 54 个国家、除了世贸组织外世界上最大的自贸区。除了厄立特里亚外，非洲 54 个国家均签署了《非洲大陆自由贸易区协定》，34 个国家通过国内立法程序批准该协议并向非盟委员会递交了协议批准书。东共体所有成员国均是非洲大陆自贸区的成员国，目前除了南苏丹、坦桑尼亚和布隆迪外，其他东共体成员国均已批准该协定并提交了批准书（见表 6 - 2）。

表 6 - 2　非洲国家（仅包括东共体成员国）签署《非洲大陆自由贸易区协定》情况

| 国家 | 签署日期 | 批准日期 | 提交批准书日期 |
| --- | --- | --- | --- |
| 肯尼亚 | 2018 年 3 月 21 日 | 2018 年 5 月 6 日 | 2018 年 5 月 10 日 |
| 卢旺达 | 2018 年 3 月 21 日 | 2018 年 5 月 25 日 | 2018 年 5 月 26 日 |
| 南苏丹 | 2018 年 3 月 21 日 | — | — |
| 坦桑尼亚 | 2018 年 3 月 21 日 | — | — |
| 乌干达 | 2018 年 3 月 21 日 | 2018 年 11 月 20 日 | 2019 年 2 月 9 日 |
| 刚果（金） | 2018 年 3 月 21 日 | | 2019 年 4 月 10 日 |
| 布隆迪 | 2018 年 8 月 26 日 | — | — |

根据联合国非洲经济委员会报告的预测，如果非洲大陆自贸区成功取消非洲国家间的多边关税，非洲内部贸易占比将增加至 52%。由于意识到非洲经济一体化进程中存在许多的争议，非洲大陆自贸区着手制定相应的法律文件解决非洲经济一体化所面临的棘手问题。[①] 非洲大陆自贸区目前已完成有关货物和服务的第一阶段谈判，批准了《货物贸易议定书》、《服务贸易议定书》和《争端解决程序和规则议定书》。目前，非洲大陆自贸区正在进行第二阶段有关投资、竞争、知识产权等方面的谈判（贸易领域的具体规定见表 6 - 3）。虽然《非洲大陆自由贸易区协定》序言

---

① Gerhard Erasmus, "What Happens to the RECs Once the AfCFTA Is in Force?" (May 2019), https://www. tralac. org/blog/article/14051 - what - happens - to - the - recs - once - the - afcfta - is - in - force. html.

中承诺，非洲大陆自贸区的成立是解决非洲区域经济组织多成员身份重叠现象的一剂良药，并在几轮的谈判中就解决不同自贸区和关税同盟的关税制定等问题予以重视，但后续并未有解决上述问题的及时行动。例如目前非洲大陆自贸区尚未制定调整非洲大陆自贸区和非洲区域经济组织间不同的原产地规则、关税制定、货物标准等问题的协调法律文件。

此外，《非洲大陆自由贸易区协定》第19条第2款规定："属于其他区域经济组织、区域贸易安排和关税同盟的各个非洲国家，其内部实现了比本协定更高水平的区域一体化程度，应在其内部继续保持更高水平。"换句话说，属于经济一体化不同阶段的国家，即使加入非洲大陆自贸区，也继续保持国家加入区域经济组织的原经济一体化程度。这就进一步加剧了不同区域经济组织之间的重叠现象以及重叠所引发的诸多问题。例如，那些同属于南部非洲关税同盟、三方自贸区、东共体和非洲大陆自贸区的成员国家，到底该如何判定该国的经济一体化属性呢？是否统一该国在不同区域经济组织所面临的不同一体化程度呢？因为经济一体化程度的不同将会导致关税设定等诸多问题的不确定性。该国到底应以哪一个经济一体化机制的关税标准为主呢？仍有许多诸如此类的不确定性问题。很多学者虽然注意到了多成员身份带来的负面影响，但是他们一致认为若要非洲大陆自贸区废除现有的区域经济组织是不现实的，目前已有的贸易协定对各区域经济一体化的发展带来了多方面助力。由于协调非洲大陆自贸区和各区域经济组织之间的互动关系问题的棘手性，日后需要研究非洲一体化的学者继续为此攻坚克难。

表6-3  非洲大陆自贸区和非洲其他区域经济组织在贸易领域的具体规定

| 贸易协定的具体规定 | 非洲大陆自贸区 | 东共体 | 东南非共同市场 | 南共体 |
| --- | --- | --- | --- | --- |
| 加工制品关税 | √ | √ | √ | √ |
| 农产品关税 | √ | √ | √ | √ |
| 出口关税 | √ | √ | √ | √ |

续表

| 贸易协定的具体规定 | 非洲大陆自贸区 | 东共体 | 东南非共同市场 | 南共体 |
|---|:---:|:---:|:---:|:---:|
| 关税 | √ | √ | √ | √ |
| 竞争政策 | √ | √ | √ | — |
| 国家援助 | * | √ | √ | — |
| 反倾销措施 | √ | √ | √ | √ |
| 反补贴措施 | √ | √ | — | √ |
| 与贸易相关的知识产权协定（TRIPS） | √ | — | — | √ |
| 国营贸易企业（STE） | √ | — | — | — |
| 贸易技术壁垒（TBT） | √ | — | — | √ |
| 服务贸易总协定（GATS） | √ | — | — | — |
| 卫生和植物检疫（SPS） | √ | √ | √ | √ |
| 资本流动 | √ | √ | √ | — |
| 公共采购 | * | — | — | — |
| 投资 | √ | — | — | — |
| 知识产权（IPRs） | √ | — | √ | — |
| 环境法 | * | — | — | — |
| 劳动市场监管 | * | — | — | — |
| 与贸易有关的投资措施协定（TRIMs） | * | — | — | — |

注：√表示已制定相关协定；＊表示正在协商相关协定的制定；—表示尚未制定相关协定。

资料来源：世界银行：《2020年世界发展报告：全球价值链时代的发展贸易》。

## 二 东共体与非洲其他区域经济组织互动对经济一体化的正效应影响

个人可以挑选共同体法院，选择有利于自己权利主张的司法救济法庭，保护共同体法赋予个人的合法权利。虽然东共体法院对人权实质问题尚无明确的管辖权规定，但在许多案件中已表明了东共体法院对人权事项延伸的管辖权。以詹姆·卡塔巴等21人诉东共体秘书处和乌干达政府案件为例，该案开启了东共体法院日后审理多起人权案件的先例。① 东共体法院根据《东共体条约》第 6 条第 4 款和第 7 条第 2 款的规定扩大了人权保护的范围，创造了"延伸人权管辖权"的处理方法。东共体法院赋予东共体成员国国内的自然人和法人宽泛的出庭资格，不仅为参与经济一体化活动的个人创设了司法保护，也为不遵守共同体法的国家提供了私人监督机制。② 但是与东共体法院日趋加强对人权管辖的现状不同，南共体法院自 2008 年迈克·坎贝尔有限公司等诉津巴布韦案后，成员国对南共体法院的司法能动性十分警惕。③ 随后，2010 年南共体首脑会议下令"审查南共体法院的作用、职责和职权范围"。自 2012 年以来，南共体法院的管辖权不断受限，南共体内的个人无法就被侵犯的个人权利对其政府提出申诉。旨在限制个人出庭资格的《南共体条约》，也是全球第一个废除针对侵犯人权的个人申诉的国际文书，对南共体经济一体化的目标造成了极大的消极影响。④ 因此，对于同属于东共体和南共体成员国的坦桑尼亚而言，其国民可以规避南共体法院对个人出庭资格的限制性规定，选择东共体法院作为寻求司法补救的有效路径。多成员身份实际上对居住在坦桑尼亚的个人，特别是参与跨国贸易行为的个人造成的影响是利大

---

① 详情可见案例 East African Law Society and Others v. AG of Kenya and Others( Application No. 9 of 2007)[ 2007] EACJ 2( 11 July 2007)，https://africanlii. org/ea/judgment/east – african – court – justice/2007/2。相关详细分析可见本书第三章第三节内容。

② Mihreteab Tsighe Taye, "The Role of the East African Court of Justice in the Advancement of Human Rights: Reflections on the Creation and Practice of the Court," *University of Copenhagen Faculty of Law Legal Studies Research Paper Series*, Vol. 3, 2019, p. 69.

③ 起因是津巴布韦 2002 年颁布土地征收令，规定白人在津巴布韦只能拥有一个农场，其余的农场须在 3 个月内上交给国家，否则将受到国家严厉的法律裁决。许多白人认为津巴布韦的法令违反了宪法，白人农场主将津巴布韦政府告上了南共体法庭。南共体法院随后作出有利于个人的裁决，但是津巴布韦却以国内宪法至上性否认执行南共体法院的判决。南共体在此之后处理的其他案件中也相继作出有利于个人的裁决，可惜的是均遭到成员国的反抗。相关案例分析详见朱伟东《津巴布韦"土地征收案"评析》，《西亚非洲》2011 年第 2 期，第 25~31 页。

④ Drew F. Cohen, "The Today Limited Role of the SADC Tribunal," "http://www. claiminghumanrights. org/sadc. html.

于弊的。

多成员身份为非洲国家弱化地理因素所导致的贸易障碍提供了可能。交通运输是贸易跨国流动的重要因素之一，水路交通运输方式更是节约贸易物流成本的重中之重，特别是在跨国铁路和公路等基础设施匮乏的情况下，水运对非洲国家间的贸易流通十分重要。非洲大陆拥有众多的河流水道，水道又不会自动随着签署的区域贸易协定而改变，因此需要各个区域经济组织协商有关跨越多个自由贸易区的水道使用权。[①] 同属于一个区域经济组织的成员国可以共享港口和水道，即内陆国可以使用沿海国的港口和水道，这对于属于内陆国的非洲国家而言极大地弱化了地理位置的限制。这时的多成员身份起到了促进贸易发展的积极推动作用。[②] 以刚果（金）为例，刚果（金）已加入了 5 个非洲区域经济组织（东南非共同市场、南共体、东共体、中非国家经济共同体、大湖国家经济共同体）。刚果（金）是非洲加入区域经济组织最多的国家。作为一个非洲中部国家，刚果（金）并不完全属于地理意义上的纯内陆国家，但是它左侧的海岸线仅 37 千米，且该海岸线上没有出海口，极大地限制了贸易的运输。[③] 刚果（金）的发展依赖于邻国的运输优势，尤其是坦桑尼亚的陆地交通以及海运、河运港口。据统计，通过坦桑尼亚港口进出口的货物中，70% 的货物总量来自刚果（金）。[④] 这就可以解释为什么刚果（金）如此积极渴望加入东共体了，它通过采取加入不同非洲区域经济组织以突破地理位置对其贸易发展带来的消极影响。

---

[①] Jame Gathii, *African Regional Trade Agreements as Flexible Legal Regime*, London: Cambridge Press, 2011, p. 256.

[②] Jamke Lunsem, "Mugabe Chissano Rally to Kabila's Cause" (November 1997), https://allafrica. com/list/aans/post/full/month/199711. html.

[③] 朱伟东、王婷:《非洲区域经济组织成员身份重叠现象与消解路径》,《西亚非洲》2020 年第 1 期, 第 96 ~ 117 页。

[④]《刚果（金）加入东共体将为坦带来更多商业和投资机遇》,商务部网站, 2019 年 6 月 29 日, http://www. mofcom. gov. cn/article/i/jyjl/k/201906/20190602877196. shtml。

## 三 东共体与非洲其他区域经济组织互动对经济一体化的负效应影响

（一）共同体法院间的管辖权冲突

非洲经济一体化的一个显著特征是多成员身份重叠现象导致各区域经济共同体法院间的管辖权竞合或管辖权重叠（overlapping jurisdictions）。[1] 东共体成员国加入的多个区域经济组织中，南共体和东南非共同市场都有各自相对独立的司法机构，例如南共体法院和东南非共同市场法庭。区域共同体法院就相同的贸易问题领域同时拥有管辖权，就会相应地产生法院间的管辖权冲突。管辖权冲突的表现形式可以分为两类：相同贸易问题领域的管辖权冲突；司法机构宽泛的管辖权导致的非贸易领域的管辖权冲突。[2] 无论是哪一类的管辖权冲突，都进一步削弱了共同体法律制度的有效性，破坏了个人和国家对加强共同体经济一体化目标建设的信心。例如，个人在多个同时拥有管辖权的共同体法院都具备出庭资格，同时各区域经济组织条约也尚未规定本法院就某些具体问题（例如贸易问题等）的排他性专属管辖权。这就产生了诸如平行诉讼或判决结果冲突等问题，造成司法资源浪费或无效等消极法律影响。共同体法院作为区域经济共同体的司法救济者，共同体法院的管辖权界定混乱弱化了法院的司法权威性，阻碍了司法机构在经济一体化道路上的积极促进作用。

具体来说，共同体条约有关管辖权界定的模糊和重叠造成共同体法院未来潜在的管辖权冲突。东共体法院和南共体法院、东南非共同市场法庭

---

[1] Leal – Arcas, "Choice of Jurisdiction in International Trade Disputes: Going Regional or Global?" *Minnersota Journal of International Law*, Vol. 16, 2018, pp. 122 – 145.

[2] Joost Pauwelyn, "Going Global, Regional, or Both? Dispute Settlement in the Southern African Development Community(SADC) and Overlaps with the WTO and Other Jurisdictions, "*Minnesota Journa of International Law*, Vol. 24, 2017, pp. 345 – 364.

在相同贸易领域同时具有管辖权造成了三方管辖权的重叠，加之《东共体条约》、《南共体条约》、《南共体法院议定书》和《东南非共同市场条约》等重要条约都未对如何解决管辖权冲突问题进行相关规定，加剧了共同体法院管辖权竞合的矛盾。例如，《南共体条约》第 32 条规定："任何关于本条约的解释和适用问题以及相关协定的解释、适用和有效性的问题均需提交给南共体法院解决而不可通过友好协商解决。"《南共体贸易协定》第 8 条规定，南共体内有关贸易的争端将交由贸易小组（trade panel）解决。这就在南共体区域内引发了诸多问题：一是就相同贸易问题到底由南共体法院还是贸易小组主张管辖权？二是若当事人就贸易小组作出的裁决不满意，南共体法院是否可以充当贸易小组的上诉法庭？三是如何界定争端问题是否属于贸易问题？换句话说，若主张不是贸易问题的当事人倾向将南共体法院作为司法救济路径，但是主张是贸易问题的当事人倾向将贸易小组作为司法救济路径，那么应该如何判定？① 因此，南共体内部本身就面临着对相同问题的管辖权重叠，更不用说南共体和其他非洲区域经济共同体法院间的关系了。目前南共体仍没有相关的法律调整上述矛盾，诸如此类的问题更是阻碍了南共体法院职能的有效发挥。

再查看与南共体拥有重叠成员身份的东共体对解决贸易争端问题的规定。《东共体条约》第 27 条规定，东共体法院对《东共体条约》的解释和适用拥有管辖权，自然对涉及条约内容的贸易争端拥有管辖权。这就造成了同属于东共体和南共体的成员国就相同贸易问题提交到不同共同体法院，共同体法院同时就该问题主张管辖权而引发的管辖权竞合。例如坦桑尼亚的个人就相同的贸易问题挑选提交或同时提交给东共体法院或南共体法院，因为两个法院均对该争端享有管辖权。挑选法院和重复诉讼的行为，不仅浪费了稀缺的司法资源，也增加了贸易交易成本。若东共体法院

---

① Joost Pauwelyn, "Going Global, Regional, or Both? Dispute Settlement in the Southern African Development Community( SADC) and Overlaps with the WTO and Other Jurisdictions," *Minnesota Journa of International Law*, Vol. 24, 2017, pp. 345 – 364.

和南共体法院就相同贸易问题作出了不同的裁决，当事方又该以哪个法院作出的裁决为准？这种司法的不确定性不仅降低了裁判的可预见性，也影响了裁判司法的公平性，降低了共同体法院的公信力。这也就不难理解为什么在出现区域贸易争端问题时，当事方更愿意前往地理位置远的国外法庭或国外仲裁机构进行庭审了。

（二）共同体法院管辖的先决条件认定冲突

共同体法院对个人出庭资格条件的限制不同，因而也影响了共同体法院管辖权的具体实施程序。是否用尽当地救济是一项古老而久远的习惯国际法原则，在国际法庭和各国司法实践中被广泛适用。[①] 诉诸法庭和获得有效救济的权利是法治的关键。[②] 用尽当地救济的目的是使发生违法行为的国家"有机会在其国际责任受到质疑之前，在其国内制度的框架内，通过自己的手段予以纠正"。[③] 虽然获取救济的权利在国内最常被援引，但在过去半个世纪中设立区域法院和法庭也存在有关用尽当地救济的规定，根本目的是纠正在国内实现和执行这些权利方面的缺陷。[④]

在国际层面，国际法院规定用尽当地救济原则的行为被认为是搭建国际法院和国内法院积极互动关系的桥梁。[⑤] 用尽当地救济原则一方面是对拥有管辖权的国内司法主权的尊重，另一方面也为个人在当地救济无法实现其诉求后提供另一种可选择的、更为公平和有效的、由区域法院或国际

---

① 《国际公法学》编写组编《国际公法学》，高等教育出版社，2018，第 94 页。

② Demon. Shelton, *Remedies in International Human Rights Law*, Oxford: Oxford University Press, 2001, p. 15.

③ Martin Dietrich Brauch, "Exhaustion of Local Remedies in International Invest Law 2017," *International Institute for Sustainable Development*, Vol. 4, 2017, pp. 81 – 105.

④ Erika De Wet, "Implications of the Decision to Review the Role, Functions and Terms of Reference of the SADC Tribunal" ( May 2010 ), http://www.swradioafrica.com/Documents/SADC%20 Tribunal%20legal%20opinion%20SALC%20HR%20orgs%204%20Nov%2010. pdf.

⑤ 〔加纳〕理查德·弗林蓬·奥蓬：《非洲经济一体化的法律问题》，朱伟东译，社会科学文献出版社，2018，第 113 页。

法院提供的司法救济路径。① 区域法院体现了获得司法救济的权利，并对那些在国内环境中无法获得或无法充分获得司法救济的个人和机构提供了另一种有效的补救办法，从而改善了国内制度在保护个人权利方面的缺陷。共同体法院通过用尽当地救济原则为个人在获得司法有效补救的权利方面提供了最后的法律保护手段。因此，即使在国内被剥夺获得司法或有效补救办法的权利的情况下，一个超国家的区域法院或者说是共同体法院自愿和明确地承诺实现获得司法救济的权利，为其管辖范围内的法律主体争取有效的司法补救。

非洲各区域经济共同体条约中对个人出庭资格的规定存在差异，即对是否用尽当地救济的情况认定也不同。《东南非共同市场条约》第26条规定："……如果裁决的事项涉及成员国的任何行为，条例、指令或决定，除非当事人将该事项在成员国国内法院或法庭中已经用尽当地救济方法，否则当事人不得将该事项提交给东南非共同市场法庭。"从东南非共同市场法庭处理的多起案件实践中可知，东南非共同市场虽然强调了法庭对个人的权利保护作用，但是对个人出庭资格施加限制，对"用尽"一词的解释过于苛刻且近似刻板，导致个人在该法院寻求司法救济趋于困难。以海岸水产养殖公司诉肯尼亚国土资源局案件为例，② 在将诉求提交给东南非共同市场法庭之前，原告海岸水产养殖公司已在肯尼亚高等法院就肯尼亚国土资源局对其两块土地的强制性征收问题提起诉讼。原告认为肯尼亚政府的强制征收行为不合法，且会导致该公司未来的投资面临着未可知的风险问题。肯尼亚高等法院也受理了该公司的申诉，开启了漫长的司法流程。在此期间，肯尼亚政府继续强制征收行为。原告认为，"无法继续忍受肯尼亚国内法院在为期八年多的时间内无法提供有效的司法救济"，继

---

① 刘明萍：《东南非共同市场法院管辖权研究——兼谈对中非法律纠纷解决的建议》，载何勤华主编《外国法制史研究》（第20卷），法律出版社，2018，第129～147页。

② 详情可见案例 *Republic of Kenya and the Commissioner of Lands v. Coastal Aquaculture*, Reference No. 3 of 2001。

而转向东南非共同市场法庭寻求司法救济。① 虽然东南非共同市场法庭表示"同情原告目前的沮丧处境",但是法庭还是坚持对"用尽"一词过于苛刻且近似刻板的解释,认为原告将该案件从肯尼亚高等法院撤诉的行为并不符合用尽当地救济规则的要求,因此东南非共同市场法庭"爱莫能助"。在之后的伊索马诉卢旺达民航局案件中,东南非共同市场同样也采用近乎严苛的方式审查用尽当地救济原则,导致个人的合法权益在国内和共同体区域层面均无法获得有效的司法救济。②

南共体在是否用尽当地救济问题上和东南非共同市场态度一致,认为个人需用尽当地国内法院救济无果后方才能到南共体法院寻求司法救济。《南共体法院议定书》第15条规定:"(一)南共体法院对成员国之间、自然人和法人与成员国之间的争议具有管辖权;(二)自然人或法人不得对成员国提起诉讼,除非他或她已用尽所有可用的补救办法或无法在国家管辖范围内提起诉讼。"③ 在毛里求斯西门有限公司诉坦桑尼亚案件中,南共体法院援引《南共体法院议定书》第15条,将当事人用尽当地救济作为南共体法院对该案件具有管辖权的先决条件。南共体法院认为被告没有使用所有的法律途径来抵抗坦桑尼亚移民部部长发出的驱逐出境命令,认为"坦桑尼亚驱逐原告不让原告入境不等同于拒绝原告在被告领土内诉诸法庭的事实"。南共体法院还是以原告尚未用尽当地补救办法认为法院对该事项没有管辖权。

但是与东南非共同市场和南共体的规定不同,《东共体条约》对个人出庭资格的规定过于宽松。《东共体条约》第27条并不将"用尽当地救济

---

① 详情可见案例 *Republic of Kenya and the Commissioner of Lands v. Coastal Aquaculture*, Reference No. 3 of 2001, p. 10。

② 详情可见案例 *Itelsolmac v. Rwanda Civil Aviation Authority*, Reference No. 1 of 2009。

③ 详情可见案例 *United Republic of Tanzania v. Cimexpan*(Mauritius) Ltd., Case No. SADC(T) 01/2009(SADC Tribunal, 2010); *Bach's Transport(Pty) Ltd v. The Democratic Republic of Congo*, Case No. SADC (T) 14/2008 (SADC Tribunal, 2010), http://www.worldcourts.com/sadct/eng/decisions/2010.06.11_Tanzania_v_Cimexpan.htm。

原则"作为个人具备出庭资格的前提。个人无须用尽当地救济，即个人可以越过成员国国内法院提供的司法救济途径，直接向东共体法院主张《东共体条约》赋予的个人权利。在 2019 年坦桑尼亚药剂委员会诉坦桑尼亚案件中，东共体法院重申了在马里卢克诉乌干达总检察长和肯尼亚总检察长案件中东共体法院对用尽当地救济原则的态度。① 东共体法院认为："作为一项条约要求和习惯国际法的一项规则，对个人具有直接管辖权的国际法院普遍支持用尽国内补救办法的规则。在这方面，用尽当地补救原则被认为是国际法院针对成员国的国民对国家提起的诉讼行使管辖权的先决条件……但是，《东共体条约》承认个人有能力就条约所赋予的权利受到侵犯而向任何成员国或共同体机构寻求救济。该条约第 30 条规定了给予任何人直接使用法院的权利，且条约中也没有规定用尽当地救济是受理个人向法院提出申诉的先决条件。"② 无论是《东共体条约》规定宽松的个人出庭资格，还是东共体法院在之后审理的多起案件中均对是否用尽当地救济规则作出较为宽松的解释，在经济一体化发展的大背景下，东共体法院的做法起到了鼓励个人积极参与经济一体化活动的正效应影响。③

综上，东共体、南共体、东南非共同市场对"用尽当地救济原则"的规定不同，适用态度也不一样。同属于交叉两个及以上共同体的成员国的个人，是否应在国内司法程序救济无效后才能诉至共同体法院？例如，肯尼亚既是东南非共同市场成员国，又是东共体成员国，那么肯尼亚内个人是否可以随意选择越过国内司法程序直接将争端提交给各个共同体法院呢？肯尼亚法院对肯尼亚内个人作为不同共同体参与主体身份的主张提出

---

① 详情可见案例 *Media Council of Tanzania & Ors. v. A. G. of The United Republic of Tanzania* (Reference No. 2 of 2017) [2019] EACJ 2, (28 March 2019) 第 38 条；*Malcom Lukwiya* v. *the Attorney General of the Republic of Uganda and the Attorney General of the Republic of Kenya*, Reference No. 6 of 2015。

② *Media Council of Tanzania & Ors. v. A. G. of The United Republic of Tanzania* (Reference No. 2 of 2017) [2019] EACJ 2, (28 March 2019) 第 46 条。

③ Anne Pieter van der Mei, "Regional Integration: The Contribution of the Court of Justice of the East African Community,"*Duke Journal of Comparative and International Law*, Vol. 18, 2009, p. 398.

不同的司法主张，也会造成法律适用的混乱。在经济一体化的背景下，国内法院和共同体法院的纵向良好互动关系是创建一个有效的共同体法律制度的重要环节，无论是"用尽当地救济原则"和"先行裁决原则"都是共同体和国家间尊重彼此司法主权和法律体系的表现。但是多成员身份导致了对共同体法院管辖的前提条件的理解矛盾，一方面没有实现"用尽当地救济原则"和"先行裁决原则"设置的初衷，另一方面也加剧了法律制度适用的混乱。

### （三）共同体法律间的适用冲突

非洲国家在国内宪法中缺乏有关处理共同体法和国内法关系的规定，产生了共同体法和国内法效力等级关系的不确定性，导致了共同体法在国内适用的法律冲突。由于非洲国家法律的"万花筒"特性，在对待国际法和国内法关系的态度上，非洲普通法系国家和大陆法系国家采取的方式不同。即使是同属于一个法系的国家，对待国际法和国内法也可能态度迥然。非洲国家宪法就某一个具体的共同体法在国内的效力和适用尚未有明确规定，更不用说制定调整不同共同体法适用冲突的相关规定了。这就导致同属于两个及以上共同体的成员国面临着在本国内各个区域共同体法具体适用和效力等级界定的矛盾。①

首先，具备多个区域经济共同体成员身份的非洲国家在履行各共同体

---

① 以东共体为例，《东共体条约》第8条第4款规定，"东共体法应优先于成员国国内与本法规定相似的（similar）任何事项的立法规定"，第5款规定，"根据本条第4款各成员国需要采用必要的法律文书确保东共体法在成员国国内的优先适用"。这里需要仔细思考"相似的"一词的解释，东共体和成员国之间的不同规定是否只针对相似的问题呢？若存在有关共同体利益的不同问题的分歧，东共体法的效力就让步于国内法了吗？虽然《东共体条约》作为非洲大陆内唯一一个强调共同体法效力高于国内法的共同体法律，但是东共体法至上性的规定还存在局限性。因此，当东共体成员国和其他共同体成员国就共同体条约在同一成员国国内适用出现冲突时，或者说共同体法在国内适用面临优先等级效力问题时，法律适用的矛盾就会迅速凸显。其他非洲区域经济组织的共同体法同样面临着上述问题。具体分析可见本书第四章内容。

法律制度施加的义务时存在冲突。经济一体化的最终目标是创建一个有利于人员、货物、资本、服务自由流动的统一化开放市场，那么非洲国家履行共同体条约所确定的各项义务对经济一体化的发展而言至关重要。① 但非洲重叠的国际机制安排让非洲国家面临履行共同体条约的两大难题：一是针对相同问题不同条约的相同规定，成员国面临履行重叠条约义务的优先次序问题；二是针对相同问题不同条约的不同规定，成员国履行相关规定时存在冲突问题。② 其次，同属于多个成员国的非洲国家在面临相同的重叠义务安排时，如何实现履行条约次序问题比较棘手。查看《东共体条约》《东南非共同市场条约》《南共体条约》等非洲区域经济组织创立条约可知，目前非洲区域经济共同体条约尚未就与其他非洲区域经济共同体条约的适用冲突进行规定，这加剧了成员国在履行国际条约义务方面的困难，③ 特别是有关会费的缴纳义务。④ 此外，2019 年 7 月生效的《非洲大陆自贸区协定》虽然开始重视多成员身份对非洲经济一体化的消极影响，打破以往的"从下至上"（from down to up）建立统一非洲经济共同体的方式，采用"从上至下"（from up to down）的方式创建一个统一的非洲大陆自贸区，但是《非洲大陆自贸区协定》也没有就上述问题进行明确规定，可能就大陆自贸区内的多成员身份的成员国间的条约义务履行问题埋下矛盾。⑤

---

① 朱伟东：《东南非共同市场法院审理的"宝丽都诉毛里求斯案"评析》，载洪永红主编《非洲法评论》2016 年卷，湘潭大学出版社，2016，第 201~210 页。

② 朱伟东、王婷：《非洲区域经济组织成员身份重叠现象与消解路径》，《西亚非洲》2020 年第 1 期，第 96~117 页。

③ Richard Oppong, *Legal Aspect of Economic Integration in Africa*, London: Cambridge University Press, 2012, p. 108, 参见〔加纳〕理查德·弗林蓬·奥蓬《非洲经济一体化的法律问题》，朱伟东译，社会科学文献出版社，2018，第 211 页。

④ 朱伟东、王婷：《非洲区域经济组织成员身份重叠现象与消解路径》，《西亚非洲》2020 年第 1 期，第 96~117 页。

⑤ 朱伟东：《非洲创建共同市场面临挑战》，《中国投资》（中英文）2019 年第 12 期，第 52~53 页。

# 第三节　东共体与世贸组织的关系的影响

本节分析的对象是全球范围内的国际机制，以世贸组织为样本分析对象，从法律层面查看东共体与世贸组织间在发展流动过程中存在何种互动关系，又带来何种效应影响，是否促进东共体实现经济一体化的目标。

## 一　东共体与世贸组织的关系

肯尼亚、乌干达、布隆迪、卢旺达、坦桑尼亚和刚果（金）[①] 是世贸组织成员，南苏丹是世贸组织观察员。除肯尼亚外，所有东共体成员国均属于最不发达国家（LDC），加入了世贸组织《加强一体化框架倡议》（EIF）。[②] 所有东共体成员国都不是世贸组织多边协定（WTO Plurilateral Agreements）的签署国或观察员。除布隆迪外，所有东共体成员国都接受了 2005 年修订的《与贸易有关的知识产权协定议定书》（TRIPS），承诺至少给予贸易伙伴国与贸易有关的知识产权的最惠国待遇。[③]

根据世贸组织《贸易便利化协定》（TFA）[④]，所有东共体成员国均已通报 A 类承诺，肯尼亚、卢旺达和乌干达已提交接受该协定的法律文件。2015 年东共体成员国成立了区域贸易便利化次委员会，对贸易部门委员会负责。区域贸易便利化次委员会的主要任务是协调并执行世贸组织《贸易便利化协定》和其他贸易便利化措施，调动相关资源以确保国家实施该计划的一致性。2016 年东

---

[①] 因刚果（金）于 2022 年 3 月加入东共体，相关数据未列入本章节讨论之中。

[②] WTO's Enhanced Integrated Frameworkinitiative（EIF）。《加强一体化框架倡议》致力于帮助最不发达国家以贸易作为经济增长的助推力、实现可持续发展和减贫的目标。

[③] 详情可见世贸组织贸易审查报告 *Trade Policy Review*, Report by the Sectretariat of East African Community（EAC），WT/TPR/S/384，13 February 2019。

[④] TFA 的全称是 "The WTO Trade Facilitation Agreement"。

共体承诺履行《贸易便利化协定》，2017年2月该协定在东共体区域内正式批准生效。① 具体到法律层面，东共体所采取的实施方案除了落实《东共体条约》和《建立东共体关税同盟议定书》中有关"促进贸易发展创建有效的法律制度保障"的规定外，② 还颁布了《一站式边境所法令》和《东共体卫生和植物检疫协定》等相关的贸易法规，制定了一系列促进区域贸易进出口的政策（见表6-4）。③ 肯尼亚学者是这么评论的："《贸易便利化协定》简化了肯尼亚、卢旺达和乌干达等国的贸易程序，降低了时间和交易成本，这为深化东非区域和非洲大陆经济一体化议程，促进非洲内部贸易提供了良好的机会。我们应抓住机遇，实现非洲繁荣的梦想。"④

表6-4　东共体促进区域贸易进出口的政策（部分）

| 政策 | 具体内容 | 目前实施国 |
| --- | --- | --- |
| 退税 | 当货物出口到第三国时，退还已付的进口税 | 肯尼亚、坦桑尼亚、乌干达 |
| 制造业 | 工厂、机器、设备和原材料可免税进口；牌照费统一为1500美元 | 肯尼亚、乌干达 |
| 出口加工区（EPZs） | 在指定的关税区域内，参与者可以进口用于制造出口货物的机器和资源而无须缴纳关税 | 布隆迪、肯尼亚、坦桑尼亚 |

注：由于本书写作时，刚果（金）还未加入东共体，故本表不包含刚果（金）。
资料来源：世贸组织《2019年东共体贸易政策审查报告》。

所有属于世贸组织的东共体成员国在2005年和2012年接受了世贸组

---

① 详情可见 https://set.odi.org/wp-content/uploads/2016/03/SET-ACET-ATF-Trade-Facilitation-Paper.pdf。

② 《东共体条约》第74条规定，"为了实现本条约第2条和第5条的规定，成员国应当制定和采纳东共体贸易制度，开展以促进贸易自由化和发展相一致性的区域间合作"，以及本条约第75条第1款有关"简化和协调贸易文件和程序"的规定，都为贸易便利化提供了司法助力。《建立东共体关税同盟议定书》的重点之一就是强调在区域层面鼓励国家就贸易便利化倡议进行合作。例如，该议定书第6条"减少成员国之间贸易所需的文件数量和容量"的规定等。

③ 卢旺达、布隆迪、肯尼亚、乌干达已经批准《东共体卫生和植物检疫协定》，2016年生效。

④ 详情可见 https://unctad.org/en/pages/newsdetails.aspx? Original Version ID=1962。

织贸易政策审查机制的审查。① 世贸组织于 2019 年 3 月 20 日至 22 日对布隆迪、肯尼亚、卢旺达、坦桑尼亚和乌干达五国的贸易政策和相关落实举措进行审查。根据最新一次的贸易审查结果，东共体经济一体化的发展议程已取得以下几个方面的显著成效。在政策改革方面，东共体在世贸组织的各项议题下发起并逐步推行相应的政策改革，进一步巩固和深化东共体经济一体化，特别是海关及贸易便利化的政策改革，将进一步提升东共体在非洲区域营商环境的竞争力。在法律机制保障方面，东共体成员国对实现一个民主、法治、良政的区域共同体有着共同的追求理念。东共体通过加强各成员国国内司法体系和东共体区域司法体系的法律交流，逐步完善共同体法律制度框架设计。在成员国间合作方面，东共体成员国间的频繁互动，一方面体现了合作的深度和广度的不断加强，另一方面也为本区域提供了更多的基础设施，满足了东共体经济一体化利益攸关方的社会及经济需要。就目前东共体面临的障碍而言，疾病和贫穷问题仍是制约东共体发展的两大因素。世贸组织建议可以采取健全区域宏观经济管理政策和模式、合理利用区域内土地、增加对农产品加工、加大制造业投资等方式解决上述问题。在双边和

---

① 坦桑尼亚于 1995 年加入世贸组织，参加了争端解决和谈判等世贸组织的各项工作。贸易政策审查机制在 2012 年对坦桑尼亚进行了审查。到目前为止，已经对坦桑尼亚进行了三次审查。在审查期间，坦桑尼亚没有向世贸组织谈判小组提交任何正式文件，但参与了规则或原产地委员会关于《关于优惠原产地规则的内罗毕决定》第 1.1 阶段的非正式讨论。乌干达于 1995 年加入世贸组织。在世贸组织贸易政策审查机制下已对其进行了四次审查，最近一次的审查发生于 2012 年。乌干达十分重视同世贸组织多边贸易制度的有效运作，批准了《贸易便利化协定》，并于 2018 年 6 月 27 日提交了接受文书。布隆迪是世贸组织的创始成员，于 1995 年加入世贸组织。目前布隆迪不是在世贸组织谈判框架内的任何多边协定的签署国，也没有参加世贸组织关于电信或金融服务的谈判。同时，布隆迪从未以申诉人、被告方或第三方的身份参与世贸组织争端解决机制下的任何争端案件。肯尼亚自 1995 年 1 月 1 日起成为世贸组织成员。肯尼亚已根据世贸组织贸易政策审查机制分别在 2000 年、2006 年和 2012 年接受过三次审查。肯尼亚从未以申诉人或被告方的身份参与世贸组织争端解决机制下的任何争端案件。但是肯尼亚以第三方的身份参与了澳大利亚、巴西和泰国分别就"欧盟 – 糖出口补贴"提起的争端案件。卢旺达于 1996 年加入世贸组织，所有的贸易伙伴都至少得到卢旺达提供的最惠国待遇。卢旺达不是世贸组织谈判达成的任何多边协定的签署国，它没有参加世贸组织关于电信和金融服务的相关谈判，且从未以申诉人、被告方或第三方的身份参与世贸组织争端解决机制下的任何争端。

多边合作方面，东共体各成员国信任多边贸易体制，致力于通过世贸组织提出的最不发达国家议程有效融入多边贸易体制，为区域内国家实现工业化、促进结构和经济转型提供了充分的政策空间。①

在世贸组织多边贸易制度的安排下，东共体成员国参与下列多边谈判小组：非洲、加勒比和太平洋国家小组；非洲国家小组；G90 小组；"W52"赞助小组。除肯尼亚外，所有东共体成员国都是最不发达国家集团的成员。肯尼亚、坦桑尼亚和乌干达是 G33 小组（也被称为"农业特殊产品小组"）的成员。此外，肯尼亚是"第 6 阶段国家"的成员，坦桑尼亚是 G20 小组的成员。② 同时，成员国在世贸组织内分别设立了常驻代表团以便更好地配合世贸组织开展相关贸易工作安排。在贸易争端解决方面，东共体成员国都未以申诉人或被告方的身份直接参与世贸组织争端解决机制，即东共体成员国尚未将有关贸易争端提交给世贸组织贸易争端解决机制予以解决。不过，肯尼亚和坦桑尼亚曾作为第三方参与了世贸组织争端解决机制有关澳大利亚、巴西和泰国"欧盟－糖出口补贴"的争端裁决过程。③

## 二　东共体与世贸组织的关系对经济一体化的正效应影响

### （一）推动区域贸易协定体系与多边贸易协定体系的互补发展

东共体与世贸组织的互动关系能够有效促进市场的开放，释放更大的

---

① 详情可见世贸组织 2020 年发布的《2019 年东共体成员国第五次贸易政策审查报告》，https://www.wto.org/english/tratop_e/tpr_e/tp484_e.htm。

② G20 小组的成员有：巴西、印度、南非和中国等国。G20 小组成立的目的是抵制美国和欧盟等经济体强加的不公平协议，关注重点是基础农业改革。G33 小组成立较早，由印度尼西亚牵头制定，重点关注农业特殊产品。G90 小组是在坎昆会议期间由非洲、加勒比和太平洋地区的最不发达国家组建而成，目的是阻止美国和欧盟强加的不公平协议，关注重点是保护发展中国家农业谈判利益。上述这些新成立的谈判小组逐渐形成了世贸组织内部新的权力格局，阻碍了发达国家在一些具体贸易问题上的过分诉求。详情可见"Adriano Campolina Soares, G20, G90 and G33,"https://www.globalpolicy.org/component/content/article/209/43775.html。

③ 详情可见 Documents WT/DS265/R, WT/DS266/R, and WT/DS283/R, 15 October 2004。

经济活力。东共体成员国加入世贸组织，意味着区域贸易市场和多边贸易体制下的多个市场间的流通更加紧密且频繁。一方面，东共体国家信任多边贸易体制，致力于通过最不发达国家政策有效融入多边贸易体制，公平分配贸易利益，为最不发达国家实现工业化、促进结构和经济转型提供充分的政策空间。因此，需要找到一个适当的解决办法，把发展中国家和最不发达国家的利益关切结合起来，在多边贸易体制的安排下寻求贸易利益最大化。东共体积极响应世贸组织颁布的各项贸易发展议程并积极推进相关的政策改革，进一步巩固和深化东共体实现经济一体化的发展议程，在多边贸易制度下为东共体提供更多的投资机会。关税及贸易便利化改革将进一步提升东共体营商环境的竞争力。另一方面，世贸组织向东共体提供与贸易有关的技术援助和能力建设培训援助，加强东共体机制建设，激发人力资源开发潜力，提高东共体的谈判能力与区域和多边贸易协定的执行能力。同时，东共体与世贸组织通过多领域互动就国际贸易问题进行磋商谈判，彼此交流经验，交换敏感问题看法，更好地服务于区域和全球的经济一体化发展。

### （二）刺激贸易增长以推动经济一体化的发展

当前世界经济增速放缓，地缘政治的紧张局势进一步加剧，贸易保护主义和民粹主义恣意抬头，全球经济一体化进程明显受阻。非洲国家整体经济发展也受到牵连，2019 年，非洲经济发展增速较前几年呈现疲软，吸引外来投资较 2017 年下降了 23.4%。[1] 区域贸易协定对推动非洲经济发展有着重要的积极作用，不仅鼓励了非洲内部贸易的增长，还巩固了非洲国家与世界其他地区和国家开展贸易的"非洲地位"。[2] 非盟是这么评价非洲

---

[1] UNCTAD, *World Investment Report 2019* ( October 2019 ), https://unctad.org/en/pages/PublicationWebflyer.aspx?publicationid=2460.

[2] 罗纳德·加藤：《借力非洲一体化实现经济独立》，周佳译，《中国投资》（中英文）2019 年第 24 期，第 31~34 页。

区域经济组织的作用的："贸易是经济增长和可持续发展的强大引擎，各区域贸易协定在刺激贸易增长方面发挥了不可替代的积极作用。"[1] 非洲区域贸易协定在与世贸组织的积极互动中更是进一步刺激了非洲贸易的发展。东共体国家除肯尼亚外均属于最不发达国家，它们加入世贸组织不仅可以就特定贸易商品获取零关税的优惠待遇，也可以与世贸组织的其他成员进行贸易往来而不必对所购买的商品支付高额关税，便利和施惠于东共体成员国的每个公民，刺激了贸易的增长。

## 三 东共体与世贸组织的关系对经济一体化的负效应影响

### (一) 区域贸易制度对多边贸易制度的竞争替代效应

奉行地区主义的区域贸易协定与奉行多边主义的世贸组织这两种不同的制度安排间的冲突主要体现在区域贸易制度对多边贸易制度的竞争替代效应。第一，区域贸易协定是对世界贸易组织最惠国待遇原则的例外，不构成对世贸组织规则的违反。多边主义奉行的非歧视原则与区域主义奉行的歧视原则和排他原则本质上是相斥的。[2] 约翰·鲁杰将多边主义的显著特征归纳为以下三点：不可分割性、扩散互惠性、行为准则普惠性。世贸组织在随后发展中将扩散互惠性和行为准则普惠性转变为非歧视原则和最惠国待遇原则，成为多边贸易体制的基本法律原则。在该原则的指导下，各成员在世贸组织管辖的领域内能够公平、公正地对待其他成员、货物、服务、投资、服务提供者、企业、知识产权所有者和持有者等与贸易有关的主体和客体。但是，例如东共体共同贸易政策、共同市场规定、原产地规则等方面的区域贸易协定带有区域性的歧视和排他主义。东共体关税同盟和共同

---

[1] Economic Commission for Africa, "Assessing Regional Integration in Africa"( June 2019) , https:// www. uneca. org/sites/files/PublicationFiles/aria8_eng – fin – pdf.

[2] 张斌：《论全球经济一体化进程中制度的冲突、协调和一体化构建》，《世界经济研究》2002 年第 2 期，第 36 ~ 40 页。

市场规定了消除东共体区域内的贸易壁垒，采用统一的对外关税等都只是针对区域内的成员国，而不适用于非歧视的最惠国待遇原则。东共体的歧视性原则并不构成对世贸组织非歧视性待遇和最惠国待遇的违反。换句话说，区域贸易协定是对世贸组织最惠国待遇原则的例外。这就在一定程度上侵蚀了最惠国待遇和非歧视待遇的适用效力。

第二，区域贸易协定刺激了区域内贸易，降低了国家参与多边贸易的积极性。区域贸易协定的相关制度安排，降低了区域内关税和非关税壁垒，刺激了区域内贸易增加，产生了积极的区域内贸易创造和贸易转移。国家在区域内贸易安排下的受益以抵消在区域外贸易受到的损失。① 区域贸易协定的激增和多边贸易体系面临贸易保护主义等不良冲击的影响，在一定程度上削弱了最惠国待遇，损害了多边贸易体制的根基，也不利于资源的最优配置和全球自由贸易进程。②

（二）区域贸易争端解决机制与世贸组织争端解决机制的适用冲突

由于国际上尚未存在统一的、规范国际法院和法庭的属人和属物管辖权标准，国际法院和法庭在国际舞台上的发展趋势呈现零星化和不协调化，因此对于现存争端解决机构是否相互兼容的问题关注度较少。③ 这就导致了各个国际法院和法庭的管辖权冲突，即不同争端解决机构对某个争端同时具备管辖权。④ 由于国际机制的互动，对国家间贸易争端具有管辖权的世贸组织和其他区域贸易自由化机制同样面临着管辖权竞合的问题。⑤ 东

---

① 崔绍忠：《当前多边贸易体制面临的困境与应对之策》，《国家治理》2018 年第 29 期，第 3～91 页。

② 陈彬：《WTO 框架下区域贸易协定的法律制度研究》，硕士学位论文，中国社会科学院研究生院，2016，第 14 页。

③ Carole Murray, *The Law and Practice of International Trade*, London: Schmitthoff Press, 2012, p. 123.

④ Georges Abi-Saab, *The International Court of Justice as a World Court, in Fifty Years of the International Court of Justice*, London: Cambridge University Press, 2009, p. 175.

⑤ Yuval Shany, *The Competing Jurisdictions of International Courts and Tribunals*, Oxford: Oxford University Press, 2003, p. 129.

共体作为非盟承认的 8 个区域经济组织之一，与世贸组织就相同贸易问题同时具有管辖权的规定造成了二者间的管辖权竞合或管辖权冲突。

东共体内设有东共体法院作为解决在《东共体条约》规则范围内引发的贸易争端的司法机构。世贸组织设置了贸易争端解决小组处理在世贸组织规则范围内引发的贸易争端。东共体法院和世贸组织争端解决机制对相同贸易问题争端存在管辖权竞合。首先，《东共体条约》并未就有关贸易问题规定东共体法院的专属管辖权或排他性管辖权，若同是东共体和世贸组织的成员就相同贸易问题提交给二者，二者都对此主张有管辖权，那么如何判定法院的管辖权归属呢？其次，对相同问题的重复诉讼和不同的判决结果又该如何裁断呢？例如世贸组织和北美自由贸易协定就重复诉讼问题已引发了多起案件的法律纠纷，导致争端国政治经济关系的全面恶化，不利于贸易的积极发展。① 东共体和世贸组织未来的发展也可能出现上述问题。

区域贸易争端解决机制与世贸组织争端解决机制的冲突极易产生挑选法院和重复诉讼的不良法律后果。当事人通过挑选法院的行为造成法律不确定性。一方面剥夺了当事方预知调整行为的实体法和程序法的能力；另一方面造成了司法诉讼成本的激增，因为当事人可能将案件提交给地理位置遥远的其他司法机构，增加不必要的差旅成本和法律成本。②

据世贸组织贸易审查统计，目前尚未有东共体国家就有关贸易争端问题向世贸组织争端解决机制提起诉讼请求，也没有其他世贸组织国家对东共体成员国提起诉讼程序。不过在澳大利亚、巴西和泰国"欧盟－糖出口补贴"争端中，肯尼亚和坦桑尼亚作为第三方参与了争端解决过程。③

---

① 侯幼萍：《WTO 协定与区域贸易协定的管辖权冲突研究》，博士学位论文，厦门大学，2007，第 52 页。

② 钟立：《区域贸易协定与世贸组织管辖权竞合与协调》，《湖南城市学院学报》（自然科学版）2016 年第 4 期，第 21～22 页。

③ 详情可见世贸组织报告 Documents WT/DS265/R, WT/DS266/R, and WT/DS283/R, 15 October 2004。

上述现象并不是东共体成员国所特有的，似乎所有的非洲国家都有这种倾向：不愿意将贸易争端诉诸世贸组织争端解决机制。[1] 非洲国家和最不发达国家很少利用世贸组织争端解决机制，但是其他发展中国家，特别是亚洲和拉丁美洲的发展中国家，越来越多地利用这一机制。[2] 上述现象出现的原因之一可能是非洲国家参与国际贸易机制份额较少，因为一个成员诉诸世贸组织争端解决机制的频率在一定程度上体现了其参与多边贸易制度的程度。非洲国家在国际贸易体系中的参与占比较小，因此，非洲国家较少地使用该机制。

# 第四节　小结

本章根据国际机制复杂性分析了东共体与其他区域经济组织的外部关系及其所存在的正负效应影响。因为一个有效的区域经济组织法律制度不仅要善于调整它与内部成员国和个人间的关系，也需要关注到它同其他区域经济组织在国际舞台上互动时的外部关系。只有关注到东共体法律制度在运行时是否有效处理好其内外部的关系，东共体参与者才能及时调整法律制度框架，使其服务于东共体最终预想，实现政治一体化的蓝图。

东共体作为实现非洲经济共同体的重要支柱，在泛非主义精神的指引下探索经济一体化的复兴之路。东共体内部出现多成员身份重叠现象，这也是非洲区域经济组织普遍面临的现象。非洲自身已经意识到多成员身份

---

[1] Edwini Kessie, Kofi Addo, "African Countries and the WTO Negotiations on the Dispute Settlement Understanding" ( October 2018) , https://www.ictsd.org/sites/default/files/downloads/2008/05/african – countries – and – the – wto – negotiations – on – the – dispute – settlement – understanding. pdf.

[2] J. A. Lacarte Muro, P. Gappah, "Developing Countries and the WTO Legal and Dispute Settlement System: A View from the Bench, "*Journal of International Economic Law*, Vol. 3, 2000, pp. 395 –401.

重叠现象对其探寻经济一体化发展存在诸多消极影响，开始采用与《阿布贾条约》设定的"从下至上"的方式相反的方式，即采用"从上至下"的方式，通过创建非洲大陆自贸区以解决该问题。正如本章第二节分析的那样，东共体于 2015 年与南共体、东南非共同市场创建了三方自贸区，2019 年加入了非洲大陆自贸区，积极与不同区域经济组织进行互动。东共体成员国加入多个区域经济组织实现了对本国利益最大化的贸易诉求。但是从长远的角度来说，这种做法对经济一体化产生的消极影响更为深远。从法律角度而言，这些消极影响包括了多成员间有关共同体法律适用的不确定性、共同体法院间就相同问题的管辖权冲突或管辖权竞合、成员国履行共同体法律义务困难等。以欧盟为参照，欧盟内部贸易增长快，经济一体化水平高都得益于欧盟创建了一个超国家性且有效的法律制度框架，规范了欧盟内部自由化的贸易市场。目前东共体的法律制度并不能有效调整其外部关系。若东共体真正想实现经济一体化的发展诉求，必须创建一个有效的法律框架解决多成员身份重叠导致的法律问题。

本章以世贸组织为例，作为多边贸易机制的世贸组织与作为区域贸易机制的东共体在国际舞台上进行互动时所产生的影响也十分重要。从积极层面来看，东共体与世界贸易组织的互动有效促进了市场的开放，释放了更大的经济活力。成员国通过加入世贸组织享受关税等方面的优惠贸易待遇。不可否认，区域贸易机制和多边贸易机制的互动带来了上述提及的积极影响。但是东共体与世界其他区域经济组织进行互动时同样也面临着多成员身份带来的负面影响。例如区域贸易机制和多边贸易机制存在管辖权竞合等法律问题。虽然世贸组织与非洲大陆外其他成功的区域贸易机制同样也面临着上述问题，但是非洲整体的发展水平与美国等发达国家相差深远。若东共体仍不重视该问题的存在，势必会对非洲经济一体化的发展产生更大的法律层面的阻碍性影响。

综上，国际机制间的互动关系对构建促进经济一体化发展的法律框架，尤其是对处理有关跨境经济交易活动的法律纠纷问题有着重要的意义。[①] 东共体与非洲其他区域经济组织和世贸组织在处理管辖权、法律适用、原产地规则适用等具体法律问题时仍存在诸多不完善的制度设计，降低了东共体调整其外部关系的有效性，提高了额外的司法成本，阻碍了经济一体化目标的实现。

---

[①] 〔加纳〕理查德·弗林蓬·奥蓬：《非洲经济一体化的法律问题》，朱伟东译，社会科学文献出版社，2018，第229页。

# 第七章

# 东共体法律制度的未来发展

在法律制度与经济一体化的关系理论分析框架下，笔者分析东共体调整其内外部关系的法律制度并得出结论：东共体法律制度在处理对内和对外关系上存在诸多问题，这些问题降低了东共体法的效力，破坏了东共体法的统一适用，削弱了东共体法的权威性，即东共体从法律层面对经济一体化利益攸关方的司法保护力度不足。本章将总结第二章至第六章分析的东共体法律制度在调整其内外关系方面存在的问题，结合其他成功的区域经济组织经验，为东共体法律制度未来的发展提出制度变迁的建议。

## 第一节　东共体法律制度存在的问题

### 一　东共体调整内部关系的法律制度的缺陷

东共体法院管辖权制度存在的问题主要包括以下三点。第一，东共体法院延伸对人权事项的管辖权极易造成与成员国国内法院和非洲人权法院就人权领域问题的管辖权竞合。一方面，管辖权竞合会产生重复诉讼和诉讼结果不一致等消极法律效果，损害共同体法的有效性；另一方面，管辖权竞合也不利于维护共同体和国家间的良好互动关系。很多国家把人权问题归属于一国内政问题，东共体成员国认为东共体法院对人权的过度管辖是对国家主权的"侵犯"。第二，《东共体条约》未界定东共体法院专属管辖权范围，这就导致东共体法院和成员国法院在一些具体问题的管辖权认定上存在竞合。为实现本国利益最大化，成员国使用主权原则抗衡东共体法院的管辖效力，安阳勇案件就是最好的例证。第三，在东共体法院是否享有唯一解释《东共体条约》的管辖权问题方面，《东共体条约》修订的内容与原先条约中的内容存在矛盾之处，加剧了对东共体法院权利能力界定的困难。《东共体条约》第 33 条第 2 款和第 34 条的规定与修订后的《东共体条约》第 27 条的规定形成了鲜明矛盾。第 33 条第 2 款和第 34 条的规定旨在强调东共体法的至上性和东共体法院解释《东共体条约》的唯一权威性，而第 27 条的规定缩小了东共体法院的管辖权效力，导致条约前后规定不符，削弱了东共体法的效力。

东共体法的适用制度存在以下三点问题。第一，东共体法缺乏绝对至上性，造成国家主张宪法主义至上性破坏东共体法的效力。由于《东共体条约》第 8 条第 4 款和第 5 款有关东共体法至上性的规定较为模糊，所以不能明晰认定东共体法具有绝对至上性。因为共同体法绝对至上性的体现是当东共体法和成员国国内法发生法律适用冲突时，无论是不是针对相同问题领域的适用冲突，在关乎共同体利益的事宜上，东共体法都能够得到优先适用。在诸多案例中已表明东共体法缺乏绝对至上性，导致国家宪法凌驾于共同体法之上，以及东共体法适用的不统一和无效性。第二，东共体法缺乏在成员国国内的直接适用性，即成员国并未给予东共体法区别于其他国际条约的特殊地位。这就导致通过国内立法程序并入国内法律体系中的东共体法失去了共同体法的独特地位，也丧失了并入共同体法的实际法律意义。一方面，经济一体化的利益攸关方在国家层面无法得到《东共体条约》赋予的权利保护；另一方面，也不利于共同体法树立法治权威。

第三，东共体法缺乏直接效力性。《东共体条约》并未明文规定东共体法的直接效力性，第152条规定东共体法在成员国国内生效的法律效力取决于成员国的国内立法程序是否对东共体法予以明确规定。换句话说，东共体成员国批准《东共体条约》后，东共体法随即在共同体层面生效，但是在国内层面仍不具有法律效力，"除非成员国通过国内程序并入东共体法"。因此，国家有可能因国内政治因素拒绝或延迟承认东共体法在国内的效力，此举不利于构建一个统一适用的共同体法，破坏了东共体法的权威性。

东共体法院判决和仲裁裁决的承认和执行制度存在以下两个方面问题。就仲裁判决的承认与执行问题而言，第一，《东共体仲裁规则》有关"法律适用以当事人意思自治为主"的规定，有可能导致当事人选择准据法来规避共同体法的适用，损害共同体最终的经济一体化目标。第二，仲裁执行地法院以当事人意思自治为主撤销或拒绝外国仲裁裁决的承认和执行，破坏了东共体仲裁程序的有效性。就东共体法院判决的承认与执行问题而言，第一，"二元论"成员国尚未制定有关东共体法院判决在成员国国内执行的立法，这使共同体判决在国内的执行具有诸多法律不确定性。诸如是否可以将共同体法院判决等同于外国法院判决予以执行？东共体法院作出的判决是否需要经过国内法院的审查？诸如此类的问题不仅会剥夺个人在共同体内的法律权益，也会破坏国家和共同体间的纵向良好互动关系。第二，《东共体条约》和相关法律并未对国家是否可以在国内执行东共体法院诉讼时主张执行主权豁免有所规定，有可能导致国家执行主权豁免而损害判决中个人债权人权益。在经济一体化的大背景下，个人频繁地参与经济活动必然会产生和各成员国政府合作的法律行为，若成员国政府都主张国家主权豁免，个人的权益如何得到维护？诸如此类的问题都会影响东非经济一体化的未来发展走向。

## 二 东共体调整外部关系的法律制度的不足之处

就东共体与其他共同体的关系而言，东共体与非洲其他区域经济共同体的互动产生国际机制复杂性现象，出现该现象的原因是非洲区域经济组织普遍存在多成员身份重叠问题。多成员身份重叠对经济一体化的发展带来了消极影响，主要体现在以下几点。第一，共同体法院间的管辖权冲突。首先，东共体、南共体和东南非共同市场都具备相对独立的司法机构，区域共同体法院宽泛的管辖权极易造成同时享有同一管辖权的司法主体间的管辖权冲突或竞合。其次，共同体条约缺乏明确专属管辖权界定和处理管辖权冲突的相关规定。第二，共同体法院间有关管辖权的先决条件的规定冲突。共同体法院间就是否用尽当地救济原则的认定标准不同，东共体法院认为无须用尽当地救济，而南共体法院和东南非共同市场法庭却严格将用尽当地救济原则作为个人出庭资格的前提条件，同属于交叉两个及以上共同体的成员国个人，在是否需要国内司法程序救济无效后才能将纠纷提交给共同体法院的问题界定上产生矛盾。第三，共同体法律间的法律适用冲突。首先，共同体法律适用次序的冲突。非洲国家在国内宪法中缺乏有关处理共同体法和国内法的关系问题的规定，产生了共同体法和国内法效力等级关系的不确定性，导致了多个共同体法在同一个成员国国内适用的优先次序冲突。其次，成员国履行共同体法律制度困难，特别是财政义务的履行。东共体成员国不按时缴纳会费或拒绝缴纳会费，导致东共体机构运行资金的短缺，很多经济一体化议程难以开展。同时，东共体有时会向西方国家和相关国际机构请求援助，而西方国家提供的援助往往附带政治性条件，这就与东共体追求独立自主的共同体机构的目标相背离。

东共体与世贸组织的互动关系同样存在多成员身份重叠问题，也产生了诸多阻碍东共体实现经济一体化的消极影响。第一，引发区域制度对多边贸易制度的竞争替代效应。区域贸易协定是对世贸组织最惠国待遇原则的例外，这就在一定程度上侵蚀了最惠国待遇和非歧视待遇的适用效力。第二，导致区域贸易争端解决机制与世贸组织争端解决机制的适用冲突。由于《东共体条约》并未就有关贸易问题规定东共体法院的专属管辖权或排他性管辖权，东共体法院和世贸组织争端解决机制对相同贸易问题存在管辖权竞合。这就产生挑选法院和重复诉讼的不良法律后果，不仅加剧了贸易争端解决的复杂性，还延长了争端解决的时间。无论是从时效还是金钱等方面都不利于贸易便捷化的发展目标。

## 第二节　他山之石：其他成功的区域经济组织的经验

如何克服东共体法律制度的缺陷？如何实现东共体法律制度变迁？笔者认为可以从现今发展较为成功的其他区域经济组织中汲取可借鉴的宝贵经验，为东共体法律设计提供积极的参考意见。但是由于完全将西方国家创建的较为成功的区域经济组织作为案例不免显得有些偏颇，为了避免单一的西方视角，本书选取非洲大陆域内的非洲商法协调组织和非洲大陆域外的欧盟作为参考的范本。一方面，来自非洲大陆成功的经验更具有本土性的参考价值。另一方面，欧盟作为现如今世界上经济一体化发展程度最高的共同体，虽然和非洲国家在历史文化背景等多方面存在出入，但是考虑到欧盟发展的先进性和原西方殖民宗主国历史背景的联系性，从法律视角而言，欧盟的成功经验也可以作为东共体参考的样本之一。

### 一　非洲商法协调组织

非洲商法协调组织于 1993 年成立，创始成员国有 14 个，分别是科特迪瓦、布基纳法索、中非共和国、赤道几内亚、贝宁、加蓬、塞内加尔、喀麦隆、科摩罗、尼日尔、多哥、马里、乍得和刚果（布）。几内亚和几内亚比绍随后签署了《非洲商法协调组织条约》。在这16个国家中，除了几内亚外，均是法郎区成员国。非洲商法协调组织作为唯一一个在共同体层面统一非洲商法的区域经济组织，克服了非洲国家法律多样性的阻碍，实现了区域立法和司法环境的安全和稳定，为本区域创造了一个良好的营商环境，提高了外部对本地区投资的吸引力，促进了本地区内部的贸易发展。[①] 非洲商法协调组织的成功发展得益于处理好了以下问题。

第一，在法律适用层面，《非洲商法协调组织条约》规定，统一法具有超国家性和直接适用性等特征。换句话说，统一法具有至上性。首先，《非洲商法协调组织条约》第2条已经考虑到对各成员国国内法律进行协调，并对商法的范围进行了界定。这就为统一法的适用奠定了基础。目前非洲商法协调组织批准并实施数部统一法，取代了成员国国内过时且不一致的法律制度，统一了区域内商事立法。非洲商法协调组织自成立以来颁布了数部统一法，以创建一个统一的商法制度框架，这些统一法包括《调解统一法》《一般商法统一法》《仲裁统一法》《债务托收简易程序及执行措施统一法》等。区域层面的法律的协调和统一创建了统一的共同体法律框架，减少了法律适用的不确定性和混乱性，提高了司法效率和透明度，增加了外部投资者在本区域内投资的法律信心。其次，《非洲商法协调组织条约》第10条规定，统一法生效后直接适用，且成员国国内与之冲突的先前立法不得适用。换句话说，当统一法和各成员国国内法发生法律适用矛盾冲突时，统一法可以推翻与之冲突的国内立法，确保统一法的至上性和优先适用性。[②] 同时，统一法的直接适用性表明了无须通过成员国国内立法程序而在成员国国内具有效力的做法，克服了"一元论"和"二元论"不同国际法背景国家的差异化处理方式，保证了成员国商法的统一

---

[①] 朱伟东：《非洲商法协调组织》，社会科学文献出版社，2018，第107页。

[②] 〔美〕克莱尔·莫尔·迪克森编《非洲统一商法：普通法视角中的OHADA》，朱伟东译，中国政法大学出版社，2014，第70~71页。

适用。

第二，在管辖权层面，非洲商法协调组织设立的司法与仲裁共同法院具有判决终审权，对《非洲商法协调组织条约》具有唯一解释权和专属管辖权。首先，通过对成员国国内法院涉及统一法的案件行使终审权，推动统一法在区域内各成员国间的统一适用，确保了统一法的至上性。其次，《非洲商法协调组织条约》第16条规定，案件一旦上诉到司法与仲裁共同法院，并且该法院正在审理该案件时，成员国国内法院对该案件的所有程序都应自动中止。这一规定避免了重复诉讼的资源浪费和共同体法院与成员国国内法院间的管辖权冲突。司法与仲裁共同法院行使有效的司法手段维护参与经济一体化各利益攸关方的利益，减少了商业领域的政治干预和腐败的滋生，维护了区域内公平合理的法治环境，改善了本地区的营商环境。

第三，在共同体法院判决和仲裁裁决的承认与执行层面，《司法与仲裁共同法院程序规则》规定了司法与仲裁共同法院作出的判决在成员国国内可以有效执行，且成员国不得终止司法与仲裁共同法院作出的判决的执行，为共同体法院的判决在成员国间自由流通创建了法律制度保障。首先，《非洲商法协调组织条约》第25条规定："（一）根据本条约规定作出的仲裁裁决具有和成员国国内法院作出的判决一样的终局力和既判力。（二）仲裁裁决可通过执行令得到实施和执行。（三）只有司法与仲裁共同法院有权签发仲裁裁决的执行令。（四）除下列情况外，执行令必须被给予效力：（1）仲裁员在没有仲裁协议的情况下作出裁决，或仲裁协议无效，或已过时效期；（2）仲裁员没有根据授权作出仲裁；（3）对抗式诉讼程序原则没有得到尊重；（4）仲裁裁决违反国际公共秩序。"此条规定确保了共同体法院仲裁裁决在成员国的终局性和效力性。其次，《司法与仲裁共同法院程序规则》第46条规定，若当事人希望到成员国国内执行司法和仲裁共同法院作出的判决，他应告知成员国国内专门负责处理此类申请的机构。需要注意的是，成员国国内专门负责处理此类申请的机构接到申请后，只负责审核该判决的真实性，不再审查该判决的合理性。若判决真实无误，成员国国内专门负责处理此类申请的机构随即签发执行令，该判决将根据被请求执行国的国内民事程序法的规定得到承认和执行。[①] 非洲商法协调组织此举不仅简化了判决执行的程序，也加速了判决在成员国间的流通，更促进了成员国和共同体间的积极互动。

## 二　欧盟

欧盟作为世界上经济一体化程度最高的区域经济共同体，在经济一体化建设中已取得了不少佳绩。虽然目前英国脱欧引领了新的一波逆全球化趋势，但不可否认的是，欧盟作为经济一体化机制在经济发展建设中仍发挥着不可替代的重要作用。欧盟法在内部统一的大市场框架下，较好地调整了欧盟与个人、国家间的法律关系。欧盟的成功发展得益于处理好了以下问题。

第一，在法律适用层面，欧盟法的至上性特点、直接适用原则和直接效力原则确保了欧盟法在成员国国内的统一适用。《欧盟共同体条约》赋予欧盟法区别于其他国际法的地位，规定欧盟法完全且强制在所有成员国国内直接适用，而无须通过国内立法程序"并入"或"转化"。[②] 欧盟法在制定过程中采用灵活的方式协调欧盟和成员国间的关系。首先，欧盟法中的欧共体派生性立法所制定的某些条例，可能无须经过国内立法程序而在规定的时间内直接成为成员国国内法，在成员国国内直接具有效力。[③] 其次，欧盟通过的指令对成员国的法律进行协调，这些指令需要成员国通

---

① 《司法与仲裁共同法院程序规则》第 46 条第 1 款。

② 《欧盟共同体条约》第 27 条规定："共同体法律规则——即不能被视为国际法，也不能被视为外国法或不同国家国内法的渊源——完全且强制在所有的成员国国内生效且直接适用，而无须通过国内专门立法程序。"

③ 叶炳坤、萨晓丽编著《欧盟的法律与司法——欧洲法院对统一市场的贡献：以货物、资本、劳动力的自由流动和知识产权为例》，鹭江出版社，2006，第 35 页。

过立法予以实施，在一定程度上尊重了成员国的司法主权，促进了双方的积极互动。除此之外，欧盟法还规定了直接适用原则和直接效力原则，巩固了欧盟法的至上性，特别强调欧盟的独特性使得欧盟法在成员国国内适用时免受政治因素的干扰和侵犯，避免了国家宪法主义推翻欧盟法的困境，维护了欧盟法在区域层面的统一适用。欧盟法的至上性不仅为成员国创设法律权利，更为个人创设相应的权利和义务。个人可以根据欧盟法的规定将成员国违反条约的行为诉至欧盟法院，寻求欧盟法院的司法救济。

第二，在管辖权层面，欧盟法规定欧盟法院对涉及欧盟法的解释和适用具有唯一的、排他性的管辖权，避免了成员国以国家主权原则抗衡欧盟法院的管辖。欧盟法院诉讼机制具有排他性和裁决的强制约束力。所有欧盟法院或初审法院具有管辖权的争议案件都不允许成员国的司法机构同时行使管辖权。欧盟法院是欧盟法唯一的司法解释机构。两个及以上的成员国签署的条约中包含管辖权条款的，在共同体法适用的范围内也不能被援引和适用。上述规定确保了共同体法院享有对涉及共同体利益案件的排他性管辖权，树立了共同体法的至上性和共同体司法机构的权威性。此外，欧盟法院作出的裁决不仅在国际层面对成员国具有强制约束力，在国内法律秩序中也具有强制执行力，即对于欧盟法院的裁决应由成员国有关机构以与国内法院判决相同的名义予以执行。[1] 此举确保了共同体法院的判决能够在成员国国内得到有效的执行，一方面维护了经济一体化利益攸关方的切实利益，另一方面也维护了公平、有效的共同体法律权威，改善了营商法治环境，提高了投资者的投资热情和信心。

第三，在判决的承认与执行层面，对于欧盟成员国间判决的承认与执行，欧盟在 20 世纪 60 年代早期就制定了调整欧盟内部管辖权和判决的承

---

① 〔法〕德尼·西蒙：《欧盟法律体系》，王玉芳等译，北京大学出版社，2007，第 442～443 页。

认与执行制度的统一公约，促进了欧盟法院判决在成员国间的自由流通，为欧盟经济一体化的进一步实现提供了法律制度保障。欧盟在 1968 年颁布了《布鲁塞尔公约》，1988 年颁布了《洛加诺公约》。上述两个公约统一了民商事管辖权规则，进一步简化了民商事判决承认与执行程序，规范了促进欧盟内部人员、资本、货物、服务频繁流动的市场法律规则。《布鲁塞尔公约》坚持不对实体问题进行审查的基本原则和实行统一证书的制度原则，进一步简化外国判决的承认与执行的程序，提高了判决流动的效率。此外，对于欧盟法院判决的承认与执行，欧盟还具有一套有效的惩罚措施以对待拒绝执行共同体法院判决的成员国。例如欧盟法院作出维护个人利益的判决在成员国得不到有效执行或成员国拒绝执行的情况，早在《欧洲煤钢共同体条约》中就对上述现象规定了"经济制裁"。《欧共体条约》第 228 条（原第 171 条）规定，个人有关欧盟法院判决在国内法律执行不当的问题可以再次提交至欧盟法院，要求成员国支付罚款。虽然上述规定的"有效性"存疑，即成员国有可能继续不执行欧盟法院作出的金钱执行判决，但是有学者指出，《欧洲煤钢共同体条约》的起草者在制定条约时就已经关注到此问题，规定若出现上述情况法院可向理事会提出请求，将成员国拒绝执行欧盟法院判决的法律行为问题则转化为政治问题，那么成员国可能出于担心其身份在欧盟内部受到其他消极影响，而规范遵守欧盟法院的判决。因此，该规定在一定的政治经济制裁环境下可以发挥效用，规范成员国行为。①

## 三　二者经验的共性和差异

非洲商法协调组织已经为成员国创建了一套明确统一的商事法律制

---

① 〔法〕德尼·西蒙：《欧盟法律体系》，王玉芳等译，北京大学出版社，2007，第 618～619 页。

度，极大地改善了该地区的营商法律环境。非洲商法协调组织法律制度的透明性和可预见性，加大了其作为外国投资东道主对外国投资者的保护力度，促进了跨境商业交易的发展。① 欧盟也已创建出一套有效调整欧盟与成员国间关系的法律规范，为促进区域内贸易、人员、资本、服务的自由流动提供了高效的制度保障。二者在促进区域内自由贸易发展方面的共同成功经验主要可以归纳为以下几点。第一，在管辖权层面，二者都强调了共同体法院对共同体法的专属排他性管辖权，规避了成员国以各自政治利益为由干涉共同体集体目标的实现；将先行裁决程序作为调解共同体和国家关系的桥梁，在尊重国家司法主权的前提下维护共同体法的权威。第二，在法律适用层面，二者都强调了共同体法的绝对至上性，树立了共同体法的司法权威。通过直接适用原则和直接效力原则，排除国家立法程序"并入"或"转化"共同体法，确保共同体法在成员国国内的统一适用及适用效力。第三，在判决的承认和执行方面，二者都强调了共同体法院判决的独特性和强制执行力，排除了国内法院对共同体法院判决的审查，简化了判决执行的程序，促进了判决的执行，对有关个人私法权利提供了有效的保护，激发了经济一体化利益攸关方参与经贸活动的热情。

二者的不同在于非洲商法协调组织更注重采用统一实体法的方法，而欧盟更注重采用冲突法的方法。法律的统一化（unification）或协调化（harmonization）相辅相成，以实现法律的一体化为目标，降低区域内交易成本，创建区域内统一适用的法律制度。以欧盟为例，欧盟通过法律的统一化和协调化制定了欧盟法律制度，规定在成员国国内的统一适用标准。这不可避免地造成对成员国国家主权的侵犯，为了缓解共同体和成员国之间的紧张关系，欧盟转向采用更为灵活的方式巩固欧盟法的地位。例如，欧盟通过"指令"（directive）的形式实现法律的协调化，因为指令只有借

---

① 〔美〕克莱尔·莫尔·迪克森编《非洲统一商法：普通法视角中的 OHADA》，朱伟东译，中国政法大学出版社，2014，第 141 页。

助成员国国内立法程序"转化"或"并入"国内法律体系后才具有效力；欧盟通过"条例"（regulations）的形式实现法律的统一化，因为条例在成员国国内具有直接适用的效力。法律的协调化是进行法律统一化的前提，而法律的统一化是法律协调化的最终目的。[①]

相比欧盟采用的是统一化和协调化相结合的方式，非洲商法协调组织采用的是更为强硬的统一化方式统一国际民商法。有学者甚至评论："非洲领导人的政治意愿如此强烈……使得该组织在商法协调方面比欧盟更具有抱负。"[②] 首先，非洲商法协调组织一开始就承担了法律一体化的政治成本，为日后建立一个空间广阔、内部协调的法律市场提供了积极条件。[③] 非洲商法协调组织的成员国均是非洲法郎区国家，拥有法律协调化的两大动力因素：共同的商业文化以及法律文化和法律教育。[④] 非洲法郎区国家开始逐步意识到若要迎合经济全球化浪潮实现经济一体化，则要解决非洲法律不统一的障碍性问题。其次，非洲商法协调组织已经逐步制定并通过了十部统一法，包括《一般商法统一法》、《商业公司和经济利益集团统一法》、《担保统一法》、《债务追偿简易程序和执行措施统一法》、《债务清偿集体程序（破产）统一法》、《仲裁统一法》、《会计统一法》、《公路货物运输合同统一法》、《合作社统一法》和《调解统一法》。同时，《非洲商法协调组织条约》中明确规定了统一法的直接适用效力，即保留了共同体法在成员国国内的独特性，也克服了不同法律文化背景（"一元论"和"二元论"的国际法国内化方式）的障碍。有学者这么评论："非洲商法协调组织中各种统一法的通过程序以及它们所体现出来的强制性和可直接适

---

① 朱伟东：《非洲商法协调组织》，社会科学文献出版社，2018，第8页。

② Marc Frilet, "Uniform Commercial Laws, Infrastructure and Project Finance in Africa," *International Business Lawyer*, Vol. 28, 2000, p. 215.

③ 〔美〕克莱尔·莫尔·迪克森编《非洲统一商法：普通法视角中的 OHADA》，朱伟东译，中国政法大学出版社，2014，第6页。

④ Roset, "Unifcation, Harmonization, Restatement, Codification and Reform in International Commercial Law," *Journal of American Comparative Law*, Vol. 40, 1992, pp. 683 – 697.

用成员国国内法律的特征，体现了非洲商法协调组织各种法律文化的超国家性，极大地促进了营商环境的改善。"①

# 第三节 东共体法律制度的完善

东共体在调整其内外部关系的法律制度方面仍存在诸多问题，对经济一体化的发展产生了许多消极影响。参考上述两个区域经济组织的成功经验，为促进东共体未来经济一体化的发展，笔者从关系视角对完善东共体调整其内外部关系的法律制度提出下列建议。

## 一 东共体调整内部关系的法律制度的完善

笔者就改进东共体法院管辖权制度的建议如下。第一，应确立东共体法院对《东共体条约》的唯一解释权和最终审查权。应修改《东共体条约》，明确东共体法院对涉及条约解释和适用的专属管辖权，排除成员国对此条规定作出的条约保留。这种做法通过《东共体条约》明确东共体法院的权威性，排除成员国国内法院对涉及共同体利益的案件的管辖权，推动东共体法在区域内各成员国间的统一适用，确保了共同体法的绝对至上性。第二，应减少东共体法院对人权案件的过度延伸管辖，降低与其他区域共同体法院和成员国国内法院就人权问题的管辖权竞合。东共体法院还是区域经济共同体法院，主要负责解决与经济一体化有关的争端。过度延伸的人权管辖权一方面造成司法资源浪费，另一方面对成员国和国家间的良好互动关系施加消极影响。建议日后将东共体法院对人权案件的过度关

---

① 〔尼日尔〕阿卢赛尼·穆鲁：《理解非洲商法协调组织》，李伯军译，湘潭大学出版社，2016，第29页。

心逐步转移到贸易领域。

笔者就改进东共体法的适用制度的建议如下。第一，应确立东共体法的绝对至上性。虽然《东共体条约》规定东共体法在与成员国就相似问题的规定方面具有优先适用的法律地位，但是此规定过于片面。建议参考非洲商法协调组织有关统一法的超国家性规定。当东共体法和成员国国内法发生法律适用冲突时，东共体法可以推翻与之相冲突的国内立法，确保东共体法的至上性和优先适用性。第二，应逐渐批准并实施有关各领域的区域共同体统一法。由于东共体包含了普通法系和大陆法系的国家，在许多法律制度方面规定不一，导致了有关同一领域法律适用的混乱。东共体应参考非洲商法协调组织的做法，应逐步批准并实施有关各领域的区域共同体统一法，为东共体成员国创建一个统一适用的法律框架。第三，应确定东共体法的直接适用性和直接效力性。建议参考欧盟法在成员国国内直接适用和生效的做法。首先，修改《东共体条约》以赋予东共体法在各成员国国内具有区别于其他国际条约的特殊地位。其次，该条约中规定东共体法无须通过国内立法程序"并入"或"转化"至国内法才能被适用，强调东共体法应完全且强制性在所有成员国国内直接适用，在成员国国内具有直接效力性。这不仅可以避免政治因素对成员国的干扰导致的东共体法适用的不平等性和无效性，还能够避免由于纳入国内法律体系的东共体法丧失其作为共同体法的独特性的窘境。

笔者就改进东共体法院判决和仲裁裁决的承认和执行制度的建议如下。首先，应制定调整东共体内部管辖权和判决的承认与执行制度的统一公约，促进东共体法院判决在成员国间的自由流通。其次，应确立东共体内部有效的惩罚措施以处罚拒绝执行东共体法院判决和仲裁裁决的成员国。东共体法院的判决和仲裁裁决在区域层面以及成员国间流通不畅，导致对经济一体化利益攸关方的法律保护不到位。建议参考欧盟法具有排他性和欧盟法院裁决的强制约束力的规定。东共体法院判决不仅在国际层面对成员国具有强制约束力，在国内法律秩序中也具有强制执行力，即对东共体法院的裁决应由成员国的有关机构以与国内法院判决相同的名义执行。建议在成员国国内设立专门处理东共体法院判决和仲裁裁决执行问题的机构。该机构只确认东共体法院的判决和仲裁裁决的真实性，不对判决进行再次审查。真实无误的判决可按照成员国国内民事程序法予以执行，同时辅之以相关的惩罚措施，对拒绝承认和执行东共体法院判决和仲裁裁决的成员国予以经济制裁，确保东共体法绝对至上性和权威性。

## 二　东共体调整外部关系的法律制度的完善

笔者就改进东共体与其他区域经济共同体多成员身份重叠问题所导致的国际机制复杂化现象的建议如下。第一，应规范一国一成员制度。未来对申请加入多个区域经济组织的成员国予以拒绝，严格将地理位置划分作为加入东共体成员国的标准，缓解日趋加剧的"意大利面条碗"问题。第二，修订《东共体条约》中有关各共同体法院间的管辖权冲突条款和法律适用条款。明确东共体法院的专属管辖权，减少东共体法院对人权案件的管辖权。此外，在条约中明确规定东共体法适用的效力以及解决法律适用冲突的方式。第三，处理好国内法和共同体法、共同体法之间的效力等级关系。参考非洲商法协调组织的做法，《非洲商法协调组织》第10条明确规定了统一法的至上性，即无论是"一元论"还是"二元论"背景的国家，统一法在其国内都具有直接适用性和约束力。建议修订《东共体条约》，明确国内法、共同体法和各共同体法之间法律适用的等级和效力问题，重点是给予东共体法绝对的至上性。同时，还需要在《东共体条约》中补充东共体法区别于其他国际法的独特性规定，避免东共体法国内化可能会产生的适用冲突。

# 参考文献

## 中文文献

### 学术专著

蔡高强、朱伟东：《东南部非洲地区性经贸组织法律制度专题研究》，湘潭大学出版社，2016。

陈燕红：《"非内国化"理论及其国际商事仲裁一体化的影响》，中国政法大学出版社，2015。

范祚军：《中国—东盟区域经济一体化研究》，社会科学文献出版社，2016。

葛勇平：《欧洲法析论》，法律出版社，2008。

何勤华、洪永红主编《非洲法律发达史》，法律出版社，2006。

贺晓翊：《英国的外国法院判决承认与执行制度研究》，法律出版社，2008。

洪永红：《当代非洲法律》，浙江人民出版社，2014。

洪永红等：《非洲法导论》，湖南人民出版社，2005。

洪永红、夏新华：《非洲法律与社会发展变迁》，湘潭大学出版社，2010。

江国青主编《国际法》，高等教育出版社，2010。

李安山：《非洲民族主义研究》，中国国际广播出版社，2004。

李滨：《世界政治经济中的国际组织》，国家行政学院出版社，2001。

李伯军：《当代非洲国际组织》，浙江人民出版社，2013。

李双元、欧福永主编《国际私法》，北京大学出版社，2019。

梁西主编《国际法》，武汉大学出版社，2000。

梁西：《现代国际组织》，武汉大学出版社，1984。

刘美武：《重叠机制视阈下的非洲国际减贫机制》，社会科学文献出版社，2014。

罗建波：《非洲一体化与中非关系》，社会科学文献出版社，2006。

钱锋：《外国法院民商事判决承认与执行研究》，中国民主法制出版社，2014。

饶戈平：《关于国际组织与国际组织法中的几个问题》，中国政法大学出版社，1999。

舒运国：《泛非主义史：1900—2002年》，商务印书馆，2014。

孙劲：《美国的外国法院判决承认与执行制度研究》，中国人民公安大学出版社，2003。

王吉文：《外国判决承认与执行的国际合作机制研究》，中国政法大学出版社，2014。

王杰主编《国际机制论》，新华出版社，2002。

肖宏宇：《非洲一体化与现代化的互动——以西部非洲一体化的发展为例》，社会科学文献出版社，2014。

徐吉贵：《新编世界经济史》（世界近代中期经济史），中国国际广播出版社，1995。

仪名海：《20世纪国际组织》，北京广播学院出版社，2001。

张宏明：《泛非主义的理论脉络和发展轨迹》，社会科学文献出版社，2002。

朱庭光：《外国历史大事件》，重庆出版社，1985。

朱伟东：《非洲商法协调组织》，社会科学文献出版社，2018。

《国际公法学》编写组编《国际公法学》，高等教育出版社，2018。


**学术译著**

A. 阿杜·博亨编《非洲通史（第七卷）——殖民统治下的非洲 1880—1935 年》，中国对外翻译出版公司，1991。

A. 马兹鲁伊主编《非洲通史（第八卷）——1935 年以后的非洲》，中国对外翻译出版公司，2003。

〔尼日尔〕阿卢赛尼·穆鲁：《理解非洲商法协调组织》，李伯军译，湘潭大学出版社，2016。

〔美〕埃里克·弗鲁博顿：《新制度经济学》，姜建强等译，上海人民出版社，2006。

〔英〕彼得·罗布森：《国际一体化经济学》，戴炳然等译，上海译文出版社，2001。

〔美〕道格拉斯·诺思：《制度、制度变迁与经济绩效》，杭行译，上海人民出版社，2019。

〔法〕德尼·西蒙：《欧盟法律体系》，王玉芳等译，北京大学出版社，2007。

〔美〕何塞·E. 阿尔瓦雷斯：《作为造法者的国际组织》，蔡从燕等译，法律出版社，2011。

〔韩〕河连燮：《制度分析：理论与争议》（第二版），李秀峰、柴宝勇译，中国人民大学出版社，2014。

〔德〕黑格尔：《法哲学原理》，范扬、张企泰等译，商务印书馆，1961。

〔美〕凯文·希林顿：《非洲史》，赵俊译，东方出版中心，2012。

〔美〕克莱尔·莫尔·迪克森编《非洲统一商法：普通法视角中的 OHADA》，朱伟东译，中国政法大学出版社，2014。

〔美〕理查德·A. 波斯纳：《法律的经济分析》，蒋兆康译，中国大百科全书出版社，2003。

〔加纳〕理查德·弗林蓬·奥蓬：《非洲经济一体化的法律问题》，朱伟东译，社会科学文献出版社，2018。

〔美〕罗伯特·基欧汉、汉瑟夫·奈：《权利与相互依赖》，门洪华译，北京大学出版社，2002。

〔美〕罗伯特·马克森：《东非简史》，王涛、暴明莹译，世界知识出版社，2012。

〔美〕罗纳德·H. 科斯等：《制度、契约与组织——从新制度经济学角度的透视》，刘刚等译，经济科学出版社，2003。

〔美〕罗纳德·哈里·科斯：《企业、市场与法律》，盛洪、陈郁译校，格致出版社、上海三联书店、上海人民出版社，2009。

〔德〕马迪亚斯·赫蒂根：《欧洲法》，张恩民译，法律出版社，2003。

〔英〕尼尔·麦考密克：《制度法论》，周叶谦译，中国政法大学出版社，2004。

〔英〕伊恩·布朗利：《国际公法原理》，曾令良等译，法律出版社，2003。

〔以色列〕尤瓦·沙尼：《国际法院与法庭的竞合管辖权》，韩秀丽译，法律出版社，2012。

**期刊（文集）论文**

常伟民：《论国际组织的国际人格生成》，《时代法学》2016年第3期。

成志杰：《复合机制模式：金砖机制建设的理论与实践方向》，《国际关系研究》2018年第1期。

崔绍忠：《当前多边贸易体制面临的困境与应对之策》，《国家治理》2018年第29期。

杜涛：《互惠原则与外国法院判决的承认与执行》，《环球法律评论》

2007 年第 1 期。

付吉军：《重建后的东非共同体》，《西亚非洲》2002 年第 1 期。

付颖哲：《论承认与执行外国民商事判决法律制度中的互惠》，《西部法学评论》2018 年第 1 期。

贺鉴：《普通法系与大陆法系对非洲国家适用国际法的影响之比较》，《外国法制史研究》2009 年第 2 期。

洪永红：《东非共同体的法律职能与中非法律合作》，《湘江法律评论》2014 年第 1 期。

金英：《东共体始末》，《西亚非洲》1984 年第 1 期。

李伯军：《非洲国际法初探》，《西亚非洲》2006 年第 2 期。

李靖堃：《议会法令至上还是欧共体法至上？——试析英国议会主权原则与欧共体法最高效力原则之间的冲突》，《欧洲研究》2006 年第 5 期。

李先波、谢文斌：《南部非洲发展共同体自然人流动法律规制研究》，《湘潭大学学报》（哲学社会科学版）2013 年第 3 期。

刘宏松：《正式与非正式国际机制的概念辨析》，《欧洲研究》2009 年第 3 期。

刘鸿武：《非洲发展路径的争议与选择》，《当代世界》2012 年第 12 期。

刘明萍：《东南非共同市场法院管辖权研究——兼谈对中非法律纠纷解决的建议》，载何勤华主编《外国法制史研究》（第 20 卷），法律出版社，2018。

刘青建：《发展中国家国际制度选择的困境及其理性思考》，《世界经济与政治》2002 年第 6 期。

刘美武：《重叠国际机制与非洲减贫》，《世界经济与政治论坛》2011 年第 4 期。

罗建波：《非洲一体化进程中的国家主权问题：困境与出路》，《西亚非洲》2007 年第 6 期。

罗纳德·加藤：《借力非洲一体化实现经济独立》，周佳译，《中国投资》2019 年第 24 期。

马铭志：《法律制度对经济发展的作用及其在我国的实现路径》，《河北法学》2013 年第 12 期。

秦亚青：《国际政治的关系理论》，《世界经济与政治》2015 年第 2 期。

秦亚青：《中国国际关系理论的发展与贡献》，《外交评论》2019 年第 6 期。

申皓、杨勇：《浅析非洲经济一体化的贸易创造与贸易转移效应》，《国际贸易问题》2008 年第 4 期。

舒运国：《泛非主义与非洲一体化》，《世界历史》2014 年第 2 期。

舒运国：《非洲经济一体化五十年》，《西亚非洲》2013 年第 1 期。

孙志娜：《非洲区域经济一体化的贸易效应——基于 SADC 和 ECOWAS 的比较研究》，《世界经济研究》2017 年第 4 期。

汪祖兴：《仲裁监督之逻辑生成与逻辑体系——仲裁与诉讼关系之优化为基点的渐进展开》，《当代法学》2015 年第 6 期。

王干：《西非国家经济共同体法院研究》，《法制与社会》2009 年第 10 期。

王明国：《国际机制对国家行为的影响——机制有效性的一种新的分析视角》，《世界经济与政治》，2003 年第 6 期。

王明国：《国际制度复杂性与东亚一体化进程》，《当代亚太》2013 年第 1 期。

王雅菡：《外国法院判决承认与执行中互惠的认定标准》，《武大国际法评论》2019 年第 4 期。

武芳：《东非共同体发展成效和问题研究》，《国际经济合作》2013 年第 12 期。

肖娜、邝梅：《法律经济学视域下的国际商事仲裁研究》，《商业经济研究》2015 年第 22 期。

徐崇利：《经济全球化与外国判决的承认和执行的互惠原则》，《厦门大学法律评论》2005 年第 1 期。

杨立华：《非洲联盟十年：引领和推动非洲一体化进程》，《西亚非洲》2013 年第 1 期。

姚桂梅：《非洲经济一体化进展缓慢原因分析》，《西亚非洲》1996 年第 2 期。

姚桂梅：《渐行渐远的非洲经济一体化》，《当代世界》2014 年第 2 期。

张斌：《论全球经济一体化进程中制度的冲突、协调和一体化构建》，《世界经济研究》2002 年第 2 期。

张春：《东非地区一体化中的"发展—安全"关联性问题》，载《非洲研究》2011 年第 1 卷（总第 2 卷），中国社会科学出版社，2011。

张祎：《国际制度间关系研究：理论历程、核心命题与理论价值》，《北华大学学报》（社会科学版）2015 年第 5 期。

郑雪飞：《区域组织与其成员国的内战——反思利比里亚内战中西非国家经济共同体的武力行动》，《东南大学学报》（哲学社会科学版）2001 年第 6 期。

钟立国：《区域贸易协定与世贸组织管辖权竞合与协调》，《湖南城市学院学报》（自然科学版）2016 年第 4 期。

朱伟东：《东非共同体三国投资法规》，《中国经贸》2001 年第 9 期。

朱伟东：《东共体法院、外国仲裁裁决的执行和东共体一体化进程》，王婷译，载李双元主编《国际法与比较法论丛》（第二十五辑），武汉大学出版社，2019。

朱伟东：《东南非共同市场法院审理的"宝丽都诉毛里求斯案"评析》，载洪永红主编《非洲法律评论》（2016 年卷），湘潭大学出版社，2016。

朱伟东：《非洲创建共同市场面临挑战》，《中国投资》（中英文）2019 年第 12 期。

朱伟东：《非洲地区一体化进程中的法律一体化》，《西亚非洲》2013 年第 1 期。

朱伟东：《非洲国际商法统一化与协调化》，《西亚非洲》2003 年第 3 期。

朱伟东：《非洲商法统一组织述评》，《西亚非洲》2009 年第 1 期。

朱伟东：《国际法与非洲国家国内法的关系》，《西亚非洲》2005 年第 5 期。

朱伟东：《国际法在非洲国家国内法中的地位和作用》，《时代法学》2004 年第 6 期。

朱伟东：《津巴布"韦土地征收案"评析》，《西亚非洲》2011 年第 2 期。

朱伟东、王婷：《非洲区域经济组织成员身份重叠现象与消解路径》，《西亚非洲》2020 年第 1 期。

### 学位论文

陈彬：《WTO 框架下区域贸易协定的法律制度研究》，硕士学位论文，中国社会科学院研究生院，2016。

贺玉彬：《东南非共同市场并购法律制度评析》，硕士学位论文，湘潭大学，2016。

侯幼萍：《WTO 协定与区域贸易协定的管辖权冲突研究》，博士学位论文，厦门大学，2007。

江崇文：《个人与法人在非洲区域性组织法院内的诉讼资格研究》，硕士学位论文，湘潭大学，2015。

刘冠军：《东南非共同市场争端解决机制初探》，硕士学位论文，湘潭大学，2011。

刘康康：《东非共同体成员国限制外国人就业法律与中资企业的应对研究》，硕士学位论文，湘潭大学，2017。

刘艳娜：《国际私法的适当主权论》，博士学位论文，吉林大学，2012。

邱晓军：《试析东共体发展历程（20世纪60年代—至今）》，硕士学位论文，上海师范大学，2009。

熊文：《试论西非国家经济共同体法律的实施》，硕士学位论文，湘潭大学，2013。

宣增益：《国家间判决承认与执行问题研究》，博士学位论文，中国政法大学，2004。

杨璐畅：《东非共同体法院初探》，硕士学位论文，湘潭大学，2010。

周婷：《东非共同体关税同盟浅析》，硕士学位论文，湘潭大学，2010。

Sandra Charles Mkwasa：《权力与制度：对东非共同体不稳定性的分析》，硕士学位论文，吉林大学，2016。

Stephen Enosa Gama：《关于南苏丹对东非共同体接受度的探讨》，硕士学位论文，吉林大学，2018。

## 外文文献

### 外文专著

A. N. Allott, *Judicial and Legal Systems in Africa* ( *Butterwort'hs African Law Series*), London: Butterworths, 1962.

S. K. B. Asante, *Regionalism and Africa's Development: Expectations, Reality and Challenges*, London: Macmillan, London: Cambridge Univeristy, 1997.

Bela Balassa, *The Theory of Economic Integration*, London: Allen and Unwin Press, 1962.

Carole Murray, *The Law and Practice of International Trade*, London: Schmitthoff Press, 2012.

Dinah Shelton, *Remedies in International Human Rights Law*, Oxford: Oxford University Press, 2006.

Elvis Mbembe Binda, *The Legal Framework of the EAC*, Netherlands:

Nijhoff Press，2017.

Emmannd Ugirashebuja，John Eudes Ruhanpisa，Tour Offervaper，Armin Cuyvers，*East African Community Law：Istitutional Substantive and Comparative Ell Aspects*，Leiden：Brill Nijhoff，2017.

Essam Al Tamimi，*Practitioner's Guide to Arbitration in the Middle East and North Africa*，Washington：JurisNet Press，2009.

Francis G. Snyder，*The Legal Effects of European Integrations*，Boston：Brill Nihjoff Press，2000.

Georges Abi–Saab，*The International Court of Justice as a World Court*，in *Fifty Years of the International Court of Justice*，London：Cambridge University Press，2009.

Emilie Hafner Button，*Coercing Human Rights*，New York：Cornell University Press，2009.

Jacob van de Velden，*Finality of Litigation：Preclusion and Foreign Judgments in English and Dutch Law*，Durch：Rijksuniversiteit Groningen，2014.

Jame Thuo Gathii，*African Regional Trade Agreements as Flexible Legal Regime*，London：Cambridge Press，2011.

Johannes Döveling，Hamudi I. Majamba，Richard Frimpong Oppong，Ulrike Wanitzek，*Harmonisation of Laws in the East African Community*，Chicago：AllAfrican Press，2019.

L. F. Damrosch，*International Law：Cases and Materials*（4th edition），Minnesota：Americam Casebook Series Press，2011.

Makau Mutua，*Human Rights NGOs in East Africa：Political and Normative Tensions*，Pennsylvania：Penn Press，2008.

Mkhululi Nyathi，*The Southern African Development Community and Law*，London：Palgrave Macmillan Press，2018.

S. E. A. Mvungi，*Legal Analysis of the Draft Treaty for the Establishment of the*

*East African Community*, Dar es Salaam: Dar es Salaam University Press, 2002.

Patricia Mukiri Mwithiga, *The Challenges of Regional Integration in the East Africa Community*, London: Cambridge Unveirsty Press, 2015.

Pescatore Allot, *The Law of Integration: Emergence of a New Phenonmenon in International Relations Based on the Experience of European Communities*, Leiden: Sigthoff Press, 1978.

Richard Frimpong Oppong, *Legal Aspects of Economic Integration in Africa*, London: Cambridge University Press, 2013.

Robert Keohane, *International Institutions and State Power: Essays in International Relations Theory*, Boulder: Westview Press, 1989.

Shany Yuval, *The Competing Jurisdictions of International Courts and Tribunals*, Oxford: Oxford University Press, 2003.

Steophen D. Krasner, *International Regimes*, Ithaca: Cornell University Press, 1983.

Tiyanjana Maluwa, *International Law in Post-Colonial Africa*, London: Springer Press, 1999.

T. Tridimas, *The General Principle of EU Law*, Oxford: Oxford Univerisity Press, 2006.

Vinod K. Aggarwal, *Institutional Designs for a Complex World*, *Bargaining, Linkages and Nesting*, Ithaca: Cornell University Press, 1998.

Volker Rittberger, Peter Mayereds, *Regime Theory and International Relations*, Oxford: Clarendon Press, 1993.

William Blackstone, *Commentaries on the Law of England*, Chicago: University of Chicago Press, 1709.

## 外文期刊文章

Alfred Mwenedata, Viateur Bangayandusha, "Legal Challenges to the

Implementation of East African Community（Eac）Common Market Protocol Case of Free Movementof Capital in Rwanda," *Journal of Humanities and Social Science*, Vol. 21, 2016.

Ally Possi, "An Appraisal of the Functioning and Effectiveness of the East African Court of Justice," *Potchefstroom Electronic Law Journal*, Vol. 21, 2018.

Ally Possi, "The East African Court of Justice: Towards Effective Protection of Human Rights in the East African Community," *Max Planck Yearbook of United Nations Law*, Vol. 17, 2013.

Karcn Alter, Sophie Meunier, "Banana Splits: Nested and Competing Regimes in the Transatlantic Banana Trade Dispute," *Journal of European Public Policy*, Vol. 30, 2006.

Andre Stemmet, "The Influence of Recent Constitutional Developments in South Africa on the Relationship between International Law and Municipal Law," *Jounral of African Law*, Vol. 55, 2006.

Anne Pieter van der Mei, "Regional Integration: The Contribution of the Court of Justice of the East African Community," *Duke Journal of Comparative and International Law*, Vol. 18, 2009.

Antonio F. Perez, "The International Recognition of Judgments: The Debates between Private and Public Law Solutions," *Berkeley Journal of International Law*, Vol. 16, 2001.

Babatunde Fagbayibo, "Exploring Legal Imperatives of Regional Integration in Africa," *The Comparative and International Law Journal of Southern Africa*, Vol. 45, 2012.

Ben Juratowitch, "Fora Non Conveniens for Enforcement of Arbitral Awards against States," *International and Comparative Law Quarterly*, Vol. 63, 2014.

W. Bretytenbach, "Peackeeping and Regional Integration in Africa,"

*Monitoring Regional Integration in Southern Africa Yearbook*, Vol. 2, 2012.

Caroline Nalule, "Defining the Scope of Free Movement of Citizens in the East African Community: The East African Court of Justice and Its Interpretive Approach," *Journal of African Law*, Vol. 62, 2018.

Daniel W. Drezner, "The Power and Peril of International Regime Complexity," *Perspectives on Politics*, Vol. 7, 2009.

Douglass C. North, "The New Institutional Economics," *Journal of Institutional and Theoretical Economics*, Vol. 142, 1986.

Egon Schwelb, "The Republican Constitution of Ghana," *The American Journal of Comparative Law*, Vol. 9, 1960.

Emmanuel Candia, "The Legal Framework for Enforcement of Foreign Judgements in Uganda: Why Uganda Must Improve," *Candia Advocates and Legal Consultants*, Vol. 11, 2016.

Ernst Hass, "Is There a Hole in the Whole? Knowledge, Technology, Interdependence, and the Construction of International Regimes," *International Organization*, Vol. 29, 1975.

Ernst Hass, "On System and International Regimes," *World Politics*, Vol. 27, 1975.

Ester Katalagwa, "Legal Challenges to the Implementation of East African Community (Eac) Common Market Protocol Case of Free Movement of Capital in Rwanda," *Journal of Humanities and Social Sciences*, Vol. 21, 2016.

Felipe Almeida, "Vicarious Learning and Institutional Economics," *Journal of Economic Issues*, Vol. 45, 2011.

Gerrit Ferreira, "Legal Comparison, Municipal Law and Public International Law: Terminological Confusion?" *Comparative and International Law Journal of Southern Africa*, Vol. 46, 2013.

Henry Onoria, "Locus Standi of Individuals and Non – State Entities before

Regional Economic Integration Judicial Bodies in Africa," *African Journal of International and Comparative Law*, Vol. 18. 2010.

Henry Onoria, "Botched – Up Elections, Treaty Amendments and Judicial Independence in the East African Community," *Journal of African Law*, Vol. 54, 2017.

Iwa Salami, "Legal and Institutional Challenges of Economic Integration in Africa," *European Law Journal*, Vol. 5, 2011.

J. A. Lacarte Muró, P. Gappah, "Developing Countries and the WTO Legal and Dispute Settlement System: A View from the Bench," *Journal of International Economic Law*, Vol. 3, 2000.

Jakobeit Hason, "Constitutional Structure and Governance Strategies for Economic Integration in Africa and Europe," *Transnational Law and Contemporary Problems*, Vol. 13, 1993.

James Thuo Gathil, "Mission Creep or a Search for Relevance: The East African Court of Justice's Human Rights Strategy," *Duke Journal of Comparative and International Law*, Vol. 24, 2012.

James Thuo Gathii, "National Commissioner of the South African Police Service v. Southern African Human Rights Litigation Centre," *The American Journal of International Law*, Vol. 110, 2016.

Jeffery Chackel, "Norms, Institutions, and National Identity in Contemporary Europe," *International Studies Quarterly*, Vol. 43, 1999.

John H. Jackson, "Status of Treaties in Domestic Legal Systems: A Policy Analysis," *The American Journal of International Law*, Vol. 86, 1992.

Joost Pauwelyn, "Going Global, Regional, or Both? Dispute Settlement in the Southern African Development Community (SADC) and Overlaps with the WTO and Other Jurisdictions," *Minnesota Journal of International Law*, Vol. 24, 2017.

Joseph S. Nye, "East African Economic Integration," *The Journal of Modern African Studies*, Vol. 1, 1963.

Joshua M. Kivuva, "East Africa's Dangerous Dance with the Past: Important Lessons the New East African Community Has Not Learned from the Defunct," *European Sciencetific Journal*, Vol. 10, 2014.

Karen J. Alter, James T. Gathii, Laurence R. Helfer, "Backlash against International Courts in West, East and Southern Africa: Causes and Consequences," *The European Journal of International Law*, Vol. 27, 2016.

Karen J. Alter, Sophie Meunier, "The Politics of International Regime Complexity," *Perspectives on Politics*, Vol. 7, 2009.

Kal Raustiala, David G. Victor, "The Regime Complex for Plant Genetic Resources," *Journal of International Organization*, Vol. 58, 2004.

Khoti Chilomba Kamanga, Ally Possi, "General Principles Governing EAC Integration," *Journal of African Law*, Vol. 12, 2017.

Leal Arcas, "Choice of Jurisdiction in International Trade Disputes: Going Regional or Global?" *Minnersota Journal of International Law*, Vol. 16, 2018.

LO Wauna Oluoch, "Legitimacy of the East African Community," *Journal of African Law*, Vol. 53, 2009.

M. Happold, R. Radovic, "The ECOEWAS Court of Justice as an Investment Tribunal," *The Journal of World Investment and Trade*, Vol. 19, 2018.

Makame, "The East African Integration: Achievements and Challenges," *Great Insight*, Vol. 1, 2012.

Marc Lacey, "Kenya Voters Rebuff Leader on Revamping Constitution," *New York Times*, Vol. 23, 2005.

Martin Dietrich Brauch, "Exhaustion of Local Remedies in International Invest Law 2017," *International Institute for Sustainable Development*, Vol. 4,

2017.

Mihreteab Tsighe Taye, "The Role of the East African Court of Justice in the Advancement of Human Rights: Reflections on the Creation and Practice of the Court," *African Journal of International and Comparative Law*, Vol. 145, 2019.

Moravcsik, "Taking Preferences Seriously: A Liberal Theory of International Politics," *International Organization*, Vol. 51, 1997.

Muhabie Mekonnen Mengistu, "Multiplicity of African Regional Economic Communities and Overlapping Memberships: A Challenge for African Integration, International Journal of Economics," *Finance and Management Sciences*, Vol. 3, 2015.

Neville Botha, Michele Olivier, "Ten Years of International Law in South African Courts: Reviewing the Past and Assessing the Future," *South African Yearbook of International Law*, Vol. 29, 2004.

North Douglass C. Institutions, "Transaction Costs and Ecocomic Growth," *Economic Inquiry*, Vol. 25, 1990.

Nsongurua J. Udombana, "A Harmony or a Cacophony? The Music of Integration in the African Union Treaty and the New Partnership for Africa's Development," *Journal of Mckinney Law*, Vol. 27, 2002.

Olivia Barton, "An Analysis of the Principle of Subsidiarity in European Union Law," *North East Law Review*, Vol. 76, 2014.

Onkemetse Tshosa, "The Status of International Law in Namibian National Law: A Critical Appraisal of the Constitutional Strategy," *Journal of Namibia Law*, Vol. 2, 2010.

Oran R. Young, "Institutional Linkage in International Society," *Global Governance*, Vol. 2, 1996.

Oran R. Young, "International Regimes: Problems of Concept Formation," *World Politics*, Vol. 32, 1980.

Ostrander Jack, "The Last Bastion of Sovereign Immunity: A Comparative Look at Immunity from Execution of Judgements," *Berkeley Journal of International Law*, Vol. 22, 2017.

Peter A. Hall, Rosemary C. R. Taylor, "Political Science and the Three New Institutionalism," *Political Studies*, Vol. 23, 1996.

P. Kenneth Kiplagat, "Dispute Recognition and Dispute Sett lement in Integration Processes: COMESA Experience," *Northwestern Journal of International Law and Business*, Vol. 15, 1995.

Paulo Sebalu, "The East African Comminuty," *Journal of African Law*, Vol. 16, 1972.

Peter M. Haas, "Do Regimes Matter? Epistemic Communities and Mediterranean Pollution Control," *International Organization*, Vol. 43, 1990.

Peter Mutharika, "The Role of International Law in the Twenty – First Century: An African Perspective," *Journal of Commonwealth Law Bulletin*, Vol. 21, 1995.

Richard Frimpong Oppong, "Enforcing Judgments of the SADC Tribunal in the Domestic Courts of Member States," *Journal of International Dispute Settlement*, Vol. 5, 2015.

Richard Frimpong Oppong, "Private International Law and the African Economic Community: A Plea for Greater Attention," *The International and Comparative Law Quarterly*, Vol. 55, 2006.

Richard Frimpong Oppong, "ReImaging International Law: An Examination of Recent Trends in the Reception of International Law into National Legal Systems in Africa," *Fordham International Law Journal*, Vol. 30, 2006.

Richard Frimpong Oppong, "The East African Court of Justice, Enforcement of Foreign Arbitration Awards and the East African Community Integration

Process," *Journal of African Law*, Vol. 63, 2019.

Robert Keohane, Lisa L. Martin, "The Promise of Institutionalist Theory," *International Security*, Vol. 20, 1995.

Ronald Coase, "The New Institutional Economics," *The American Economic Review*, Vol. 88, 1998.

Iwa Salami, "African Economic Integration and Legal Challenges," *Great Insights*, Vol. 1, 2012.

Silas Tuitoek Boiwo, "Effects of East African Community Customs Union on Trade and Economic Growth in Kenya," *Journal of Economics*, Vol. 3, 2015.

Mugerwa Steve Kayizzi, John C. Anyanwu, Pedro Conceição, "Regional Integration in Africa: An Introduction," *African Development Review*, Vol. 26, 2014.

Teshome Mulat, "Multilateralism and Africa's Regional Economic Communities," *Journal of World Trade*, Vol. 32, 1998.

Tiyanjana Maluwa, "The Incorporation of International Law and Its Interpretational Role in Municipal Legal Systems in Africa: An Exploratory Survey," *South African Yearbook of International Law*, Vol. 23, 1998.

Tom Ojienda, "Preliminary Reflections on the Jurisdiction of the East African Court of Justice," *East African Journal of Human Rights and Democracy*, Vol. 21, 2018.

Veit Bachmann, James D. Sidaway, "African Regional Integration and European Involvement: External Agents in the East African Community," *South African Geographical Journal*, Vol. 91, 2010.

Erik Voeten, "The Politics of International Judicial Appointments: Evidence from the European Court of Human Right," *International Organization*, Vol. 61, 2007.

Yuval Shany, "How Supreme Is Supreme Law of the Land? Comparative

Analysis of the Influence of International Human Rights Treaties upon the Interpretation of Constitutional Texts by Domestic Courts," *Brooking Journal*, Vol. 341, 2006.

Yuval Shany, "No Longer a Weak Department of Power? Reflections on the Emergence of a New International Judiciary," *European Journal of International Law*, Vol. 73, 2009.

Jaime de Melo, Yvonne Tsikata, "Regional integration in Africa: Challenges and Prospects," C. Monga and J. Y. Lin eds., *The Oxford Handbook of Africa and Economics*, London: Oxford University Publisher, Vol. 2, 2016, pp. 123 – 145.


**外网资料**

Atieno Ndomo, "Regional Economic Communities in Africa: A Progress Overview," Study Commissioned by GTZ (Setember 2009), https://www. tralac. org/images/News/Reports/Regional_Economic_Communities_in_Africa_A_ Progress_Overview_Atieno_Ndomo_GTZ_2009. pdf.

AU, "Announcement of the 30th Ordinary Session the African Union Summit" (January 2018), https://au. int/en/announcements/20180122/ announcement – 30th – ordinary – session – african – union – summit.

AU, "Fridays of the Commission: Regional Integration in Africa and How to Make It Work," (May 2016), https://au. int/en/pressreleases/20160517 – 0.

Bheki R. Mngomezulu, "Why Did Regional Integration Fail in East Africa in the 1970s? A Historical Explanation" (December 2013), http://www. kznhass-history. net/files/seminars/Mngomezulu2013. pdf.

Bruce Byiers, "Regional Organisations in Africa—Mapping Multiple Memberships," ECDPM Talking Points Blog (May 2017), https://ecdpm. org/ talking – points/regional – organisations – africa – mapping – multiple – memberships/PDF.

David Luke, Zodwa Mabuza, "The Tripartite Free Trade Area Agreement: A Milestone for Africa's Regional Integration Process" (June 2015), http://www. ictsd. org/bridges – news/bridges – africa/news/the – tripartite – free – trade – area – agreement – a – milestone – for – africa's.

D. W. Nabudere, "Towards Political Federation in the East African Community Achievements and Challenges" (October 2015), http://eacgermany. org/wp – content/uploads/2015/03/Achievements – and – Challenges – Towards – EAC – Politcal – Federation. pdf.

Economic Commission for Africa, "Assessing Regional Integration in Africa" (June 2019), https://www. uneca. org/sites/default/files/Publication Files/aria 8_ eng – fin – pdf.

Edwini Kessie, Kofi Addo, "African Countries and the WTO Negotiations on the Dispute Settlement Understanding" (October 2018), https://www. ictsd. org/sites/default/files/downloads/2008/05/african – countries – and – the – wto – negotiations – on – the – dispute – settlement – understanding. pdf.

Emmanuel Ugirashebuja, "Preliminary References under EAC Law" (April 2017), https://searchworks. stanford. edu/view/11933250.

Francis Mangeni, "The Tripartite Free Trade Area—A Breakthrough in July 2017 as South Africa Signs the Tripartite Agreement" (June 2017), https://www. tralac. org/news/article/11860 – the – tripartite – free – trade – area – a – breakthrough – in – july – 2017 – as – south – africa – signs – the – tripartite – agreement. html.

Fred K. Nkusi, "Understanding the Jurisdictional Powers of the EA Court of Justice" (August 2017), https://www. newtimes. co. rw/section/read/207744.

Gerhard Erasmus, "What Happens to the RECs Once the AfCFTA Is in Force?" (May 2019), https://www. tralac. org/blog/article/14051 – what –

happens – to – the – recs – once – the – afcfta – is – in – force. html.

Guy Arnold, "East African Community, the 1967 – 1977" (July 2015), https://worldhistory. biz/sundries/31706 – east – african – community – the – 1967 – 1977. html.

Jamke Lunsem, "Mugabe Chissano Rally to Kabila's Cause" (November 1997), https://allafrica. com/list/aans/post/full/month/199711. html.

Cally Jordan, Giovanni Majnoni, "Financial Regulaotry Harmonization and the Globalization of Finance," World Bank Policy Research Working Paper (October 2004), http://global. bing. com/search? q = Financial + Regulaotry + Harmonization + and + the + Globalization + of + Finance&search = &form = QBLH.

Leonard Obura Aloo, "Exteranl Relations and the EAC" (October 2017), https://openaccess. leidenuniv. nl/bitstream/handle/1887/58822/Front_matter_and_preface. pdf? sequence = 1.

Luke Anami, "What Ails EAC Customs Union and Common Market?" (Spring 2012), https://www. standardmedia. co. ke/article/2000050135/what – ails – eac – customs – union – and – common – market.

Michael Whincop, "The Recognition Scene: Game Theoretic Issues in the Recognition of Foreign Judgments" (April 1999), https://www. researchgate. net/publication/228159415_The_Recognition_Scene_Game_Theoretical_Issues_in_the_Recognition_of_Foreign_Judgments.

Mihreteab Tsighe Taye, "The Role of the East African Court of Justice in the Advancement of Human Rights: Reflections on the Creation and Practice of the Court," Legal Studies Research Paper Series in University of Copenhagen Faculty of Law, (Stempber 2019), https://papers. ssrn. com/sol3/Delivery. cfm/SSRN_ID 3333688_code2440818. pdf? abstractid = 3289079&mirid = 1.

Naomi Gichuki, "Analysis of the Approximation of Commercial Laws in

Kenya under the East African Community Common Market Protocol" (August 2018), http: //www. tgcl. uni – bayreuth. de/resources/documents/TGCL – Series – 5 – Table – of – Contents. pdf.

Harold Reginald Nsekela, "The Role of the East African Court of Justice in the Integration Process" (April 2016), http: //repository. eac. int/123456 789/264.

Onyekachi Duru, "International Law Versus Municipal Law: A Case Study of Six African Countries; Three of Which Are Monist and Three of Which Are Dualist" (September 2011), https: //papers. ssrn. com/sol3/papers. cfm? abstract_id = 2142977.

Patty Magubira, "East Africa: Tussle Heats up over Regional Court of Justice" (January 2020), https: //allafrica. com/stories/202001260026. html.

Philomena Apiko, "The East African Court of Justice: The Hard Road to Independent Institutions and Human Rights Jurisdiction" (Winter 2017), http: //www. ecdpm. org/pedro/backgroundpapers.

Robert O. Keohane, "The Contingent Legitimacy of Multilateralism," Garnet Working Paper (September 2006), https: //warwick. ac. uk/fac/soc/pais/research/researchcentres/csgr/garnet/workingpapers/0906. pdf.

Samuel Abuya, "After West Africa, the East African Community Focuses on Having a Common Currency" (August 2019), https: //africaglobalnews. com/the – east – african – community – focuses – on – having – a – common – currency/.

Stefan Reith, Moritz Boltz, "The East African Community Regional Integration between Aspiration and Reality," The KAS International Reports (Winter 2011), https: //www. kas. de/c/document_library/get_file? uuid = 5cafe0b2 – 05e8 – f22d – f634 – 6d5ce8e37d65&groupId = 252038.

Timothy Kihara Kinyua, "Institutional Challenges Facing The East Africa

Community Common Market in Kenya" (October 2015), University of Nairobi, http：//erepository. uonbi. ac. ke/bitstream/handle/11295/94430/Kinyua _ Institutional % 20challenges% 20facing% 20the% 20east% 20Africa% 20community% 20common % 20market% 20in% 20KenyaL. pdf? sequence = 1.

Trudi Hartzenberg, "Regional Integration in Africa" (January 2015), https：//www. wto. org/english/res_e/reser_e/ersd201514_e. pdf

Tumaini Joe Lugalla, "A Thesis in the Field of International Relations for the Degree of Master of Liberal Arts in Extension Studies," Doctoral Thesis of Harvard University (November 2016), https：//thesis. extension. harvard. edu/files/thesis/ files/effects_of_political_legal_and_governance_challenges_case_study_of_the_east_ african_community. pdf.

United Nations Economic Commission of Africa, "Towards a Common Currency in the East African Community (EAC)" (October 2012), https：//www. uneca. org/publications/towards – common – currency – east – african – communityeac.

W. C. Whitford, "The Treaty for East African Cooperation and the Unification of Commercial Laws" (October 2016), https：//pdfs. semanticscholar. org/ 0fae/aad1f2677bb4122ae52c48fa1a7bca7ba265. pdf.

# 附 录

### 附录一 东共体各成员国 2011~2017 年进出口贸易额汇总

| 年份 | 2011 | 2012 | 2013 | 2014 | 2015 | 2016 | 2017 |
|---|---|---|---|---|---|---|---|
| 总贸易额数（美元/百万） | | | | | | | |
| 东共体 | 47457 | 51558 | 52241 | 55670 | 54206 | 43347 | 46696 |
| 区域内贸易额占百分比（%） | 9.8 | 10.4 | 11.5 | 10.2 | 9.4 | 9.9 | 9.7 |
| 区域外贸易额占百分比（%） | 90.2 | 89.6 | 88.5 | 89.8 | 90.6 | 90.1 | 90.3 |
| 布隆迪 | 1325 | 1043 | 862 | 958 | 856 | 751 | 867 |
| 区域内贸易额占百分比（%） | 22.4 | 18.4 | 23.7 | 20.6 | 20.9 | 24.3 | 17.3 |
| 区域外贸易额占百分比（%） | 77.6 | 81.6 | 76.3 | 79.4 | 79.1 | 75.7 | 82.7 |
| 肯尼亚 | 20418 | 22388 | 22243 | 24520 | 21987 | 19800 | 22438 |
| 区域内贸易额占百分比（%） | 9.0 | 8.8 | 8.0 | 7.5 | 7.7 | 7.7 | 7.6 |
| 区域外贸易额占百分比（%） | 91.0 | 91.2 | 92.0 | 92.5 | 92.3 | 92.3 | 92.4 |
| 卢旺达 | 1859 | 2277 | 2449 | 2658 | 2593 | 2619 | 2819 |
| 区域内贸易额占百分比（%） | 24.7 | 25.3 | 22.0 | 31.2 | 21.2 | 22.3 | 19.7 |

| 年份 | 2011 | 2012 | 2013 | 2014 | 2015 | 2016 | 2017 |
|---|---|---|---|---|---|---|---|
| 区域外贸易额占百分比（%） | 75.3 | 74.7 | 78.0 | 68.8 | 78.8 | 77.7 | 80.3 |
| 坦桑尼亚 | 16064 | 17449 | 18462 | 19199 | 20976 | 12865 | 12075 |
| 区域内贸易额占百分比（%） | 5.3 | 7.9 | 12.0 | 7.6 | 5.9 | 6.0 | 6.1 |
| 区域外贸易额占百分比（%） | 94.7 | 92.1 | 88.0 | 92.4 | 94.1 | 94.0 | 93.9 |
| 乌干达 | 7790 | 8402 | 8225 | 8335 | 7795 | 7312 | 8497 |
| 区域内贸易额占百分比（%） | 15.4 | 14.6 | 15.1 | 15.9 | 18.0 | 17.0 | 16.3 |
| 区域外贸易额占百分比（%） | 84.6 | 85.4 | 84.9 | 84.1 | 82.0 | 83.0 | 83.7 |
| 总进口额 | | | | | | | |
| 东共体 | 34045 | 36625 | 37252 | 39575 | 39091 | 29447 | 32611 |
| 区域内贸易额占百分比（%） | 5.9 | 6.2 | 5.2 | 6.1 | 4.8 | 5.9 | 5.9 |
| 区域外贸易额占百分比（%） | 94.1 | 93.8 | 94.8 | 93.9 | 95.2 | 94.1 | 94.1 |
| 布隆迪 | 1128 | 798 | 646 | 802 | 730 | 628 | 725 |
| 区域内贸易额占百分比（%） | 23.8 | 19.9 | 26.6 | 21.0 | 20.7 | 25.0 | 19.1 |
| 区域外贸易额占百分比（%） | 76.2 | 80.1 | 73.4 | 79.0 | 79.3 | 75.0 | 80.9 |
| 肯尼亚 | 14646 | 16262 | 16410 | 18406 | 16068 | 14105 | 16690 |
| 区域内贸易额占百分比（%） | 2.1 | 2.2 | 2.0 | 2.3 | 2.5 | 2.3 | 3.5 |
| 区域外贸易额占百分比（%） | 97.9 | 97.8 | 98.0 | 97.7 | 97.5 | 97.7 | 96.5 |
| 卢旺达 | 1456 | 1806 | 1853 | 2004 | 1980 | 1970 | 1839 |

续表

| 年份 | 2011 | 2012 | 2013 | 2014 | 2015 | 2016 | 2017 |
|---|---|---|---|---|---|---|---|
| 区域内贸易额占百分比（%） | 26.0 | 24.3 | 22.6 | 23.7 | 21.0 | 21.6 | 20.3 |
| 区域外贸易额占百分比（%） | 74.0 | 75.7 | 77.4 | 76.3 | 79.0 | 78.4 | 79.7 |
| 坦桑尼亚 | 11184 | 11716 | 12525 | 12289 | 14784 | 7914 | 7761 |
| 区域内贸易额占百分比（%） | 3.4 | 5.8 | 3.2 | 5.6 | 1.9 | 3.8 | 3.4 |
| 区域外贸易额占百分比（%） | 96.6 | 94.2 | 96.8 | 94.4 | 98.1 | 96.2 | 96.6 |
| 乌干达 | 5631 | 6044 | 5818 | 6074 | 5528 | 4829 | 5596 |
| 区域内贸易额占百分比（%） | 12.3 | 10.7 | 10.6 | 11.3 | 11.4 | 11.0 | 10.0 |
| 区域外贸易额占百分比（%） | 87.7 | 89.3 | 89.4 | 88.7 | 88.6 | 89.0 | 90.0 |
| 总出口额 | | | | | | | |
| 东共体 | 13412 | 14933 | 14990 | 16094 | 15115 | 13900 | 14085 |
| 区域内贸易额占百分比（%） | 19.6 | 20.5 | 27.0 | 20.1 | 21.1 | 18.5 | 18.5 |
| 区域外贸易额占百分比（%） | 80.4 | 79.5 | 73.0 | 79.9 | 78.9 | 81.5 | 81.5 |
| 布隆迪 | 198 | 245 | 216 | 156 | 126 | 123 | 142 |
| 区域内贸易额占百分比（%） | 14.4 | 13.5 | 15.0 | 18.6 | 21.8 | 20.5 | 7.7 |
| 区域外贸易额占百分比（%） | 85.6 | 86.5 | 85.0 | 81.4 | 78.2 | 79.5 | 92.3 |
| 肯尼亚 | 5772 | 6126 | 5832 | 6114 | 5918 | 5695 | 5747 |
| 区域内贸易额占百分比（%） | 26.8 | 26.1 | 24.9 | 23.5 | 21.8 | 21.1 | 19.3 |

| 年份 | 2011 | 2012 | 2013 | 2014 | 2015 | 2016 | 2017 |
|---|---|---|---|---|---|---|---|
| 区域外贸易额占百分比（%） | 73.2 | 73.9 | 75.1 | 76.5 | 78.2 | 78.9 | 80.7 |
| 卢旺达 | 403 | 471 | 596 | 653 | 612 | 648 | 980 |
| 区域内贸易额占百分比（%） | 19.8 | 29.4 | 20.4 | 54.0 | 21.9 | 24.3 | 18.5 |
| 区域外贸易额占百分比（%） | 80.2 | 70.6 | 79.6 | 46.0 | 78.1 | 75.7 | 81.5 |
| 坦桑尼亚 | 4880 | 5733 | 5937 | 6910 | 6192 | 4951 | 4314 |
| 区域内贸易额占百分比（%） | 9.7 | 12.3 | 30.6 | 11.3 | 15.5 | 9.5 | 10.9 |
| 区域外贸易额占百分比（%） | 90.3 | 87.7 | 69.4 | 88.7 | 84.5 | 90.5 | 89.1 |
| 乌干达 | 2159 | 2357 | 2408 | 2262 | 2267 | 2482 | 2901 |
| 区域内贸易额占百分比（%） | 23.3 | 24.6 | 26.1 | 28.4 | 34.0 | 28.7 | 28.5 |
| 区域外贸易额占百分比（%） | 76.7 | 75.4 | 73.9 | 71.6 | 66.0 | 71.3 | 71.5 |

## 附录二 整个非洲大陆 54 个国家仲裁立法情况

| 序号 | 地区 | 国家 | 主要立法 | 补充立法 | 是否参考了联合国《国际商事仲裁示范法》 | 是否为《纽约公约》的成员国 |
|---|---|---|---|---|---|---|
| 1 | 东非 | 布隆迪 | • 2004 年《民事诉讼法》（第 337～370 条）（2004 年 3 月 13 日生效） | | 否 | 是 |
| 2 | 东非 | 肯尼亚 | • 1995 年《仲裁法》（1996 年 1 月 2 日生效）<br>• 2009 年《仲裁法》（修正案） | | 是 | 是 |
| 3 | 东非 | 卢旺达 | • 2008 年《商事仲裁与调解法》 | • 2010 年 1 月 10 日第 51 号法律（刊登于 2011 年 2 月 20 日第 9 号官方公报）<br>• 2012 年 5 月 15 日第 16/12 号部长级命令（刊登于 2012 年 5 月 28 日第 22 号官方公报）<br>• 《关于民事、商事、社会和行政程序法典》第 18 号法令中的第 8 章争端解决（第 365～398 条）[2004 年 6 月 20 日第 18 号法律仲裁第 8 条] | | |
| 4 | 东非 | 南苏丹 | • 《民事诉讼法》 | | 否 | 否 |
| 5 | 东非 | 坦桑尼亚 | • 2002 年《仲裁法》（1931 年 3 月 22 日生效）<br>• 《民事诉讼法》（2002 年第 33 章修订版） | • 《仲裁规则》（第 20 章）（1957 年生效） | 否 | 是 |

续表

| 序号 | 地区 | 国家 | 主要立法 | 补充立法 | 是否参考了联合国《国际商事仲裁示范法》 | 是否为《纽约公约》的成员国 |
|---|---|---|---|---|---|---|
| 6 | 东非 | 乌干达 | • 《仲裁与调解法》第4章（2000年）（自2000年5月19日起生效；2008年第3号《仲裁与调解（修订）法》（修订） | • 在超过30多个国家中提及该部法律 | 是 | 是 |
| 7 | 东非 | 吉布提 | • 《国际仲裁法典》（1984年2月13日生效）<br>• 2007年12月6日（星期四）正式公告第5584号 | | 否 | 是 |
| 8 | 东非 | 厄立特里亚 | • 由厄立特里亚政府于1991年9月15日修订《1960年埃塞俄比亚帝国民法》（第3325～3346条）<br>• 由厄立特里亚于1991年9月15日修订《1965年埃塞俄比亚帝国民事诉讼法典》《1965政府会议》（第111～121条、第315～319条和第350～357条） | | 否 | 否 |
| 9 | 东非 | 埃塞俄比亚 | • 《1960年埃塞俄比亚帝国民法》第165号宣言（1960年9月生效）<br>• 《1965年埃塞俄比亚帝国民事诉讼法典》第52号法令（1965年10月8日生效） | • 《执行令法典》第六卷有专门的章节（第2章），专门讨论外国判决和裁决的执行。第2章第461条规定了执行仲裁裁决的条件 | 否 | 否 |

续表

| 序号 | 地区 | 国家 | 主要立法 | 补充立法 | 是否参考了联合国《国际商事仲裁示范法》 | 是否为《纽约公约》的成员国 |
|---|---|---|---|---|---|---|
| 10 | 东非 | 索马里 | • 《民事诉讼法》第 265～232 条和第 317～332 条（1974 年 10 月 21 日生效） | | 否 | 否 |
| 11 | 东非 | 苏丹 | • 《2005 年仲裁法》（2005 年 6 月 25 日生效） | | 否 | 否 |
| 12 | 中非 | 中非共和国 | • 1999 年 3 月 11 日《非洲统一组织仲裁统一法》（1999 年 6 月 11 日生效） | | 否 | 是 |
| 13 | 中非 | 刚果（金） | • 1999 年 3 月 11 日《非洲统一组织仲裁统一法》（1999 年 6 月 11 日生效） | • 1960 年 3 月 7 日关于《民事诉讼法》的法令第 5 编 | 否 | 是 |
| 14 | 中非 | 刚果（布） | • 1999 年 3 月 11 日《非洲统一组织仲裁统一法》（1999 年 6 月 11 日生效） | • 1983 年 4 月 21 日《关于民商事务程序法典》的第 51 号法律 | 否 | 否 |
| 15 | 中非 | 赤道几内亚 | • 1999 年 3 月 11 日《非洲统一组织仲裁统一法》（1999 年 6 月 11 日生效） | | 否 | 否 |
| 16 | 中非 | 加蓬 | • 1999 年 3 月 11 日《非洲统一组织仲裁统一法》（1999 年 6 月 11 日生效） | | 否 | 是 |
| 17 | 北非 | 阿尔及利亚 | • 2008 年 2 月 25 日颁布《民事及行政诉讼法》（2008 年 4 月 23 日生效） | | 否 | 是 |

续表

| 序号 | 地区 | 国家 | 主要立法 | 补充立法 | 是否参考了联合国《国际商事仲裁示范法》 | 是否为《纽约公约》的成员国 |
|---|---|---|---|---|---|---|
| 18 | 北非 | 埃及 | • 1994年颁布《民商事仲裁法》（1994年5月22日生效）<br>• 1997年5月13日第9号法律<br>• 2000年4月4日第8号法律 | • 关于仲裁裁决同题的第8310号（2008年）、第6570（2009年）和9739号（2011）号部长级法令（2008年10月7日生效） | 是 | 是 |
| 19 | 北非 | 利比亚 | • 《民事诉讼法》第四章（第739~第777条）（1953年11月28日生效） | • 1955年4月21日第25号法律（石油争端）<br>• 1970年第76号法律（公共行政争议）<br>• 2010年1月28日第4号法律（调解） | 否 | 否 |
| 20 | 北非 | 毛里塔尼亚 | • 《2000年仲裁法》 | | 否 | 是 |
| 21 | 北非 | 摩洛哥 | • 《民事诉讼法》第5编第8章（2007年12月6日生效） | | 否 | 是 |
| 22 | 北非 | 突尼斯 | • 《仲裁法》，1993年4月26日第42号法律生效（1993年10月27日生效） | | | 是 |

续表

| 序号 | 地区 | 国家 | 主要立法 | 补充立法 | 是否参考了联合国《国际商事仲裁示范法》 | 是否为《纽约公约》的成员国 |
|---|---|---|---|---|---|---|
| 23 | 南非 | 安哥拉 | • 2003 年《自愿仲裁法》 | • 机构仲裁令（2006 年 2 月 27 日生效）<br>• 2003 年私人投资框架法（2003 年 5 月 13 日生效）<br>• 2004 年 11 月 12 日《石油活动法》<br>• 2005 年资本市场法（2005 年 9 月 23 日生效）<br>• 2010 年 9 月 7 日公共合同法（2010 年 12 月 7 日生效） | 否 | 否 |
| 24 | 南非 | 博茨瓦纳 | • 1959 年《仲裁法》（1959 年 11 月 27 日生效） | • 1971 年《承认和执行外国仲裁裁决》（1971 年 12 月 31 日生效） | 否 | 是 |
| 25 | 南非 | 科摩罗 | • 1999 年 3 月 11 日《非洲统一组织仲裁统一法》（1999 年 6 月 11 日生效） | | 否 | 是 |
| 26 | 南非 | 莱索托 | • 1980 年《仲裁法》 | | 否 | 是 |
| 27 | 南非 | 马达加斯加 | • 1998 年 12 月 2 日《仲裁法》（1999 年 4 月 26 日生效；2003 年 9 月 4 日第 2001-022 号修订法律） | | 是 | 是 |

续表

| 序号 | 地区 | 国家 | 主要立法 | 补充立法 | 是否参考了联合国《国际商事仲裁示范法》 | 是否为《纽约公约》的成员国 |
|---|---|---|---|---|---|---|
| 28 | 南非 | 马拉维 | • 1967 年《仲裁法》 | • 《大不列颠及联邦判决法》（第 14 章，与《马拉维共和国宪法》第 200 条一起审阅） | 否 | 否 |
| 29 | 南非 | 毛里求斯 | • 2008 年《国际商事仲裁法》（2009 年生效；2013 年修订） | • 2013 年最高法院（国际仲裁索赔）规则<br>• 《2001 承认和执行外国仲裁裁决法公约》（2013 年修订） | 是 | 是 |
| 30 | 南非 | 莫桑比克 | • 1997 年《仲裁、调解及调解法》（1999 年 7 月 12 日生效） | • 2007 年第 11 号劳动法，2008 年生效（第三部分"争议仲裁"） | 否 | 是 |
| 31 | 南非 | 纳米比亚 | • 1965 年《仲裁法》 |  | 否 | 否 |
| 32 | 南非 | 塞舌尔 | • 1977 年《商事法》（第 38 章第 110～150 条） | • 《民事诉讼法》第 213 章；1920 年 4 月 15 日起生效；修订后变为第 205～第 207 条） | 否 | 否 |
| 33 | 南非 | 南非 | • 1965 年《仲裁法》（1965 年 4 月 14 日生效） | • 1977 年《承认和执行外国仲裁裁决法》（1977 年 4 月 13 日生效）<br>• 修订 1978 年《商业保护法》第 99 号（1978 年 8 月 4 日生效） | 否 | 是 |

续表

| 序号 | 地区 | 国家 | 主要立法 | 补充立法 | 是否参考了联合国《国际商事仲裁示范法》 | 是否为《纽约公约》的成员国 |
|---|---|---|---|---|---|---|
| 34 | 南非 | 斯威士兰 | • 1904 年《仲裁法》(1904 年 7 月 28 日生效) | • 2000 年《劳资关系法》(第 62 条,设立调解、调解和仲裁委员会) | | 否 |
| 35 | 南非 | 赞比亚 | • 2000 年 12 月 20 日颁布的《仲裁法》(赞比亚政府 2000 年第 19 号法令) | | 是 | 是 |
| 36 | 南非 | 津巴布韦 | • 1996 年《仲裁法》(1996 年 9 月 13 日生效) | | 有 | 是 |
| 37 | 西非 | 贝宁 | • 1999 年 3 月 11 日《非洲统一组织仲裁统一法》(1999 年 6 月 11 日生效) | | 否 | 是 |
| 38 | 西非 | 布基纳法索 | • 1999 年 3 月 11 日《非洲统一组织仲裁统一法》(1999 年 6 月 11 日生效) | | 否 | 是 |
| 39 | 西非 | 喀麦隆 | • 1999 年 3 月 11 日《非洲统一组织仲裁统一法》(1999 年 6 月 11 日生效) | • 《共同高等法院仲裁规则》(1999 年 3 月 11 日生效) | 部分 | 是 |
| 40 | 西非 | 佛得角 | • 2005 年《仲裁法》(2005 年 8 月 16 日生效) | • 1993 年 12 月 13 日第 89 号法律<br>• 2010 年 9 月 6 日第 35 号法令<br>• 2005 年 10 月 10 日第 8 号法令 | 否 | 否 |
| 41 | 西非 | 乍得 | • 1999 年 3 月 11 日《非洲统一组织仲裁统一法》(1999 年 6 月 11 日生效) | | 否 | 否 |

续表

| 序号 | 地区 | 国家 | 主要立法 | 补充立法 | 是否参考了联合国《国际商事仲裁示范法》 | 是否为《纽约公约》的成员国 |
|---|---|---|---|---|---|---|
| 42 | 西非 | 冈比亚 | • 《2005年替代争端解决法》第6章（2005年7月29日起生效） | | 否 | 否 |
| 43 | 西非 | 加纳 | • 《2010年替代争端解决法案》（第798号法案）（2010年5月31日生效） | | 部分 | 是 |
| 44 | 西非 | 几内亚 | • 1999年3月11日《非洲统一组织仲裁统一法》（1999年6月11日生效） | | 否 | 是 |
| 45 | 西非 | 几内亚比绍 | • 1999年3月11日《非洲统一组织仲裁统一法》（1999年6月11日生效） | 2010年10月8日第19号法律 | 否 | 否 |
| 46 | 西非 | 象牙海岸 | • 1999年3月11日《非洲统一组织仲裁统一法》（1999年6月11日生效） | | 否 | 是 |
| 47 | 西非 | 利比里亚 | • 2010年《利比里亚商业法》第7章 | | | 是 |
| 48 | 西非 | 马里 | • 1999年3月11日《非洲统一组织仲裁统一法》（1999年6月11日生效） | | 否 | 是 |
| 49 | 西非 | 尼日尔 | • 1999年3月11日《非洲统一组织仲裁统一法》（1999年6月11日生效） | • 2001年《拉各斯州仲裁法》<br>• 2009年《拉各斯法庭仲裁法》 | 否 | 是 |

续表

| 序号 | 地区 | 国家 | 主要立法 | 补充立法 | 是否参考了联合国《国际商事仲裁示范法》 | 是否为《纽约公约》的成员国 |
|---|---|---|---|---|---|---|
| 50 | 西非 | 尼日利亚 | • 《仲裁与调解法》（1988 年 3 月 14 日《联邦 2004 年第 A18 章法律》） | | 有 | 是 |
| 51 | 西非 | 圣多美和普林西比 | • 2006 年《仲裁法》 | | 否 | 是 |
| 52 | 西非 | 塞内加尔 | • 1999 年 3 月 11 日《非洲统一组织仲裁统一法》（1999 年 6 月 11 日生效） | | 否 | 是 |
| 53 | 西非 | 塞拉利昂 | • 1960 年《仲裁法》（第 25 章） | | 否 | 否 |
| 54 | 西非 | 多哥 | • 1999 年 3 月 11 日《非洲统一组织仲裁统一法》（1999 年 6 月 11 日生效） | | 否 | 否 |

资料来源：本表格根据非洲仲裁法律中心信息汇总编译而成。

# 致　谢

　　《东共体法律制度对东非经济一体化的影响》在北京外国语大学校领导、院领导和同事们的大力支持下，在众多学术前辈和同仁的关怀下顺利出版，实为幸事。本书亦是我步入非洲研究漫漫长道的新起点，遥想当年读博时的心境，如今仍有一股声音萦绕在耳边，"慢慢走，好好走"，"道阻且长，行则将至，行而不辍，未来可期"。

　　特别感谢恩师朱伟东教授的不断指导和敦促，并为本书的出版提供了诸多建议。感谢社会科学文献出版社的编辑们辛苦的校对、编排工作。很感谢这一路以来对我个人成长提供帮助的良师益友以及我亲爱的家人。

　　鉴于资料和学识水平有限，涉及共同体法的一些内容仍不全面。欢迎各界朋友们多提意见，批评指正。

王　婷

于 2023 年 5 月 24 日星期三

北京外国语大学非洲学院

图书在版编目（CIP）数据

东共体法律制度对东非经济一体化的影响／王婷著
. -- 北京：社会科学文献出版社，2023.6
ISBN 978 - 7 - 5228 - 1432 - 2

Ⅰ.①东… Ⅱ.①王… Ⅲ.①国际经济一体化 - 国际
经济法 - 研究 - 东非 Ⅳ.①D996

中国国家版本馆 CIP 数据核字（2023）第 029686 号

东共体法律制度对东非经济一体化的影响

著　　者／王　婷

出 版 人／王利民
组稿编辑／高明秀
责任编辑／宋浩敏
文稿编辑／王楠楠
责任印制／王京美

出　　版／社会科学文献出版社·国别区域分社（010）59367078
　　　　　地址：北京市北三环中路甲 29 号院华龙大厦　邮编：100029
　　　　　网址：www.ssap.com.cn
发　　行／社会科学文献出版社（010）59367028
印　　装／三河市尚艺印装有限公司

规　　格／开　本：787mm × 1092mm　1/16
　　　　　印　张：17.75　字　数：253 千字
版　　次／2023 年 6 月第 1 版　2023 年 6 月第 1 次印刷
书　　号／ISBN 978 - 7 - 5228 - 1432 - 2
定　　价／148.00 元

读者服务电话：4008918866